U0470818

领导与塑造

默克尔时代的德国外交研究

李超◎著

Leadership and Shaping Power

German Diplomacy in the Merkel Era

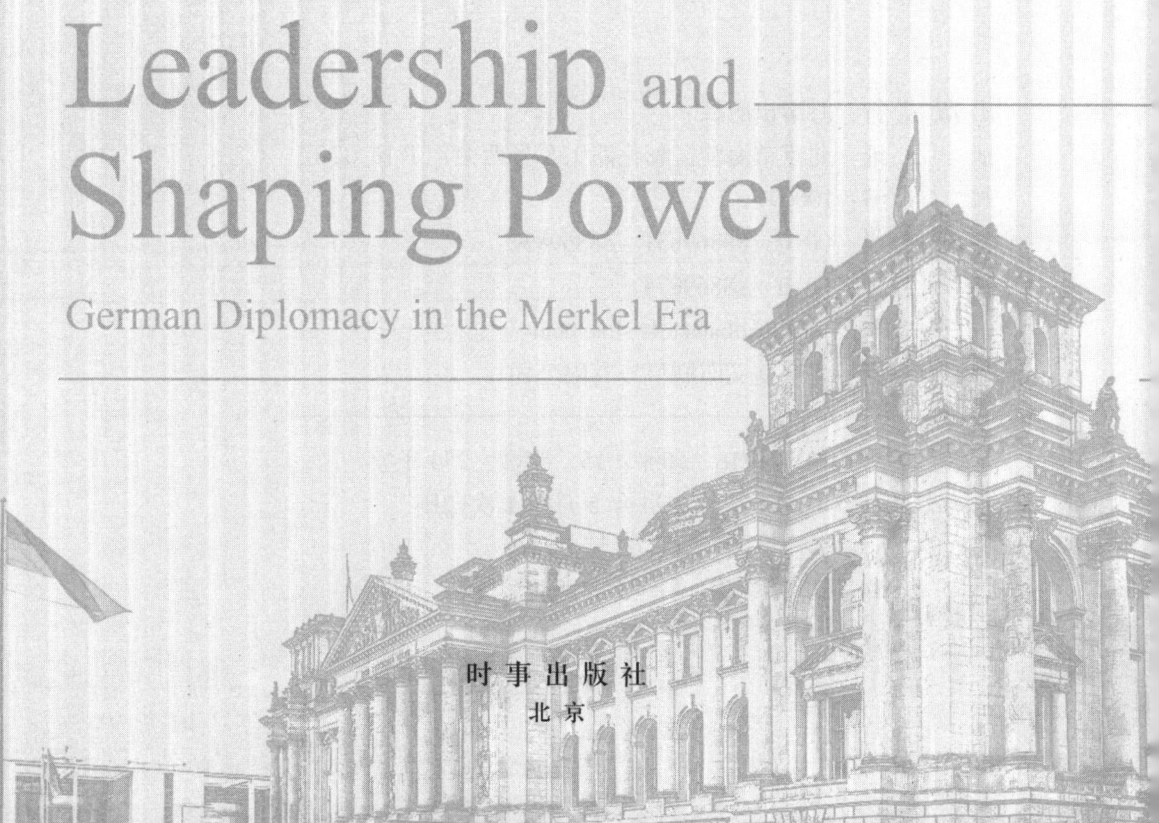

时事出版社
北京

图书在版编目（CIP）数据

领导与塑造：默克尔时代的德国外交研究 / 李超著 . —北京：时事出版社，2024. 5

ISBN 978-7-5195-0567-7

Ⅰ. ①领 … Ⅱ. ①李… Ⅲ. ①对外政策—研究—德国 Ⅳ. ①D851. 60

中国国家版本馆 CIP 数据核字（2024）第 031799 号

出 版 发 行：时事出版社
地　　　址：北京市海淀区彰化路 138 号西荣阁 B 座 G2 层
邮　　　编：100097
发 行 热 线：（010）88869831　88869832
传　　　真：（010）88869875
电 子 邮 箱：shishichubanshe@ sina. com
印　　　刷：北京良义印刷科技有限公司

开本：787 ×1092　1/16　印张：15　字数：254 千字
2024 年 5 月第 1 版　2024 年 5 月第 1 次印刷
定价：90. 00 元
（如有印装质量问题，请与本社发行部联系调换）

序　言

德国之于欧洲，始终是一个关键的存在。德国曾经引发了欧洲的相互杀戮和冲突，也曾通过反思与推动和解，促使欧洲朝着统一的目标前进。作为欧洲最大的经济体，德国也以其经济实力著称，成为推动欧洲经济发展的主要引擎。德国的经济实力还不断向政治领域拓展，日益成为西方世界一支举足轻重的力量。

然而德国的角色和作用并非一直如此。第二次世界大战（以下简称“二战”）以来的很长时间，德国对外一直保持低调姿态，在外交与安全领域进行了严格的自我限制，因此被外界调侃为“经济巨人、政治侏儒”。但与此同时，德国历任政府也都在历史条件许可的范围内，不断推动德国的外交转型，逐步拓展外交的活动空间。

初期，德国的目标是实现外交“正常化”，不再受制于人，这一目标随着冷战结束、两德统一基本实现。世纪之交，德国作为一个“正常国家”，逐渐开始在国际舞台上发挥一些建设性作用，特别是德国前总理格哈德·施罗德领导的“红绿联合政府”参与了科索沃战争，突破了二战后德国不直接参与军事战争的传统，极具象征意义。默克尔担任德国总理以后，德国和欧洲又来到了新的十字路口。在全球金融危机、欧债危机、乌克兰危机、难民危机、新冠疫情等危机期间，德国作为欧洲最大经济体，在引领欧盟应对危机方面被寄予厚望，领导作用的发挥也水到渠成。因此，默克尔时代，德国迎来了外交转型新的窗口期，其在欧盟内和国际上发挥了不同于以往的作用，引发了广泛关注。

本书聚焦默克尔时代的德国外交，从二战后德国外交追求“正常化”的目标入手，论证了德国外交在默克尔时代开启了二战后的第四次转型。通过分析和探讨默克尔执政时期对外政策和对外关系调整演变过程及其效果、影响等，提出了默克尔时代是二战后德国外交首次走向积极有为的时代，德国的国际角色也由“经济巨人、政治侏儒”逐渐转变为“领导与塑造者”。通览全书，不难发现有如下学术特色。

首先，本书对默克尔时代德国的国际地位和作用变化进行了详尽分析，给出了对“德国问题”这一国际关系领域“老问题”的最新回答，回应了学界和舆论界的关切，具有较强的现实意义。“德国问题”是指德国这个曾经的殖民帝国、迟到的民族国家以及强大的工业和军事国，一再对欧洲及国际秩序发起挑战。“德国问题”曾笼罩欧洲数十年，深刻地塑造了二战后欧洲秩序与跨大西洋关系，欧洲一体化发展至今，与解决“德国问题”的初衷分不开。但随着时代的发展，德国不断洗刷历史罪责，在冷战结束、两德统一后，特别是欧元区建立以后，德国已经不再是欧洲乃至世界秩序的威胁，而是逐渐再次成为欧洲的主导力量，“德国问题”也被赋予了新的内涵。因此，外界对于德国掌握权力不再采取原先那种疑虑并意欲加以限制的态度，而是寄予期望。反观德国自身，却显得颇为犹疑，甚至对自身角色的变化不知所措。2012 年，时任波兰外交部长西科尔斯基的一句“比起担忧德国强权，更担忧德国不作为”，将这一矛盾推到了台前。于是，新的历史背景下德国怎样与欧洲、与世界互动，引发广泛讨论，甚至被称作“新德国问题”。我们讨论默克尔时代的德国外交，归根结底是在讨论德国这一时期的国际角色变化问题。李超博士通过分析默克尔的外交实践，提出了默克尔时代德国朝着“欧盟内事实上的领导者”和“国际秩序的积极塑造者”转变的论断，以独特的视角回答了上述问题，具有开拓性和启发性。

其次，本书对默克尔时代的德国外交进行了立体式呈现，总结提炼出默克尔的外交方略、效果、影响，是一部关于默克尔外交的“百科全书”。回答德国国际角色变化的问题，先要建立在对其外交实践的全面准确把握上。本书全景式介绍了默克尔时代德国的外交实践，包括在西方联盟内对欧、对美外交，对全球层面的周边、亚太、非洲外交，以及参与全球治理相关实践等。李超博士承袭了中国现代国际关系研究院一贯的简明叙事风格，观点分明、论点扎实、层次清晰，以观点带事例，重在讲清特点，而非简单平铺直叙、罗列事实，对读者而言最大的便利是读起来不会觉得累。通过对外交实践的总结，本书认为，默克尔时代的德国在沿袭“文明力量”外交理论的基础上，创新性提出“塑造性力量”理念，采用务实、平衡、审慎的外交手法，缓步但积极地参与到国际秩序塑造进程中，在这个过程中最大限度维护了德国自身的发展和安全利益，增强了德国在欧盟内的领导作用，也增加了国际秩序的稳定性。当然李超博士也辩证地提出，角色转变并非一朝一夕，德国依然会力有不逮，其外交短板依然突出，特别是“后默克尔时代”国际环境发生重大改变，德国外交的延续步伐可能被打乱。从这个意义上讲，本书作为德国外交一个阶段性的总结，也为我们展望和预判未来德国外交走向提供了依据。

最后，本书虽是围绕具体的外交政策展开，但并非仅局限于对外交本身的讨论，而是以小见大，探讨个人与历史、国家与时代等命题。通常意义上，对于一国外交政策的研究，常聚焦于政治背景、政策变化效果等，突出技术性，而本书的写作略显“超常规”。本书要回答的问题是，国家政策变化中重要政治人物的角色怎样；在时代变化过程中，国家的发展方向是什么。因此，本书在研究的视角和站位上显然具有独到性，不完全是技术性分析，而是有很多政治判断，是基于时代变化的论述。如今默克尔时代已经过去，当我们以回溯的眼光阅读这本书时，会对上述问题有更深入的理解，会得到更多启发。例如，默克尔利用了国内对她的支持，以及利用“全球化最后的辉煌”，达成了自己的外交成就；但在这一过程中，由于国际与国内环境的变化，也同时存在一些“隐患”，如加深对俄罗斯的能源依赖等。本书对此加以深入挖掘，有两方面发现：一方面，德国外交在默克尔时代“风调雨顺”，取得了显著成果；另一方面，随着默克尔时代的落幕，德国外交的辉煌或许也画上了句号。这样的分析具有历史厚重感。本书还以 2022 年俄乌冲突为案例，对“后默克尔时代”的德国外交进行了展望，并结合默克尔本人的反思，对其在任时的决策进行了新的回顾和评价。这也让我们对“个人在历史中的作用”这个重要的马克思主义唯物史观问题有了更直观的认识。我们对历史人物进行评价，决不能脱离开特定的历史条件；反过来看，杰出人物也是顺应特定历史条件，才发挥了推动历史发展的作用。当历史条件发生变化，对历史人物的评价也会发生变化。2023 年 4 月 17 日，默克尔被授予德国最高荣誉“大十字勋章”，但德国政界围绕这一决定是否“为时过早”展开了激烈争论。如今，默克尔的对俄、对华政策受到不少批评，她的逻辑过去显然有其合理性，但未来对其也可能会有不同于当下的评价。

默克尔时代已经成为历史，2022 年俄乌冲突的爆发使欧洲迎来了“时代转折”，外界对于德国怎样进一步发挥领导作用、引领欧盟应对冲突又有了新的期待。如何在新时代背景下看待默克尔时代的德国外交，默克尔留下的外交遗产将如何影响当前德国的外交决策，这都成为当下的热点议题。李超博士的书为我们提供了很好的观察视角，有助于我们更好地理解德国外交决策的逻辑和走向，同时也为推进德国、欧洲的国别区域研究贡献了一份力量。

张　健

2023 年 5 月 7 日于中国现代国际关系研究院

目　录

绪　论

一、选题背景及意义

（一）选题背景

二战后德国外交政策一直是国际关系界热议的一个话题。因为二战结束后，德国一直以战败国、反省者身份现身，在外交和安全领域严格自我限制，缺乏存在感，“经济大国，政治矮子，军事蠕虫”的形象深入人心。在外交领域，德国一直习惯于隐身在法英等国背后，并主要以欧盟为依托，更多做一些“幕后工作”，至今还有人认为，德国仍未能实现外交独立自主。

然而，如果我们将视线投向最近十余年，会发现自默克尔担任德国总理以来，德国的国际地位和形象发生了很大变化。默克尔执政16年间，坚持推进自施罗德时期开启的结构性改革，经济保持平稳较快增长，并较为迅速地摆脱了国际金融危机和欧洲主权债务危机影响，成为欧盟事实上的“领头羊”，在国际上的话语权也因此增加了不少。2014年，德国政府正式对外宣布，将践行“积极有为的外交政策”，并追求成为“塑造性力量”，参与国际秩序塑造，由此开启了外交政策的重大转变。综观默克尔执政期的德国，一是引领欧盟应对金融危机、欧债危机、中东变局、乌克兰危机、难民危机以及新冠疫情等危机；二是积极调停全球冲突，在应对气候变化、打击恐怖主义、对外发展援助等方面作用突出；三是与中国、印度、非洲等发展中国家加强交流，推动建立紧密的双边、多边关系。默克尔在外交领域的所作所为可圈可点，俄罗斯总统普京称赞德国是“崛起中的超级大国”，① 奥巴马卸任美国总统前，美国媒体称赞默克尔为“自由西

---

① “China and Germany heading for superpower status as U. S. influence wanes, says Putin”, *Reuters*, October 22, 2020, https://www.reuters.com/article/us-russia-putin-idUSKBN2772BJ.

方的最后拯救者”。①

笔者长期跟踪德国外交动向，对默克尔时代的德国外交有着浓厚的兴趣。德国用十几年时间，从施罗德时期一度被称为“欧洲病夫”，发展到欧盟“事实上的领导者”，再到“以规则为基础的国际秩序的塑造者”，凸显德国的独特地位，这一演变历程贯穿默克尔执政全程，深刻折射出德国外交政策走向及其对外关系的最新发展。笔者认为，默克尔时代的德国外交可以说是二战后德国继“融入西方”“新东方政策”“两德统一后正常化外交”后的又一次新的转型，历史意义重大，其核心和实质是要实现德国身份的改变，由二战后一个“非正常国家”转变为一个“领导与塑造者”。尽管德国至今对所谓的“领导”仍保持低调，并不主动提及这一词语，现实中其所发挥怎样的领导和塑造作用也仍有待探讨，但默克尔时代德国外交所经历的全新尝试及其战略转向十分清晰，“积极有为”和发挥领导与塑造作用的大趋势确切无疑。

这一时期，德国基本完成了作为“正常国家”身份的转变，同时也由“中等国家”向事实上的“强国”转变。我们有理由认为，默克尔的对外工作重点围绕“领导与塑造”展开，在西方联盟内扮演“领导者”的角色，在全球事务上发挥“塑造性作用”。虽然对外行动的意愿和能力常有波动，但不可否认，默克尔时代的德国外交进行了诸多新的、积极的尝试，力争“有所作为”。这些政策实践当中，有的引起了一些争议，例如欲在欧盟内推行难民摊派政策，遭诸多成员国反对；有的可能效果不彰，例如通过实施制裁对俄罗斯施压，并未明显改善欧俄关系。但也有很多做法取得了显著成果，很大程度上改变了外界对德国外交被动消极的观感，例如参与打击“伊斯兰国”组织，对非洲加大新型发展援助，引领中欧关系，等等。默克尔执政长达 4 个任期、16 年之久，经历国际形势的风云变幻及大小危机的重重洗礼，其外交政策内涵丰富，值得研究。笔者希望通过深入研究默克尔时代德国面临的国际环境及其外交实践、对外关系变化等，归纳默克尔的外交理念、方略，对其效果进行评估，全面呈现近十余年来德国对外政策的总图景，基于此评价德国在欧盟和全球的领导与塑造作用。

---

① Konstantin Richter，“Angela Merkel's new job：Global savior”，*Politico*，November 17，2016，https：//www. politico. eu/article/donald – trump – angela – merkel – the – last – leader – of – the – free – world/.

基于以上考虑，笔者以默克尔时代的德国外交为研究对象，对其进行综合考察和评价，并分析其对德国的地位、影响力、对外关系带来了怎样的影响。重点围绕以下几个问题展开论述。第一，默克尔在外交上是否真正做到了“积极有为”？多大程度改变了德国过去相对消极被动的外交姿态？第二，默克尔治下的德国是否实现了“领导欧洲、塑造全球”？如何看待德国“领导作用”的变化？“德国问题”这个国际政治领域的老问题在默克尔时代有怎样的体现？第三，默克尔政府如何参与激烈的大国博弈？其对外关系如何？对国际格局有何影响？第四，默克尔时代德国外交遗产能否得到继承？未来德国外交政策及其国际地位将向何方发展？以上问题的分析和解答构成本项研究的主要内容。

（二）选题意义

当今国际环境复杂多变，中国、美国、欧盟、俄罗斯四大力量激烈博弈。鉴于德国在欧盟内的重要作用，其在国际舞台的影响亦不容小觑。允分研究默克尔时代的德国外交意义重大。

第一，有助于完善二战后德国外交研究的整体架构。默克尔时代的德国外交，是德国二战后外交体系的重要组成部分，其既秉承前几十年“低调”“和平主义”等外交传统，又根据自身国力的变化，积极有为，主动承担一些全球责任；既有继承，又有创新。2021 年，德国再次举行大选，长达 16 年的默克尔时代宣告结束。针对“一个时代的终结”，学界和舆论界也出现了不少讨论“默克尔现象”的声音，有部分学者甚至还提出了“默克尔主义”的概念，试图为其“盖棺定论”。此时对默克尔时代的德国外交进行宏观、全面、深入研究，时机较为成熟，意义也十分重大，这是德国国别研究的必要组成部分，将为德国外交研究领域增添不可或缺的素材，能够丰富和加深外界对当代德国的认知。

第二，有助于深化欧盟外交相关研究。德国是欧盟最大经济体，与法国共同构成欧盟的核心。近十余年来，德国凭借自身强大的经济实力，力压法国，在欧盟内享有更高话语权，对欧洲一体化进程及欧盟外交具有决定性影响，一定程度依照自身利益和意愿来塑造欧盟政策，其欧盟“领头羊”的身份名副其实。崛起的德国与欧盟的关系历来都是备受瞩目的议题，过去“德国霸权”曾一度困扰欧洲国家，如今德国由欧洲的“威胁”变身为实质上的“领导者”，其行为仍将深刻影响欧洲的发展与命运。其他成员国一方面期待德国发挥积极作用，为欧盟发展贡献力量；另一方面也对德国一些过于“自我”的举动产生担忧和不满。不少学者将新时代德国与欧盟的这种关系称为“新德国问题”。通过研究默克尔政府的外交政策，特别是对欧政策，有助于准确认识德国在欧盟内的领导作用，更准确把握欧盟的行事逻辑及发展方向，以及新时期欧盟内部、成员国之间协调决策机制等，从而更好地开展欧盟外交研究。

第三，有助于深化对全球格局和全球治理问题的认识。德国身处西方阵营，但又与英国、美国等老牌资本主义工业国有所不同，存在相当的独特性。德国以“中等强国”自居，反感激烈的大国争夺，长期坚持多边主义，倡导国际合作，主张构建“基于规则的国际秩序”，通过完善规则来规范大国行为；同时，面对不断变化、趋紧的安全形势和此起彼伏的危机，德国又有主动作为的意愿，希望承担与其经济实力相当的政治责任。从近几年德国积极参与冲突斡旋、引领气候治理、加大援非力度等行为，都可以看出德国外交调整的迹象。鉴于德国的体量和影响力，其如何看待和应对收缩的美国、守成的俄罗斯、崛起的中国，如何在变局中维护自己的利益，如何在东西方博弈中凸显自身存在，如何建设性参与到全球治理当中，都将对国际格局、国际秩序的发展和演变产生不可忽视的影响。对默克尔时代德国外交的研究可帮助我们更全面地理解西方国家外交行为，更清晰地审视全球权力格局、大国关系、国际秩序的最新演变。

第四，有助于为更好理解中欧关系提供参考和借鉴。中欧关系战略性十分突出，双方不仅贸易关系密切，还在创新、全球治理等新领域有广泛合作空间。中德关系是中欧关系的最重要组成部分，中德贸易长期占中欧贸易总量的1/3以上，中国连年成为德国最大贸易伙伴，双方建立80余个对话机制，为其他欧盟国家所不具备。德国在欧盟内具有独特的领导作用，对推动中欧关系发展也有积极促进作用。研究并准确把握默克尔时代的德国外交，有助于更好理解德国对华考虑及政策选项，进而为规划和塑造中欧关系贡献思想。

二、文献综述

鉴于德国从来都是影响世界格局变化的“关键角色”，德国外交历来是一个热门课题，学界对此的研究纵跨数十年，从冷战时期到默克尔执政，每个阶段都有着浩如烟海的研究成果，绝难穷尽。笔者广泛检索默克尔执政后国内外关于德国外交的研究成果，特别是着重政策研究的成果，发现大致可分为三大类：一是对默克尔政府外交风格和理念的研究；二是对德国领导作用的最新评价；三是对默克尔政府对外关系及对外工作实践的研究。

（一）关于默克尔政府外交风格与理念的研究

了解默克尔政府的外交政策，首先要从关键人物默克尔身上寻找线索，国内外诸多默克尔传记作品均详细介绍了她的生平、理念和个性风格，这或多或少都对其外交政策有直接影响，因而成为本书研究的“第一把钥匙”。从国外来看，《南德意志报》记者伊芙林·罗尔接连撰写《女孩与权力》《第一位女总理》《女总理——默克尔的权力之路》，细致描绘了默克尔的成长经历、个性特征以及其从政初期的心路历程。玛加雷特·海克尔的《女总理这样执政》，从默克尔运作政府的方式入手，剖析她的执政之道。哈约·舒马赫的《权力的十二法则》、格特鲁德·科勒的《女教父》、约瑟夫·施尔曼的《近观默克尔》等著作则着重从具体政策及案例出发，描述默克尔如何重建21世纪的德国，从中透彻分析她的执政风格与理念。

随着默克尔执政期不断延长，各界对她本人的观察和研究内容也日趋丰富充实，尤其以下三部作品影响力甚高，除介绍默克尔生平外，还从不同侧面展现出默克尔外交思想和理念。首先是格尔特·朗古特的《默克尔传》，该书总结了关于默克尔执政风格的十大结论：一是权力欲望强；二是没有成型的思想体系，不受传统束缚，针对具体问题寻找科学的解决办法；三是既能一定程度屈服于外界压力，又能以自己的方式回应外界压力；四是善于隐藏“真实的自己”，与他人保持距离；五是政治立场围绕自由、责任、利益展开，不会机械地套用所在政党的传统立场；六是对新生事物抱“怀疑并宽容”的态度，有疑问时常选择自由；七是从现实角度而非传统基督教教义出发思考和制定政策；八是有不同于撒切尔式的独特女性政治家风范；九是其生平是整个德国发展的写照；十是独特性不容小觑。① 其次是拉尔夫·博尔曼的《德国人：默克尔与我们》，本书除讲述默克尔的生平外，还分析了默克尔的“战争策略”：欧洲人只负责欧洲范围的事，例如对波黑和科索沃进行军事干预是正确的，其他则是错误的；再如与美国关系疏远并非军事原因，而在于美国战略重心远离欧洲。默克尔的“制度观”：身为新教徒的政治经济道德观，反对松散的经济自由主义，崇尚规则、自律与适度调控。默克尔的“权力本质”：以博弈论来处理权

① Gert Langguth, *Angela Merkel: Biographie*, München: Deutscher Taschenbuch Verlag, 2005.

力争斗，能够摒弃“非友即敌”思维，“联合各个联盟伙伴”是其最大的“强权政治资本”。① 最后是施蒂凡·柯内琉斯的《安格拉·默克尔：总理和她的世界》，本书着重分析了默克尔的大国观：对美是“坚定的大西洋主义者”，尽管与美国一直有龃龉，但永远不反美；对俄罗斯存在理念上的不认同和结构性的矛盾；对中国心态矛盾，既要“做生意”，还要坚持“制度竞赛和西方价值观”；对欧洲从期望逐渐走向失望，进而推动理想中的“新欧洲”建设。②

也有不少国外学者认为默克尔执政存在弊端，对其持批判立场，甚至言辞激烈。批评主要集中于内政领域，包括德国近年来存在的内需不足、福利下降、社会分化严重、极端思潮上升等，但也涉及外交政策，尤其集中于难民政策。批评默克尔政策最具代表性的是施蒂凡·黑伯尔分别于2013年、2017年出版的两部《无耻妈妈》，在外交领域，黑伯尔认为默克尔并未摆脱意识形态的束缚，仍致力于追求以商业利益为重的新自由主义，她的重商主义使得德国过分依赖外部，她的难民政策更是加速了德国社会撕裂和极端势力崛起。③ 有不少人认为默克尔更多是“平衡大师”和“应对危机能手”，但其实缺乏足够的外交战略思维。罗德里希·基塞维特就认为，在“慕尼黑共识”（即“有为外交”）提出5年后，默克尔政府的一系列外交安全政策举措仍仅仅定位在危机管控级别，缺乏对外主动塑造的意愿和能力，政策重心始终未能向外交倾斜，联邦政府的外交与安全的决策和执行部门未能实现统一、互联、积极的思维和工作模式，对外行动总是应对型而非前瞻型。④

从国内看，对于默克尔本人的研究也十分丰富，既包括传记类著作，如赵原的《默克尔传：力量蕴藏在沉静之中》、陈玲的《德国总理默克尔传》、廖生的《德国“女总理夫人”默克尔》等，也包括诸多论文，较早

---

① Ralph Bollmann, *Die Deutsche*: *Angela Merkel und Wir*, Stuttgart: Klett – Cotta, 2013.

② Stefan Kornelius, *Angela Merkel*: *Die Kanzlerin und ihre Welt*, Hamburg: Hoffmann und Campe, 2013.

③ Stephan Hebel, *Mutter Blamage*: *Warum die Nation Angela Merkel und ihre Politik nicht braucht*, Berlin: Westend Verlag, 2013, *Mutter Blamage und die Brandstifter*: *Das Versagen der Angela Merkel – warum Deutschland eine echte Alternative braucht*, 2017.

④ Roderich Kiesewetter, “Münchner Konsens”, *Europäische Sicherheit & Technik*, November 2019, S. 25 – 27.

期的如宋健飞的《安格拉·默克尔——德国政坛的奇迹》①、王剑南的《德国历史上第一位女总理安格拉·默克尔》② 等，多从生平和性格角度对默克尔加以分析；较晚期的如连玉如的《默克尔执政的根基与远景》③、金玲的《技术型政治家：欧洲大变局中的默克尔》④ 等，均以回顾的视角总结默克尔的执政特点，分析其在德国内政外交中的作用和影响。但总体而言，对于默克尔本人的研究，国内学者相对集中在表层，受一手资料所限，更多是译介国外研究成果。且基本无大的争议，对默克尔评价普遍较为正面，一般认为其审慎、务实的风格和技术性官僚的定位为德国带来了十余年的快速发展，增强了德国的全球领导力。

关于默克尔外交政策的理论基础，学界普遍认同其符合特里尔大学政治学教授汉斯·毛尔团队提出的“文明力量”理论。默克尔就任总理后，德国外交在理论基础上仍有高度继承性。毛尔在《德国外交政策手册》一书中撰写了《文明力量德国》一章，进一步解释了“文明力量”理论，并结合2003年后德国“文明国家角色”的具体表现，提出德国在外交上主要依赖于伙伴关系以及与“文明力量”相容的国际环境。⑤ 他还认为，即使2014年之后德国政府根据形势变化对“文明力量”概念内涵进行了调整，但总体仍不会摆脱联邦德国一直传承下来的外交原则。⑥ 中国学者连玉如认为，默克尔主政下的德国，依然奉行具有“文明国家”内核的现实主义的“贸易国家”外交政策，而且德国外交超越欧洲、走向世界是势之

① 宋健飞：《安格拉·默克尔——德国政坛的奇迹》，《德国研究》，2005年第3期，第19—23页。

② 王剑南：《德国历史上第一位女总理安格拉·默克尔》，《国际资料信息》，2005年第11期，第32—35页。

③ 连玉如：《默克尔执政的根基与远景》，《人民论坛》，2018年第6期，第108—110页。

④ 吴孟克：《技术型政治家：欧洲大变局中的默克尔——专访中国国际问题研究院欧洲研究所副所长金玲研究员》，《世界知识》，2019年第5期，第18—20页。

⑤ Hans W. Maull，“Deutschland als Zivilmacht”，in：Siegmar Schmidt，Gunther Hellmann，Reinhard Wolf（Hrsg.），*Handbuch zur deutschen Außenpolitik*，Wiesbaden：VS Verlag für Sozialwissenschaften，2007，S. 73 – 84.

⑥ Hans W. Maull，“Deutsche Außenpolitik nach der ‘Review 2014’：Zivilmacht 2.0”，*Zeitschrift für Politik*，Vol. 62，No. 3，2015，Nomos Verlaggesellschaft，S. 323 – 341.

使然。① 殷桐生主编的《德国外交通论》在德国二战后外交章节也对德国的“克制文化”“平衡、调和、折中”“不越雷池”等“文明力量”基因进行了分析，囿于成书较早，只涉及了默克尔第一个任期。② 于芳在《德国的国际角色与外交政策》一书中对此进行了深入研究，提出默克尔政府的外交政策依然遵循这一理论，其强调自由民主价值观和集体安全体系，始终将军事手段作为“最后手段”，在战略目标上致力于建立西方文明制度，通过西方联盟所共享的价值观来维持自身国际影响力，同时发展西方制度所认可的贸易体系并开展援助，以此实现利益与价值观“双丰收”。默克尔政府的这些理念具有鲜明的德国特色，是德国在自我束缚和自我突破之间寻求新平衡的一种尝试。③ 但是，著名德国问题专家汉斯·孔德纳尼在《德国权力的悖论》一书中对德国外交中的“文明力量”元素提出质疑，认为德国所谓的“文明国家”更多等同于“贸易国家”，德国正蜕变为“地缘经济强国”，而完整意义上的“文明力量”还强调通过法治手段实现国际关系文明化，使国际关系呈现国内民主政治的特性。从这方面讲，德国所为远远不够，随着德国“共识政治”的消散，未来实践“文明力量”难度更大。④ 阿尔穆特·维兰德－卡里米与托比亚斯·冯·基南特在《为了加强危机干预》一文中也认为，德国应更新对“文明力量”的认知，“文明力量”并不完全等同于“民事力量”，而应将民事预防与军事干预结合起来。⑤

2012 年，默克尔政府正式提出了“塑造性力量”⑥ 的概念，强调德国外交要在全球具备“对外塑造的能力”。随后关于这一概念的研究明显增多。埃伯哈德·桑德施耐德与贡特·海尔曼等人认为，“塑造性力量”与

---

① 连玉如：《“德国的欧洲”与“欧洲的德国”问题新考》，载顾俊礼主编《中德建交 40 周年回顾与展望》，北京：社会科学文献出版社，2012 年版，第 174 页。

② 殷桐生主编：《德国外交通论》，北京：外语教学与研究出版社，2010 年版。

③ 于芳：《德国的国际角色与外交政策》，北京：人民日报出版社，2015 年版。

④ Hans Kundnani, *The Paradox of German Power*, London: Hurst & Company, 2014, S. 26.

⑤ Almut Wieland－Karimi & Tobias von Gienanth, “Für mehr Krisenprävention”, *Internationale Politik*, Mai/Juni 2013, S. 80.

⑥ 其德文和英文对应表述分别为 Gestaltungsmacht 和 Shaping Power，亦有不少国内学者将这一概念翻译为“建构力量”，主要从建构主义国际关系理论视角，分析德国的文化、观念等对外建构作用。本书采用“塑造性力量”这一译法，主要从外交实践层面描述德国塑造外部政策和环境的能力。

“霸权”均具有主动塑造全球秩序的特性，前者在力量层级中低于“霸权”，且方式有异。桑德施耐德提出“塑造性力量”有四大特点：一是为解决全球问题作贡献，主要从地缘经济而非地缘政治利益出发；二是在区域和全球层面促进多边合作，以保护自身利益；三是不情愿或谨慎使用武力，在外部期望下积极、快速、有力地作出反应，但不会单边推动权力政治；四是不回避使用否决权。① 谈沪东分析了作为“塑造性力量”的德国外交的几方面走向，包括构建全球秩序、维系价值观、推动可持续发展等，是德国“新责任”背景下的利益与价值观的新统一。② 王鹏认为，德国“塑造性力量”的核心在于通过自身强大的软实力来增强影响力，与持同样理念的国家群体建立起广泛而又灵活的合作网络，共同塑造外部秩序。③ 尽管关于“塑造性力量”的研究不断增多，但分析诸多研究成果发现，“塑造性力量”实际上并未脱离上述“文明力量”理论的内核，其所强调的软实力、价值观联盟等元素均是“文明力量”在新时期、适应新变化而衍生的内涵，德国所强调的“塑造”，更多的是指遵从一定“文明力量”标准的对外塑造能力。

（二）关于默克尔时代德国领导作用的研究

默克尔主政的这 16 年，正是德国摆脱“欧洲病夫”，逐渐赢得欧盟“领头羊”称号，并在西方世界乃至国际上话语权不断增加的时期。因此，对默克尔政府外交政策的研究，很大程度上是对德国这 16 年来在外交领域的地位和作用的研究。国内外学者相关著述可谓汗牛充栋，十分丰富。

大部分学者认为默克尔时期的德国实力已经积累到了相当程度，但外交政策还相当保守，理应进行调整，承担与国力相适应的国际责任。德国外交政策协会主席托马斯·恩德斯的观点可代表主流学界对于默克尔时代外交政策的评价，即“德国必须发挥真正的领导作用”，德国外交政策

---

① Eberhard Sandschneider, “Eine Gestaltungsmacht in der Kontinuität”, *Aus Politik und Zeitgeschichte*, 10/2012; Gunther Hellmann, “Zwischen Gestaltungsmacht und Hegemoniefalle. Zur neuesten Debatte über eine neue deutsche Außenpolitik”, *Aus Politik und Zeitgeschichte*, 28 – 29/2016; https: //www. bpb. de/apuz/230569/zur – neuesten – debatte – ueber – eine – neue – deutsche – aussenpolitik? p = all.

② 谈沪东：《“建构力量”角色理念下的德国外交政策走向及其评析》，《西部学刊》，2019 年第 18 期，第 55—58 页。

③ 王鹏：《从“建构力量”概念看德国外交政策发展的新动向》，《青年与社会》，2014 年第 32 期，第 320—321 页。

"应从权力争夺的现实出发，不应继续过分受情感和道德束缚"。① 很多国内学者也持类似的观点，如熊炜认为，德国目前在西方和欧洲的地位前所未有，曾经的国际社会"二等公民"和西方的潜在"异类"已经以西方自由主义国际秩序的捍卫者和代言人身份崛起于国际舞台。②

论及"领导作用"，各方使用不同的限定词来加以描述，由此分析德国应当以何种形式发挥适度的领导力，当然这种领导作用首先体现在欧盟内。莱昂·曼伽萨利安与扬·特绍合著的《领导力大国德国》一书认为，德国外交理想的状态应是发挥"服务型领导作用"，既主动作为，又兼顾欧盟及其成员国利益。默克尔就任德国总理后，在外交上最重要的贡献是改变了德国原先战略克制和战略被动的传统，总体上走出了"舒适区"，但仍未达到"服务型领导者"的标准，主要在于德国外交"进取"与"自私"交织，默克尔应对危机效果显著，但在引领塑造地区和全球秩序方面建树不多，德国应当继续提升战略塑造的意愿和能力。③ 阿德里安·阿诺德在《怯懦的巨人德国》一书中指出，要让德国担当"船长"职责，德国自身必须从历史阴影中解脱出来，别国也应从对德国的恐惧中解脱出来，因为新时期德国"领导"并不意味着"命令"，而是与法国、意大利携手的"引领"。默克尔较为强势的外交政策之所以最终能够得以贯彻，不在于"秀肌肉"，根本上在于政策本身的务实和有效属性，从这个角度看，德国在军事上亦应发挥更积极的作用。④ 蒂莫西·伽顿·阿什将欧盟比作一支球队，而德国就是这支球队中最强大的队员，虽不是队长，但应当成为球队的灵魂与核心，是决定比赛能否胜利的关键。⑤ 中国学者冯仲平将德国的领导作用描述为"先锋作用"，认为"以德国为首的一批'先

---

① Thomas Enders, "Echte Führung ist gefragt", *Internationalae Politik*, July/August 2019, S. 70 – 73.

② 熊炜：《德国对华政策转变与默克尔的"外交遗产"》，《欧洲研究》，2020 年第 6 期，第 1—15 页。

③ Leon Mangasarian & Jan Techau, *Führungsmacht Deutschland*, München: dtv Verlagsgesellschaft, 2017.

④ Adrian Arnold, *Deutschland der ängstliche Riese*, Zürich: Orell Füssli Verlag, 2017.

⑤ "Die Experten", *Review* 2014 – *Außenpolitik weiter denken*, Berlin: Auswärtiges Amt, 2014, S. 21 – 23.

锋国家'应当推动欧洲一体化以及欧盟事业走向成功"。① 熊炜认为，德国崛起的目标是要成为"西方国际秩序的'领导者'和'捍卫者'"。②

也有人聚焦德国发挥领导作用所面临的现实挑战，认为德国难以如外界预期的那样发挥足够领导力。汉斯·孔德纳尼指出，默克尔主政下，德国的经济实力决定了其欧洲伙伴均无力挑战德国的权威，这使得困扰欧洲良久的"德国问题"再度浮现。德国至今只能算是地缘经济领域的"半个霸权"，对外担当领导者面临诸多限制。德国的外交文化中，"稳定"仅仅意味着"价格稳定"，进一步而言，是经济和货币政策上的稳定，德国对外输出的往往只是就事论事的规则，而非规制，这反而带来了欧盟内部的不稳定。③ 赫尔弗里德·明克勒的《执中之权：德国在欧洲的新使命》一书称，德国任何时候都不可能脱离国内政治及自身利益而单独做出欧洲决策，这必然在欧盟层面与其他成员国利益产生矛盾，因此德国只能确立"有限目标"，采取"适度行动"，德国的作用更多是"降低冲突烈度"，而非"寻找制止冲突之策"。④ 康斯坦策·施特尔岑米勒指出，德国外交政策至今仍未适应"大变局"，在难民危机、欧盟东扩、"北溪"管道等问题上，均以较为狭隘的民族利益为重，德国只有在真正经历伤及自身的危机后，才有可能吸取教训，改变外交思维。⑤ 中国学者方面，张健、王剑南从默克尔等人的欧洲观出发，认为默克尔这一辈领导人对欧洲一体化"摆脱战争和保持持久和平"的感受并不像其前辈一样深，对一体化"未抱有崇高理想和浪漫主义色彩"，更多是出于政治需要，因此德国"疑欧"倾向事实上有所增强，德国政府也不再总是顾忌其他成员国感受，在某些具体问题上，德国"很可能由欧洲一体化的推动力量转变为保守甚至阻碍力

---

① "Die Experten", *Review* 2014 – *Außenpolitik weiter denken*, Berlin: Auswärtiges Amt, 2014, S. 21 – 23.

② 熊炜：《德国对华政策转变与默克尔的"外交遗产"》，《欧洲研究》，2020 年第 6 期，第 1—15 页。

③ Hans Kundnani, *The Paradox of German Power*, London: Hurst & Company, 2014.

④ Herfried Münkler, *Macht in der Mitte. Die neuen Aufgaben Deutschlands in Europa*, Hamburg: Edition Körber Stiftung, 2015.

⑤ Constanze Stelzenmüller, "Der ratlose Hegemon", *Internationale Politik*, März/April 2019, S. 8 – 13.

量”。① 孙兴杰分析了德国外交转型面临的几大难题：一是德国二战后经济奇迹受到冲击，前景不明朗；二是欧洲一体化到达“瓶颈期”，强势德国会引发“逆一体化”；三是大西洋共同体裂痕空前；四是“德法轴心”式微。② 郑春荣指出，德国实力资源的基础具有不可测性和脆弱性，民众和政治精英之间又存在认识上的鸿沟，德国外交政策转型的窗口随时可能关闭。③ 总之，中国主要的德国问题专家普遍对德国全面发挥领导作用略持怀疑态度，认为德国面临的挑战和限制颇多，想要打破国内的政治传统并不容易。

与此同时，有不少研究聚焦如何促使德国发挥领导作用，对德国外交具体应当如何布局提出建议，对下个阶段德国领导作用的走向进行预测。学者们分析了默克尔时期的外交政策，提出的德国政策路线应当是“重在欧盟，徐图世界”，通过对欧盟的领导实现对全球的影响。康斯坦策·施特尔岑米勒提出四条建议：一是安抚国内民粹思潮；二是承担更多欧盟责任，换位思考欧盟伙伴国利益；三是提高军事威慑能力；四是制定对美竞合新战略。④ 德国外交政策协会研究所刊登多篇文章，主题均是警告德国“防范单边主义回潮、改变‘自我崇拜’和‘道德优越感’”，加强与法国合作，“走出舒适区”，推动欧盟改革。⑤ 中国学者黄静在《欧洲民主资本主义困境》一书中以应对欧债危机为样本，提出“德国模式”在欧洲占据主导地位的前提条件是“共处”，而不能“一枝独秀”，德国如果只是以本国利益来要求其他欧洲国家，那么欧洲整体问题最终也会连累德国自身，德国如不作出妥协，也就无法承担新形势下的历史责任。⑥ 赵柯认为，新时期，德国不能继续让英法为欧盟的整体利益“冲锋在前”，必须为欧盟“挺身而出”，将欧盟内部的整合与团结置于对外政策的优先位置，甚至需要为此牺牲一些本国利益，德国外交政策要在经济全球化和欧洲一体化之

① 张健、王剑南：《“德国问题”回归及其对欧洲一体化的影响》，《现代国际关系》，2010 年第 9 期，第 7—13 页。

② 孙兴杰：《德国的身份迷惑与外交转型》，《同舟共进》，2019 年第 10 期，第 32—34 页。

③ 郑春荣：《德国外交政策的新动向》，《欧洲研究》，2014 年第 2 期，第 1—14 页。

④ Constanze Stelzenmüller, “The Unready Hegemon”, *Berlin Policy Journal*, March 2019, p. 8.

⑤ Claire Demesmay, *Raus aus der Komfortzone*, DGAP Standpunkt, July 2018.

⑥ 黄静：《欧洲民主资本主义困境》，北京：时事出版社，2017 年版，第 159 页。

间进行“再平衡”。①

（三）关于默克尔时代德国对外关系的研究

默克尔主政期间德国对外关系发展状况也是学者们研究的重点。这当中包罗万象，观点纷呈，尤以德国与中国、美国两大力量关系为重，也涉及德国对周边、亚太、非洲等地区的政策实践。

德美关系一直处于大讨论当中，美国建制派与反建制派轮替执政令德国对跨大西洋关系这一外交支柱备感迷茫。主要有三种观点：第一种观点认为德国仍应全面依靠以美国为首的西方联盟。德国国内“大西洋主义者”群体本身就很庞大，加上德国存在硬实力的现实缺陷，故而对美国有着从心理到现实的依赖。丹妮拉·施瓦策称，尽管不能保证美国全身心“回归西方”，但美国政府仍有潜力将美国带回世界领导舞台，捍卫民主、法治、自由，没有任何一个其他国家可以填补美国留下的空缺。② 埃米尔·基尔希纳指出，无论外界环境如何变迁，德国都必须谨慎推动安全政策再平衡，使其回归传统的“柏林—巴黎—华盛顿”三角，展现德国“根植西方”的属性。③ 第二种观点恰恰相反，认为德美裂痕出现已久，特朗普上台后更发生“根本性改变”，德国外交政策必须摆脱对美国的依赖。这一看法在媒体界尤为流行，如米夏埃尔·施蒂尔默就与施瓦策针锋相对称，如果美国改变担当“世界领导者”的决心，那么德国应该重新思考跨大西洋关系，德国和法国应共同填充起美国退出留下的真空。④ 第三种观点认为德国应与美国发展一种“相对平等的伙伴关系”，共同领导建立世界秩序。马克·莱奥纳德称，德国要引领欧洲与美国共同应对挑战，在此过程中承担应有的责任，不能一味寻求美国的保护和指导，做一个“搭便

---

① 赵柯：《德国外交“再平衡”及对中国的影响》，《国际问题研究》，2017 年第 4 期，第 90—100 页。

② Daniela Schwarzer, “Die Welt braucht die USA wieder in der Führungsrolle”, http: //dgap. org/de/forschung/publikationen/die - welt - braucht - die - usa - wieder - in - der - fuehrungsrolle.

③ Emil Kirchner, “Germany’s Role in European and International Security: Aims versus Action”, *Rethinking Germany and Europe*, London: Palgrave Macmillan, 2010, pp. 139 - 153.

④ Michael Stürmer, “Wenn die USA nicht mehr Weltmacht sein wollen”, *Die Welt*, 20. July, 2020.

车”者。[①] 克劳斯·拉尔斯认为，美国和统一后的德国是西方世界的领导者，再没有任何其他国家有能力在空前复杂危险的世界中承担这一责任，因此美国和德国彼此需要，两国一致行动意义非凡。[②] 中国学者对德美关系的评价较为统一，一方面认为“德美之间的经济与安全利益分歧因不同政党体制和执政理念的影响及隐藏在背后的政治文化因素推动而被逐渐放大，利益妥协空间不断变小”；[③] 另一方面认为，分歧不会导致德美关系瓦解，有合作有分歧、有控制要自主，彼此关系进一步平等化和疏离，成为德美关系发展的重要特点。[④] 郑春荣、范一杨总结称，在美国战略重心转移的催化和德国“有为外交”的内部驱动下，德国对美国政策调整呈现出三方面走向：德国对美国的定位从“价值盟友”转变为“利益伙伴”；德国以欧盟为依托增强处理德美关系的话语权；德国与中国、俄罗斯组成临时性“议题联盟”以应对美国政策转变。[⑤]

默克尔执政期正值中国国力和全球影响力大幅提升的阶段，对华关系一直是德国国际关系学界的关注重点，相关成果不胜枚举。总体而言，西方学者的观点受政治因素影响较大，克劳斯·拉尔斯在2016年就提出“中德关系的蜜月期已经结束”，他从当年中德原本紧密的经贸关系出现裂痕推断中国正在从德国的“经济伙伴”转变为“全球性竞争者”。[⑥] 德国前外长约什卡·菲舍尔的《西方的衰落》、著名记者弗兰克·泽林的《未来？中国!》等书均描述了中国崛起相关问题，表达了对西方所受冲击的一些忧虑。也有一部分观点坚持主张客观看待中国，推动良性合作，如米夏埃尔·施塔克认为，中德全方位战略伙伴关系具有抵抗危机和面向未来的特性，双方经济具有高度互补性和互需性，战略上均互视为具有重要国

---

① Mark Leonard, “Building back a better transatlantic alliance”, February 19, 2021, https://ecfr.eu/article/building-back-a-better-transatlantic-alliance/.

② ［德］克劳斯·拉尔斯，夏晓文译：《安格拉·默克尔和唐纳德·特朗普——价值观、利益和西方的未来》，《德国研究》，2017年第3期，第4—25页。

③ 牛霞飞、郑易平：《当前德美矛盾的多重原因透析》，《国际观察》，2020年第6期，第125—154页。

④ 李文红、窦明月：《试析特朗普上台以来的德美争议》，《现代国际关系》，2018年第2期，第33—40页。

⑤ 郑春荣、范一杨：《特朗普执政以来德国对美政策的调整：背景、内容与特点》，《同济大学学报（社会科学版）》，2018年第4期，第37—47页。

⑥ Klaus Larres, “China and Germany: The Honeymoon Is Over”, *The Diplomat*, November 16, 2016.

际影响的大国，尽管存在分歧，但并非不可调和，也不妨碍双方发展互利性合作关系。[①] 中国学者对默克尔主政下的中德关系态度总体较为正面，具有代表性的如连玉如的《中德“天然盟友关系”刍议》，从中德两国的文化传统背景、全球战略意义、多边主义倾向、重大利益关切及默克尔等政要的“中国观”等角度出发，提出中德存在“天然盟友关系”的可能。[②] 潘琪昌认为德国将与中国保持“实用主义的平和关系”。[③] 史世伟等一批经济学专家则专门从中德关系中最重要的经贸领域入手，研究中德关系的发展与问题所在。[④] 近年，认为中德关系中不利因素上升的观点在增多，但中国学者们一般能以建设性态度展望未来。例如，吴江认为，德国对华政策在总体延续的基调下，也蕴含变数，德国对华政策在价值观和利益导向之间的平衡会变得越来越艰难。[⑤] 梅兆荣指出，德国领导层对华态度正在发生深刻变化，消极举动日益增多，但推动两国互利合作的潜力和动力依然存在且仍有新的发展，故不应对双边关系持悲观态度。[⑥]

德俄关系方面，乌克兰危机成为重点研究对象。德国学者的基本观点是，俄罗斯在乌克兰危机后根本性动摇了欧洲和平秩序，德国和欧盟不能有所退让，否则俄罗斯会变本加厉，必须通过外交、政治以及施压的手段让俄罗斯重回规则框架内。米夏埃尔·施塔克主编的《乌克兰危机、俄罗斯与欧洲安全秩序》一书提出两大观点：一是乌克兰危机标志着西方国家与俄罗斯伙伴关系的断裂以及冷战后欧洲安全之需的终结；二是如何与俄罗斯达成和解是重建欧洲安全秩序的关键，这也是默克尔时代德国和欧洲

---

① Michael Staack, “Strategische Partnerschaft zwischen China und Deutschland: Krisenfest und zukunftstauglich?”, *China und Indien im regionalen und globalen Umfeld*, Opladen: Verlag Barbara Budrich, 2018, S. 29－62.

② 连玉如：《中德“天然盟友关系”刍议》，载连玉如著《国际政治与德国》，北京：北京大学出版社，2012 年版，第 254—268 页。

③ 潘琪昌：《德意志联邦共和国外交政策的变化与发展》，载顾俊礼主编《中德建交 40 周年回顾与展望》，北京：社会科学文献出版社，2012 年版，第 173 页。

④ 史世伟：《中德经贸关系的回顾、现状与前景》，载顾俊礼主编《中德建交 40 周年回顾与展望》，北京：社会科学文献出版社，2012 年版，第 138—162 页。

⑤ 吴江：《默克尔“4.0 时代”德国对华政策展望》，《理论视野》，2017 年第 11 期，第 84—87 页。

⑥ 梅兆荣：《刍议中德关系的变迁与前景》，《德国研究》，2019 年第 1 期，第 4—17 页。

对俄罗斯外交的关键性问题。① 李微的《德国欧洲和平秩序观视角下的德俄安全关系研究》是近年国内较为系统的关于德俄关系的研究成果，该书详细分析了1990—2013年德俄关系的发展演变历程，特别是以乌克兰危机为样本，研究了德俄最新的互动情况，指出德俄两国在欧洲整体和平秩序建构中一直发挥重要作用，德俄在多重矛盾下拥有共同利益。②

随着默克尔政府在非洲投入增加，德非关系也日益受到学界重视。刘中伟指出，德国对非洲政策的原则是重视联合国和欧盟等多边框架，在注重加强对非洲经济合作的同时大力开辟新能源和气候保护等新兴领域。③ 周瑾艳指出，德国主要通过政治、外交和发展等手段，综合运用贸易协定、发展援助、人道主义援助、机制建设、警察培训、政治对话等政策工具实现与非洲的安全合作，逐渐形成了以发展合作与和平安全相结合、危机预防为主、多边主义优先、审慎使用军事部署为特征的综合性对非洲安全政策取向。④ 罗伯特·卡佩尔则认为德国对非洲仍需重新进行顶层设计，目前所谓“默克尔计划”虽然带来了一些积极性的提升，但没有超脱传统合作轨道，应当在推动社会改革和转型方面有更多作为。⑤

默克尔执政期间，德国在亚太地区发展的主要伙伴关系是对华关系，大部分亚太政策研究均围绕对华政策展开。近年来，为实现伙伴关系多元化并一定程度策应美国，德国开始拓展印太政策。大卫·布鲁斯特、莫安·拉雅认为，鉴于国际地缘政治的不确定性上升，德国和欧盟有必要在印太地区加大存在，但德国不能单干，可通过与澳大利亚、印度和日本等国联盟来帮助塑造区域秩序。⑥ 费力克斯·海杜克和华玉洁指出，“印太”是一个政治术语，并不是中立概念，有大国激烈竞争之意，德国因此受到

---

① Michael Staack, *Der Ukraine Konflikt*, *Russland und die europäische Sicherheitsordnung*, Opladen: Verlag Barbara Budrich, 2017, S. 7 – 9.

② 李微：《德国欧洲和平秩序观视角下的德俄安全关系研究》，北京：对外经济贸易大学出版社，2020年版。

③ 刘中伟：《德国默克尔政府的非洲政策及对中非关系的态度》，《当代世界》，2018年第9期，第69—72页。

④ 周瑾艳：《德国与非洲安全合作的新动向及发展趋势》，《西亚非洲》，2017年第5期，第42—66页。

⑤ Robert Kappel, *New Horizons for Germany's Africa Policy*, Hamburg: German Institute for Global and Area Studies (GIGA), 2017.

⑥ David Brewster and Mohan Raja, *Deutschland Im Indo – Pazifik: Interessensicherung Durch Bündnisse*, Berlin: Konrad Adenauer Stiftung, 2019.

来自美国的压力，必须直接或间接对“印太”作出承诺，但德欧应避免陷入零和博弈的思维当中，应以自身经济、安全和规范的利益来定义在印太地区的存在。① 中国学者杨解朴分析了德国版《印太政策指导方针》中提出的原则和政策趋向，认为这与美国版“印太战略”仍有显著区别，其中体现了德国“贸易国家”等经济色彩。②

综上所述，默克尔执政时间长，在对外政策上又有鲜明的个人特色，国内外学者对此进行了丰富的研究。各界总体认可默克尔时代德国外交转向积极有为的判断，只是对“有为”的程度仍有一些分歧；对德国在全球事务上承担更多责任的必要性没有太大争议，但对于具体应当如何提升德国外交政策的有效性见仁见智。默克尔时代已经结束，她所留下的外交遗产仍可能在相当长的时间内影响德国全球地位，仍有必要继续加以研究、总结。

三、研究方法、研究思路、概念界定

（一）研究方法

本书基于马克思主义史观展开，坚持历史唯物主义，辩证地研究特定历史发展阶段中个体的作用。所使用的最基本研究方法是定性研究法。本书是从宏观角度分析外交总体走向，带有较强的政策评估性质，笔者力争在政策分析的同时，突出其学术性、科学性。值得指出的是，现实政治往往多元复杂，而政策的出台又受着诸多难以定量评估的外部乃至非理性因素影响，因此本书并不追求对研究对象进行指标化的定量评估，而是着眼于对决策环境、政策实践进行尽量精准的把握，作出合理的、方向性的判断。

鉴于不采取定量研究，笔者在写作过程中更注重对论据的收集，尽可能扩大作出定性判断所依据的来源。一是广泛收集一手材料，包括但不限于默克尔任期以内的德国政要发表过的演讲、著作、谈话，官方发布的外交政策文件，相关法案、协议、会谈公报、议会辩论记录等，一些官方智库、官办机构公布的各类政策报告、统计数据及学术论文也为外界深入了

---

① Felix Heiduk，Gudrun Wacker，*From Asia – Pacific to Indo – Pacific – Significance，Implementation and Challenges*，Berlin：SWP Research Paper，July 2020.

② 杨解朴：《德国“印太指针”指向何方》，《世界知识》，2020 年第 19 期，第 42—43 页。

解德国外交走向提供了可靠窗口；以主流媒体为主的舆论也是进行外交政策分析的重要依据，其所反映的民意走向、知名评论家观点等，均是外交政策民间接受度及其效果的重要反映。笔者尽可能全面收集上述材料，对其进行审读、归纳和演绎，开展文献研究。

二是注重调研、访谈、交流。因工作之便，笔者多次赴德国调研，也有幸经常能够参加与欧洲主要国家特别是德国相关的对外交流活动，其中不乏一些亲身参与政策制定的政府官员、智库顾问及对相关问题有深入研究的学者等，通过这些交流与对话以及亲眼观察，可以更直观地加深对所研究问题的了解，从而作出更为准确的判断。

三是注重对典型案例进行专门研究。外交政策归根结底要落实到实践中。本书对默克尔时代德国外交的研究，不仅是对其理念的考察、理论的归纳和行为逻辑的分析，更要以一个个具体的外交案例为蓝本。本书对默克尔在西方联盟内部和全球层面的外交实践分析，都建立在丰富的案例资源基础之上，如对欧政策中的“应对难民危机”，对俄政策中的“应对乌克兰危机”，等等。特别值得一提的是，笔者以 2022 年 2 月爆发的俄乌冲突为案例，对“后默克尔时代”德国外交延续与调整趋向进行了分析判断，并从默克尔的反思当中回望其执政时期的政策得失，增强研究的历史纵深感。

（二）研究思路

本书以默克尔时代德国外交政策为核心研究对象，依照“历史发展逻辑—现实推动因素—政策实践—评价及展望”的研究思路进行论述。绪论介绍本书核心问题及其提出的背景和依据，指出本项研究的意义、创新与不足之处，并介绍研究现状。

正文部分分为五章。

第一章从德国外交的历史演进过程，解析默克尔时代的德国，怎样从冷战期间一个“非正常国家”转变为欧盟乃至西方联盟内的“领导者”和全球秩序的“塑造者”。简单讲，二战以后德国外交政策发展经历了四大阶段，即“向西一边倒”“新东方政策”“外交正常化”“有为外交”。这四个阶段是接续发展、环环相扣的，都是在时代发展与地缘环境变化积累到一定程度必须作出的适应时代的调整。到默克尔时代，德国通过“有为外交”实现了在欧盟内和全球层面发挥相应领导作用的新目标。

第二章主要分析默克尔时代德国逐步担当“领导与塑造者”的现实推动因素，主要从时代大背景（包括德国自身国力、国情的变化以及国际环境的演变发展）和默克尔独特性这两个层面加以分析，并借用马克思主义关于个人在历史中的作用相关理论，分析二者与德国外交转型的关系。

第三章和第四章均围绕默克尔时代的具体外交实践展开论述，即德国如何通过积极有为的外交政策推动“领导与塑造”。第三章聚焦西方联盟内部，主要是对欧盟、对美国，以及对所谓“志同道合的价值观伙伴”的政策；第四章着眼全球层面，分析德国的周边（包括俄罗斯、中东、西巴尔干）、亚太、非洲政策以及参与全球治理的行动。

第五章在前述研究的基础上，对默克尔时代德国外交进行评价。一是外交理念。默克尔时代的德国外交具有很强的延续性，其在指导理念上仍遵循二战后德国外交的理论基础，即“文明力量”理论，在此基础上，默克尔政府将其拓展为“塑造性力量”，使其外延进一步得到拓展，更适应新时代“领导者”的角色。二是外交方略。可简要总结为：以“务实”为原则，以“平衡”为主要手段，以“被动有为”为主要特征，稳步推行德国“规则”、提升德国领导作用的一系列外交设计和实践。三是效果评估。分别阐述默克尔时代德国外交的有效性和局限性，观察其对德国自身、对欧盟发展、对国际秩序等方面的影响。四是对德国外交可持续性的评估，主要是结合2022年俄乌冲突的案例，分析“后默克尔时代”德国政府多大程度可以继承默克尔外交遗产，讨论未来德国外交将向何处去。最后对全书进行总结。

（三）概念界定

为使本书的论述更为清晰明确，这里有必要对两个核心概念进行简要界定，避免产生歧义。

一是“默克尔时代”。在本书中专指默克尔担任德国总理的16年，即2005—2021年，这一表述多少具有一些文学色彩，更确切的说法应当为“默克尔主政德国时期”，经历了三届与社民党的“大联合政府”和一届与自民党联合的“黑黄联盟”。与其他西方大国相比，德国政治的稳定性十分突出，纵观二战后联邦德国主政者，多位总理实现了较长期执政，如首任总理阿登纳任职14年，“统一总理”科尔以及默克尔均担任总理16年，在联邦德国截至默尔克卸任的72年历史中就已占据了46年；勃兰特、施罗德任职时间虽不算太长，但分别因“新东方政策”和“‘哈茨4’改革”而留下了鲜明的烙印。因此德国更容易根据其总理的任期划分时代，以总理名字命名特定的时代也具有较高的接受度和指代意义。

二是“领导者”。本书认为，默克尔任德国总理以来，在外交上的核心成就是实现了德国在欧盟内“事实上的领导”，并一定程度发挥了对全球秩序的塑造作用。近年来，关于“领导力”的相关研究日益走向理论化和体系化，特别是国际关系领域也引入了“领导”概念，强调“对政府形成意愿与决策进程的引导”,① 也有不少学者通过设定目标、意愿、手段等标准，来进行“领导力”的量化评估。本书虽使用“德国领导”这一表述，但并非意在从严格的量化标准上探讨默克尔时期德国发挥多大的“领导作用”，本书更多是对默克尔的外交政策进行梳理和定性分析，进而从政策层面观察其如何影响欧盟、塑造世界秩序。特别需要指出的是，在权威的德语词典《杜登德语大词典》中，关于“领导”一词有多个层面解释，其中既包含“处于顶尖位置、居于首位”，也包括“带动某人某物朝某一特定方向、向某一目标前进”。② 德国在外交上的所谓“领导”，更多含有后一层意思，即“引领塑造”，而非绝对意义上的“处于第一位”。“塑造”也是德国发挥“领导作用”的一种典型方式。

四、创新之处

综合而言，本书有以下三点创新之处：第一，选题新。很明显，本书选题的时效性、动态性、前瞻性较强，有别于常见的历史性研究的选题，本书更聚焦于最近十余年的形势、政策。从学界研究状况来看，由于默克尔时代刚刚结束，尽管围绕默克尔主政下的德国外交已有一些讨论和发表的研究成果，但更多的还是聚焦某一特定阶段或某几个特定问题，或受形势发展所限，局限于默克尔执政的前期，无法展现其外交政策的全貌。本书以默克尔时代德国全面外交为研究对象，特别注重对其后两任、近几年最新情况的梳理分析，既弥补了对近年来德国外交政策走向研究相对薄弱的状况，又能以全局视角展现默克尔执政全程的外交方略，填补这一领域的空白。

第二，素材新。虽然默克尔任期刚刚结束，但与德国外交相关的国际动态仍在不断发生新变化，默克尔外交方略的效果和可持续性仍在演进中。本书不仅回顾过去，更试图从最新的发展变化中一并总结规律、特

① Ludger Helms, “Leadership – Forschung als Demokratiewissenschaft”, *Aus Politik und Zeitgeschichte*, 2 – 3, 2010, http://www.bpb.de/apuz/33020/leadership – forschung – als – demokratiewissenschaft? p = all#footnodeid_2 – 2.

② “führen”, *Duden Deutsches Universal Wörterbuch A – Z*, Mannheim: Dudenverlag, 1996, S. 546.

点，从而完善“默克尔时代德国外交”这个重大课题。这一选题本身就决定了本项研究必须紧跟形势发展，选取最新素材作为论据，而这恰恰是现有研究的缺失点。笔者广泛收集最新一手资料，特别是注重聚焦近年大事，包括围绕这些事件的官方文献、领导人讲话、智库报告、专家学者时事评论等，既为本书奠定扎实的论据基础，又能成为关于德国外交政策全面的、最新的资料库。

第三，视角新。一般而言，学术论文偏重学理性，类似的课题研究逻辑是以外交学和国际关系学理论为工具，对外交政策、外交实践进行理论化解读，以理论来解释现象，再通过抽象化的归纳分析得出新的理论成果。其学理性强，但政策指导意义相对较弱。本书力图在保持学术性的同时，突出现实性和政策性，既注重理论指导，又贴近外交实践，尤为聚焦影响外交政策制定的现实因素，如国际格局、地缘环境以及德国面临的现实政策选项等。注重“以事说理”，并以发展的眼光观察德国外交变迁，对其未来发展作出展望，尤其注重突出本书的政策参考价值。

第一章　从“非正常国家”到“领导与塑造者”

默克尔时代是德国外交史上一个具有里程碑意义的时代。纵观联邦德国成立后的七十余年，德国外交的一个重要目标是“回归正常”。当然所谓“正常”，在不同的时间节点上有不同的具体含义，但总体而言有着很强的内在逻辑和延续性。我们可以将联邦德国成立后的外交史粗略划分为四个阶段，贯穿全程的一条“逻辑红线”是“实现正常化”，也即实现“自主、自强”。默克尔时代，正是德国外交走向“自强”的时代。

前两个阶段的国际大背景是冷战。这一过程中德国的身份是“非正常国家”，无法像其他主权国家一样开展独立自主的外交行动，其所有外交决策都有赖于所依附的西方集团的许可，同时兼顾实现国家统一的需要。第一阶段从 1949—1969 年，经历阿登纳、艾哈德、基辛格三位总理，外交上奉行“向西一边倒”，意在通过完全融入西方赢得盟友信任，解除自身枷锁，初步获得外交自主权，实现一定的“独立自主”。第二阶段从 1970—1989 年，包括施密特、勃兰特以及科尔总理执政前半段，这一时期德国在继续融入西方、参与推进欧洲一体化的同时，贯彻了极具历史意义的“新东方政策”，实现了与东方阵营的缓和，在国际上为自身赢得了更加广阔的行动空间，在此基础上推进统一外交，最终实现了两德统一。两德统一大大增强了德国的实力，为其开展更广阔的全球外交奠定了坚实基础。

冷战结束后，德国外交迈入第三个阶段。从 1990—2005 年，即科尔执政后半段和施罗德总理任期，德国实现了统一，基本可以作为一个“正常国家”在国际舞台上行动，虽然外交仍受民族认同、邻国的不安全感等因素制约，但其灵活性和自主性已与冷战期间有了本质上的不同。德国基本可以相对独立地作出外交决策，以平等身份参与国际事务当中。

基于之前数十年的积累，2005 年默克尔就任总理后，德国外交步入第四个阶段。这一阶段，德国开始认真反思数十年较为克制的外交传统，对于“正常国家”的理解已不仅局限于“自主”，而且开始向“自强”进发，基于自身不断增长的实力和复杂的国际形势，立志在危机频发的国际社会中贡献力量，更好地维护自身利益、塑造国际秩序。于是德国开始认真考虑扮演外交上“领导者”角色的问题。尽管从实践上看德国的外交行动尚有不完善之处，其“领导者”身份在国际舞台上尚有很多争议，但对其大方向没有疑义，而且德国眼中的“领导”有着复杂的内涵。首先，德国人并不主动追求成为领导者，其很大程度是被外界推上了“领导岗位”，扮演了“事实上的领导者”角色。其次，“有为”必然“有位”，当德国承担了越来越多的国际责任，其在他国心目中的地位自然上升，所发挥作用的潜力也就更大。最后，德国事实上的“领导作用”，更多体现在欧盟以及一定程度上的西方联盟内，在这一层面各国对德国的认可度和需求度更高。而在全球层面，德国的“领导作用”更多是通过发挥影响力来体现的，例如通过创设规则和秩序来规范国际行动等，达到塑造和引领国际秩序的效果。从这个意义上讲，德国在全球层面的“领导作用”是通过“塑造”来实现的。默克尔时代所谓的“德国领导”，应当理解为“领导”和“塑造”两个方面，这都是德国积极承担国际责任的表现。从行为逻辑上看，德国外交一以贯之，遵循由弱到强、由低调被动到积极主动、由受制于人到独立自主自强的自然转变路线。默克尔时代德国外交走向积极有为，追求成为具有独特理念的“领导与塑造者”，也是顺应这一趋势自然而然形成的。

第一节　冷战期间作为“非正常国家”的外交

一个正常的主权国家，其理应拥有的最基本条件包括但不限于明确的边界（即领土完整）、独立的政体、完整且不依附于人的内政外交和军事安全体系等。简言之，独立自主是一个所谓“正常国家”所应当享有的最基本权利。从上述几条最基本条件来看，联邦德国在其成立之后的很长一段时间都是一个“非正常国家”。首先，德国一分为二，领土完整受到了破坏；“两个德国”并存，政体相异，民意分裂，民族认同受到破坏。其次，联邦德国受美国、英国、法国三大力量控制，并不能够自主决策，特别是外交安全领域严重受限，并不享有完全的主权。再次，作为冷战的最前沿，“两个德国”很大程度上成为大国斗争的棋子，难以维护自身安全与发展利益。① 因此在冷战持续的40年中，联邦德国始终作为一个“非正常国家”参与国际事务，其外交政策与实践既体现出受制于人的时代特色，也显现出追求正常化、追求自主的意愿和努力。

一、融入西方

1949年，德意志联邦共和国（联邦德国）正式成立，但严格意义上讲，这个新成立的联邦共和国“有治权无主权”，主权把持在美国、英国、法国三个占领国手中。对于首任总理康拉德·阿登纳而言，其首要任务是争取国家主权，一步步扩大政府的行动空间，而严格、全面的“向西一边倒”是联邦德国获得主权与国际行动空间的唯一路径。这由以下几方面因素决定。

其一，联邦德国地理位置上处于东西两大阵营对峙的最前沿，一旦发生冲突，联邦德国将是最主要的受害者。在冷战刚刚开始，两大阵营激烈对抗的时代，联邦德国无力自保，必须依靠以美国为首的西方集团共同提供军事保护。所谓“骑墙”“搞平衡”是行不通的，这与中华人民共和国成立时的外交选择一样。正如阿登纳所说：“地理位置使我们处于生活理想完全对立的两大国之间。如果我们不愿被碾碎的话，我们必须不是倒向这方，就要倒向那方。”②

其二，西方阵营为联邦德国拓展政治经济活动空间提供了可能。二战后美国制订了“马歇尔计划”，对西欧主要大国经济恢复进行扶持，经济复苏是增强政治权力的根本保证，对于刚刚成立的联邦德国而言更是意义重大。为分配资金，西欧成立了欧洲经济合作组织，吸纳联邦德国参与其中。1949年成立的欧洲委员会是首个泛欧政治机构，最初始于西欧，旨在通过跨国协调来实现一定程度政治共治，联邦德国加入其中，成为获得在欧洲“平视权”的重要一步。

其三，最为重要的是，联邦德国是依靠西方力量扶持成立起来的，获取国家主权也要征得三大国首肯，在西方阵营当中展现自己作为“可信赖伙伴”的形象，有利于赢得信任，为自己争取空间。在这一原则指引下，

---

① Jonathan P. G. Bach, *Between Sovereignty and Integration. German Foreign Policy and National Identity after* 1989, Münster: Lit – Verlag, 1999, p. 76.

② ［德］康拉德·阿登纳著，上海外国语学院等译：《阿登纳回忆录（1945—1953）》，上海：上海人民出版社，1976年版，第98—99页。

联邦德国实现了与法国的和解；与此同时，阿登纳也积极与美国加强捆绑，而美国方面也明确发出乐见稳定繁荣的联邦德国的信号，双方互有所需，在占领国占主导权的大框架下，阿登纳以其强有力的外交导向为自己赢得了最大范围行动空间。①

联邦德国毫无怨言地接受了自己作为战败国的角色，在形式上一切以西方国家决策为优先，在幕后则是一步步寻求改善自己在整个西方联盟体系中的地位。② 最为标志性的做法，就是阿登纳与法国政治家莫内、舒曼等人一道推动开启了欧洲一体化进程。从这一意义上看，联邦德国对于自身外交独立权的迫切需求，成为一体化最初发展的动力之一。通过将自身“嵌入”欧洲，联邦德国展现了绝对的合作态度，看似让渡主权，实际效果却是使自身从国际关系中“不成熟的被动目标”转为具有一定自主外交权的重要参与者。③ 1951 年 3 月，美国、英国、法国三个占领国放松了对联邦德国立法及外交政策的管制，并允许其成立字面名为“外事办公室”的事实上的外交部。虽然仍需要与大国紧密协调，但至少在形式上，联邦德国获得了外交上的独立。④ 与此同时，由于朝鲜战争爆发，美国、英国等国反思认为，必须加强西欧抵抗苏联军事进攻的能力，而缺乏联邦德国的参与就不可能达到这一目标。联邦德国由此获得了“重新武装”的良机，也获得了加入北约、进一步与西方大国捆绑的契机。至此，联邦德国基本实现了经济、外交、安全政策与西方的全面接轨，除名义上仍受大国控制外，实质实现了主权独立，阿登纳执政时期的第一个目标基本实现。

阿登纳的第二个执政目标是推动两德统一。为此，联邦德国坚持要在国际上单独代表德国，在外交上不承认德意志民主共和国（民主德国），因此提出一套被称为“哈尔斯坦主义”的理论，并与承认民主德国、与民主德国建交的国家断交。从外交实践上看，“哈尔斯坦主义”未能起到孤

---

① Ludolf Herbst, *Option für den Westen. Von Marshallplan bis zum deutsch – französischen Vertrag*, *Deutsche Geschichte der neuesten Zeit*, München: Deutscher Taschenbuch Verlag, 1989, S. 59.

② Wolfram Hilz, *Deutsche Außenpolitik*, Stuttgart: Verlag W. Kohlhammer, 2017, S. 28.

③ Wolfram Hilz, *Deutsche Außenpolitik*, Stuttgart: Verlag W. Kohlhammer, 2017, S. 31.

④ Helga Haftendorn, *Deutsche Außenpolitik zwischen Selbstbeschränkung und Selbstbehauptung 1945 – 2000*, Stuttgart: DVA, 2001, S. 30.

立民主德国的作用，西方盟国不仅拿联邦德国的利益作为筹码向苏联妥协，也默认了民主德国的存在以及两德分裂的状态；[①] 僵化地执行“向西一边倒”，还严重制约了联邦德国在国际舞台的行动空间，例如印度、南斯拉夫作为具有重要影响力的地区国家，本应是联邦德国拓展国际空间可倚重的对象，但由于两国与民主德国建交，使得联邦德国与其正常外交往来受到限制，不得不另辟蹊径。尽管如此，从本质上，“哈尔斯坦主义”的初衷仍是联邦德国追求主权独立的努力。

阿登纳之后的两任总理均属“过渡期”，特别是路德维希·艾哈德以带来联邦德国战后恢复的“经济奇迹”著称，在外交上并无过多建树，基本延续阿登纳制定的一系列原则。联邦德国深受“哈尔斯坦主义”束缚，外交空间仍局限在西方联盟内部，未能在国际层面获得大突破。而且这一时期发生了戴高乐领导下的法国与西方盟友关系紧张，法国退出北约军事一体化组织等，联邦德国在联盟内部的行动空间也受到一定挤压。虽然大方向上没能扭转“哈尔斯坦主义”，但路德维希·艾哈德和库尔特·格奥尔格·基辛格两任政府也明显意识到其存在副作用，违背了追求扩大外交空间的初衷。在时任参议院发言人埃贡·巴尔、柏林市长维利·勃兰特等人的积极推动下，联邦德国也尝试采取“适应东方的步骤”，利用在华沙、布加勒斯特、布达佩斯、索菲亚、布拉格设立的贸易代表处，逐渐与越来越多的东方国家开展一些务实的经贸合作，[②] 为下个阶段外交政策重大转变积蓄力量。

二、新东方政策

1969 年，德国社会民主党（以下简称社民党）与自由民主党（以下简称自民党）联合执政，社民党籍的维利·勃兰特取代了过去 20 年基督教民主联盟（以下简称基民盟）主政的局面。新政府在外交政策上没有包袱，可以全面扭转已被广泛诟病的东方政策。勃兰特联合自民党籍的外长瓦尔特·谢尔，一方面顺应西方联盟内部要求，在缓和东西方关系上尽量多作贡献；另一方面在政治现实基础上妥善处理“两个德国”的关系，极

---

① 周弘主编：《德国统一的外交》，北京：社会科学文献出版社，2021 年版，第 48 页。

② Stephan Bierling, *Die Außenpolitik der Bundesrepublik Deutschland: Normen, Akteure, Entscheidungen*, München: Oldenbourg Lehr – und Handbücher der Politikwissenschaft, 1999, S. 149.

大改善了联邦德国被动的外交局面。从政策实践上看，“新东方政策”取得了三大成就：一是实现了与苏联及东欧社会主义阵营国家关系的改善，通过《莫斯科条约》《华沙条约》《布拉格和约》等“东方条约”，开拓出了面向东方的外交新局面。二是打破禁忌，与民主德国加强接触，务实地实现了“两个德国”关系的正常化，并通过大国间协调，解决了柏林问题，使柏林这个“冷战争论的象征”转变成为“在和平合作的欧洲中心尊重共存与共处的象征”。① 当然，严格意义上讲，这并不属于联邦德国外交政策的组成部分，在其看来，这是“内政”，毕竟其没有放弃“单独代表德国”的政策目标，只是在处理两德问题上采取了特殊手段，但这更加展现出“新东方政策”灵活有效的一面。三是在拓展东部外交空间的同时，仍保持自身西方属性，特别是与法国总统蓬皮杜重启了戴高乐后期停滞的欧洲一体化进程，提升了西欧国家政府间合作，在为一体化添加动力的同时，也更加明确地将自身捆绑在欧洲盟友当中，消除了盟国的疑虑，从而实现“坐西面东”的外交形态，既从利益的角度为自身解套，也促推了东西方两大集团间的缓和。

我们认为，“新东方政策”虽然与阿登纳时期的“向西一边倒”在政策方向上截然相反，但从根本上讲，其完全没有脱离阿登纳追求独立自主和实现两德统一的外交目标，仍然致力于打破束缚，变外交上的被动为主动，是联邦德国争取外交独立自主、扩大对外行动能力的有力尝试，并取得了成功。阿登纳时期联邦德国命运主要掌握在西方三大国手中，要想获得自主首先要三大国首肯；而勃兰特时期，国际形势已趋向缓和，给联邦德国提供了活动余地，用勃兰特的话说，“过去身不由己成为别人手中的皮球，现在情况好一些了”。② 因此，勃兰特不再仅仅以两极眼光看待世界，与外界互动也不完全依赖美国和西欧的支持，而是创造性地在依靠西方基础上，与东方集团保持接触，这实际上是独立自主和平衡的表现，也是德国在国际舞台上重新发挥重要作用的开端。

勃兰特的继任者赫尔穆特·施密特是“新东方政策”的忠实拥护者和继承者，他在巩固和发扬“新东方政策”成果的基础上，进一步拓展了联

---

① 桂莉：《联邦德国的新东方政策》，《国际研究参考》，2018 年第 2 期，第 47—52 页。

② ［西德］维利·勃兰特著，张连根等译：《会见与思考》，北京：商务印书馆，1979 年版，第 146 页。

邦德国的国际影响力。其上任之初遭遇石油危机和由此带来的经济危机。为应对危机，施密特与同期上任的法国总统吉斯卡尔·德斯坦共同推动在国际上建立了非正式的协调机制，成为后来“八国集团”的雏形。在欧洲共同体内部，德法也共同推动首脑会晤定期化，从而使得欧洲理事会成为现实。联邦德国由此迈入“大国协调”的俱乐部。施密特以德国和欧盟利益为出发点，坚定倡导东西方缓和。他一直认为，通过军事遏制维护安全，与通过缓和来维护安全应当齐头并进，阿登纳时期联邦德国在缓和方面做得不够。[①] 为此，他在促进军事缓和方面积极作为。20 世纪 70 年代，美苏开展激烈军备竞赛，大范围部署中程导弹，为确保自身利益，施密特坚持“零点方案”，即要求美苏在欧洲都没有中程导弹，达到“零”的水平。他亲自在美苏之间积极奔走，在 1977 年伦敦战略研究所的演讲中首次批评了美国总统“战略短视”的行为。1980 年，他亲自前往莫斯科试图劝说勃列日涅夫放弃中程核武器。[②] 由此，德国逐渐开始在全球舞台上扮演了协调平衡、促进均势的作用。

赫尔穆特·科尔是德国的“统一总理”，他灵活的战略运筹、敏锐的政治嗅觉，最终带领联邦德国抓住稍纵即逝的契机，实现了两德统一的历史性成就。单从这一成就来看，“坐西面东”的“新东方政策”总方针为实现德国最终统一起到了关键性作用。一方面，科尔是坚定的欧洲主义者和大西洋主义者，他领导联邦德国稳固地立足于西方，也正因此，在与东方集团谈判时，联邦德国显得更有分量，更有说服力；另一方面，通过勃兰特、施密特 20 余年的经营，联邦德国与东方集团国家积累起了和平的外交关系，这大大有利于科尔政府进一步同东方国家尤其是苏联展开外交攻势，例如参加勃列日涅夫的葬礼、与戈尔巴乔夫建立友好的私人关系等；同时又能够与民主德国直接接触，为民主德国提供大量贷款，实施“经济拉拢”。[③] 这些灵活手段帮助科尔顺利完成统一目标。

综合而言，1990 年前的德国外交，在追求两德统一的实践中，通过向西倒、向东看两步，逐渐破除了施加于自身的外交限制，是德国迈向外交正常化、逐渐在国际舞台上增强存在的关键之举，极大拓展了德国的外交

---

① ［德］赫尔穆特·施密特著，爱德华·托马斯译：《均势战略：德国的和平政策和超级大国》，上海：上海人民出版社，1975 年版，第 7 页。

② Wolfram Hilz, *Deutsche Außenpolitik*, Stuttgart: Verlag W. Kohlhammer, S. 70.

③ 周弘主编：《德国统一的外交》，北京：社会科学文献出版社，2021 年版，第 51 页。

空间，为后续政府进一步强化外交政策奠定了坚实基础。

第二节　冷战后“正常化”外交

德国外交真正踏上回归正常的道路，实际上始于两德统一。从形式上看，两德统一后，德国实现了领土完整，其与邻国的边界争议也得到了解决，经过多年的努力，其也获得了主要邻国的谅解，和解实现了突破，在内政外交安全等方面的决策也不再受美国、英国、法国等国的掣肘，基本获得了完全的国家主权。随着冷战的结束，德国也不再是东西方两大阵营激烈对抗的前沿，其安全和发展利益一定程度能够得到更有效的保障。这些都为德国进一步恢复外交政策的自主性奠定了基础。

随着东欧剧变、苏联解体、华约解散，民主德国外交体系影响力式微，民主德国迅速融入联邦德国的外交体系当中，其与东方国家的特殊关系又为新的联邦德国开展经济发展合作奠定了良好基础。① 因此，科尔政府的既定外交政策几乎不受阻碍地得以继续推行，而且在国际上获得了更为广阔的空间。由于已经完成了“统一大业”，德国的外交目标遂调整为全面实现“正常化”，即突破历史阴影束缚，赢得他国信任，进一步拓展在国际上的行动空间，增强国际影响力，实现外交自主决策。不过外交正常化、自主决策绝不意味着单打独斗。事实上在德国统一的过程中，科尔政府所奉行的基本原则是在“欧洲屋顶”下建设“德国大厦”，也就是“依托西欧的力量，平衡东欧的力量，在欧洲统一的进程中实现作为东西欧分裂前沿的德国统一”。② 这一实践也为德国外交正常化提供了经验。在科尔执政的后半段以及施罗德任期内，德国外交最主要的成就是极大推动了欧洲一体化进程，将自身紧紧捆绑在欧盟战车上，既通过打造“欧洲的德国”消除西方盟国对自身的疑虑，又试图在事实上塑造“德国的欧洲”，从更高层面为德国外交开拓空间。

按照科尔的思路，要使一体化成为一个不可逆的进程，就要建立经济货币联盟，在此基础上推进政治联盟建设。因为货币不可能随意改变，有

---

① Michael Bohnet, *Geschichte der deutschen Entwicklungspolitik*: *Strategien*, *Innenansichten*, *Zeitzeugen*, *Herausforderungen*, Konstanz: UTB GmbH, 2015, S. 139.

② ［德］沃尔夫冈·耶格尔、米夏埃尔·瓦尔特著，杨橙译：《德国统一史（第三卷）》，北京：社会科学文献出版社，2016 年版，第 2 页。

了统一货币，就能够实现彼此捆绑。当然，法国总统弗朗索瓦·密特朗等政治家同样有构建欧洲经济货币联盟的意图，在密特朗眼中，德国马克就是德国的“核武器”，德国可以通过经济力量来实现自己的外交目标。① 通过欧元来捆绑德国，可以限制其军国主义复苏。最终的结果是德国放弃了马克，换来了统一，同时也成功按照德国模式打造出了欧元体系。1990 年两德统一，反对一体化的英国撒切尔政府下台，为欧盟的创建铺平了道路，1992 年，《欧洲联盟条约》，即《马斯特里赫特条约》得以正式签署，为欧洲政治和经济货币联盟确立了目标与步骤。而其中关于货币联盟的内容几乎是德国模式的翻版，例如《马斯特里赫特条约》对欧洲央行的规定，“首要目标是保持物价稳定”“在履行职责时不得寻求或听从联盟机构、成员国政府或其他任何机构的指示”。② 为确保货币政策的稳定，德国还在 1996 年成功推动制定了《稳定与增长公约》，对成员国预算赤字和债务规模进行了严格限制，上限分别定为国内生产总值的 3% 和 60%，超出将面临罚款。这大大缓解了德国对于稳定的焦虑感，也从制度本身增强了德国对欧盟的塑造力，一些经济上较弱的成员国必须按照“德国标准”完善其经济指标。

在政治领域，观察德国发挥影响力的主要窗口仍是其东方政策。西方阵营中德国距离中东欧最近，也有着直接的经济利益，最有动力推动西方集团东扩。两德统一后，德国迅速与波兰就睦邻友好签署条约，成为其加强与中东欧国家关系的样板，凭借经济实力，加上苏联主导的经济互助委员会瓦解，德国很快成为许多中东欧国家的最大贸易伙伴。③ 这一时期，中东欧国家正在经历政治、经济社会的转型，因此德国外交的一个重要课题就是促进中东欧国家转轨成功，保证其政治经济稳定。④ 为此，德国力主欧盟向中东欧国家敞开大门。包括法国及南欧国家在内的成员国既担心

① Michael Probst，“Währungsunion：Das Ende der deutschen Atombombe”，30. November 2010，https：//www. diepresse. com/611374/wahrungsunion – das – ende – der – deutschen – atombombe.

② *Treaty on European Union*，https：//eur – lex. europa. eu/legal – content/EN/TXT/？uri = CELEX：11992M/TXT.

③ Stephan Bierling，*Die Außenpolitik der Bundesrepublik Deutschland：Normen，Akteure，Entscheidungen*，S. 205.

④ 熊炜：《统一以后的德国外交政策（1990—2004）》，北京：世界知识出版社，2008 年版，第 111 页。

德国影响力过快扩张，又担心欧盟重心东移，对欧盟东扩持疑虑态度，导致德国的开放态度未能快速转化成现实，欧盟对入盟候选国设定了有约束力的标准。德国为推动东扩付出了巨大努力，包括推动签署欧盟《2000 年议程》，为接纳 12 个东部新成员国提供资金，实现“由西向东”的财政转移。① 施罗德政府在 21 世纪初本国经济遭遇困难时仍力争向东部邻国扩大开放，最终促成 2004 年、2007 年 12 个新成员国顺利加入欧盟。

在外交与安全问题上，统一后的德国则基本实现了正常化，从外在表现上看，就是基本平等自主、创造性地参与到地区或全球外交事务当中。尽管仍受到盟友约束，在决策上也出现过进退失据，但这是其走向“外交大国”的必经之路。首先是推动欧盟共同外交与安全政策以及参与北约框架下的集体行动。德国外交的“正常”与“自主”绝不是一味单干，主要还是依托西方联盟，在其中发挥更重要的作用。施罗德政府上任之初就遭遇了科索沃危机，德国一反常态，参与了北约对南联盟的轰炸，既突破了其二战后不直接参与军事战争行动的传统，又表明了自身的西方属性。1999 年上半年正值德国任欧盟轮值主席国，德国参与了英法主导的解决科索沃问题的“和平会议”，在会议未能达成成果后，时任德国外长约什卡·菲舍尔又提出了著名的“菲舍尔计划”，促使南联盟总统斯洛博丹·米洛舍维奇妥协，为北约停止空袭创造条件。② “9·11”事件之后，德国迅速向美国表达了支持，在长达 20 年的阿富汗战争中德国表现也十分亮眼。中国学者连玉如认为，从这个意义上看，“在红绿联合政府的领导下，德国不仅在客观层面上，而且也在主观层面上实现了外交政策的‘正常化’，以平等目标为实质内容的德国外交政策‘正常化长征’已告终结”。③ 2003 年美国发起伊拉克战争，施罗德政府又一改科索沃战争中的态度，首次对美国“说不”，拒绝参战。这也凸显出德国开始从自身利益出发，自主进行外交决策。

施罗德领导的“红绿联合政府”后半期，德国外交关于统一和正常化的两大目标均已实现，目标已更新。正如连玉如所说：“新世纪德国外交

---

① Andreas Wirsching, *Der Preis der Freiheit: Geschichte Europas in unserer Zeit*, München: C. H. Beck, 2012, S. 164.

② Helga Haftendorn, *Deutsche Außenpolitik zwischen Selbstbeschränkung und Selbstbehauptung 1945 – 2000*, S. 417.

③ 连玉如：《新的国际形势下德国的大国作用问题》，《国际政治研究》，2002 年第 3 期，第 14 页。

政策的新任务已转向所谓的‘国际秩序政策’，除继续深化欧洲一体化、与美国进行紧密但不是无条件的合作外，德国还致力于参与完善区域或全球性的合作机制，斡旋和参与解决冲突、危机，维护公正和平的国际秩序。”① 这要求德国解锁外交自我限制，更积极地投身于全球外交当中。这主要在默克尔任内得以推动。

第三节　默克尔时代“有为外交”

从历史发展的逻辑上来看，战后德国大致上重新经历了一次“崛起”历程，外交上由弱到强、由点及面、由依赖到自主、由被动到积极，这符合事物发展的一般规律。默克尔时代，德国已基本扫清了外部限制因素，外交上的自主空间明显增大，外界又对实力强大的德国有所需求，在这样的背景下，德国“有为外交”顺势而来，成长为“领导与塑造者”也显得自然而然。当然，这里所说德国作为领导者，并非传统意义上的“一言九鼎”或“德国说了算”，更多是西方联盟内的“领导”和更广泛国际层面的“塑造”。“领导”是一种宽泛、概括性的表述，其动力源来自默克尔奉行的“有为外交”。不过德国外交转向“积极有为”也并非一蹴而就，仔细观察，“有为外交”大致可分为三个阶段。

一、积蓄期（2005—2012 年）

德国外交政策转变并非一夜之功。默克尔就任总理初期，对于全球外交还没有成熟的想法，其首先将外交政策重心置于欧盟内部，通过塑造欧盟来赢得信任。2005 年底，默克尔参加任内第一次欧盟峰会，就遇到了成员国就 2007—2013 年财政预算的激烈争执，默克尔迅速向成员国释放信号，表示作为欧盟最大经济体，面对愈演愈烈的民族主义情绪，德国将“承担起特殊责任，为联盟服务”。② 对于因《欧盟宪法条约》批准受阻而带来的政治僵局，欧盟在默克尔主导下宣布 2006 年为“考虑期”，直至 2007 年德国接任欧盟轮值主席国后才予以续推。此时，德国展现了强大的

---

① 连玉如：《新的国际形势下德国的大国作用问题》，《国际政治研究》，2002 年第 3 期，第 14 页。

② Wolfram Hilz, “Perspektiven der ‘neuen’ deutsch – französischen Beziehungen”, *Aus Politik und Zeitgeschichte*, 57 (38) 2007, S. 25 – 32.

谈判和协调能力，促成成员国就《欧盟宪法条约》中最重要的原则达成了共识。通过争取新任法国总统尼古拉·萨科齐的支持，强化了与法国的团结，并从机制上初步理顺了欧盟共同外交与安全政策框架。

2008 年，全球金融危机呼啸而来，并且引发了对欧盟国家影响更为直接的债务危机，或称欧元危机。在应对两大危机的过程中，德国在二战后第一次有了可以对另一个国家生存与命运施加重大影响的可能。① 德国充分发挥了自身经济优势，其经济财政政策很大程度外化为外交影响力，奠定了领导欧盟的基础。一是保持自身经济稳定。受金融危机冲击，2009 年德国经济衰退 5.4%，但 2010 年即实现正增长 4%，已基本恢复了金融危机初期水平，增速为西方发达国家之首。在债务危机蔓延的几年，德国也一直保持 1%—2% 的稳定增长。在他国经济普遍复苏乏力的条件下，德国成为整个欧盟的“稳定锚”。二是强化财政纪律。无论是政界学界，大家对于欧元作为“早产儿”存在“制度性缺陷”没有争议，但在既成事实的情况下，如何让其渡过危机并能最大程度修正不足，这是德国在主导应对欧债危机中的最大贡献。德国对于紧缩、结构性改革、减债降赤的严苛要求最终被运用于整个欧元区，对于从根本上提升欧盟竞争力起到了积极作用，为应对危机出台的“欧洲稳定机制”等客观上推进了一体化。三是出手援助。德国是各类危机应对机制的最大出资国，承担了约 1/4 的救助责任。尽管条件苛刻，但若没有德国的财力支持，欧元区难免解体。

默克尔执政前半段的外交经历主要用在解决经济问题上，在外交安全领域成果不多，这主要是缘于德国还没有放弃“克制政策”的传统，在重大事务上坚持保持低姿态，将法国推向前台，例如支持法国主推的二十国集团机制。2007 年德国轮值欧盟主席国期间，主导欧盟推出首份“中亚战略”，希望从能源与安全战略高度提升对这一地区的重视程度，但后续措施乏力。2008 年下半年法国轮值期间，欧盟外交重心完全转到“地中海联盟”，“中亚战略”可谓“半途而废”。在 2011 年中东乱局中，德国政府更是犹豫不决、进退失据，还在联合国安理会投票中首次“背离西方盟友”，针对军事行动投了弃权票。在重大问题上的不一致态度至今仍制约着欧盟

① Eric T. Hansen, *Die ängstliche Supermacht*: *Warum Deutschland endlich erwachsen werden muss*, Köln: Bastei Lübbe GmbH, 2013, S. 8.

对中东北非影响力的提升。①

二、践行期（2013—2017 年）

本来实力上升将自然而然带来外交上的积极进取，但德国外交在经济和政治两个领域展现出截然不同的形象：一方面，经过欧债危机的洗礼，德国在欧盟内话语权大增，在欧盟体制机制特别是财经政策制定上基本确立了“事实上的领导者”地位；另一方面，在外交与安全事务上德国依然充当“小学生”，不敢也不愿积极作为。与此同时，从外界的观感上看，对德国实力上升也有两方面不同认知：一方面，“能力越大，责任越大”的观念开始深入人心，“有问题找德国”一定程度上成为欧盟内解决危机的不二法门；各国虽对德国制定严格的条条框框感到不悦，但若想摆脱危机，又不得不依靠德国的实力，希望德国“出钱出力”，因此对德国的期望值在升高；另一方面，“德国问题”并没有完全随着一体化深入而消亡，特别是在应对危机的过程中，德国不免显现出“单边主义”的一面，其他成员国不能够“违逆”德国的主张。尽管德国一再声称将竭尽所能挽救欧元，他国还是对其方式方法乃至方向产生怀疑，甚至担心就此再次产生所谓的“德国霸权”。这在当时被称为“新‘德国问题’”。② 这两大悖论促使德国更加紧迫地思考其外交政策转型的问题。在默克尔开启第三任期前，德国战略界、外交界机构对德国外交展开了密集讨论和调研，在准确研判外界对德国外交调整的预期和态度后，终于作出了外交转向积极有为的决策。我们可以从三份重要研究成果中看出外界对德国外交转型的呼声，从而理解默克尔时代德国转向积极有为的必然性。

2012 年 11 月—2013 年 9 月，由德国外交部资助，德国最著名的外交和国际关系类智库——德国国际政治与安全研究所（又称“德国科学与政治基金会”），与美国德国马歇尔基金会共同主持完成一项课题，出台重磅报告《新力量、新责任：变革世界中的德国外交与安全政策元素》，这份报告评估了德国面临的全新国际战略环境，指出德国外交的“克制政策”已不能适应时代的变化，德国外交战略的首要目标应当调整为“保持并继

---

① Anja Zorob, “Sanktionen gegen Syrien: Was haben sie bewirkt? ”, *Aus Politik und Zeitgeschichte*, 66 (8) 2016, S. 14 – 22.

② Ulrike Guérot, Mark Leonard, *The new German question: How Europe can get the Germany it needs*, ECFR Policy Brief, April 2011, p. 1.

续发展自由、和平与开放的世界秩序”。为此，德国应展现更多的塑造意愿，提出更多创意和提案，频繁、坚定地发挥领导作用。① 该报告还对德国如何塑造世界秩序提出了具体建议，后来均体现在政府的外交实践中。

2014 年，时任德国外交部长弗兰克－瓦尔特·施泰因迈尔亲自主持了一项历时一年、吸纳全球主要欧洲问题学者、官员的名为“回顾 2014：对外交政策的远瞻”的研讨项目，以“德国外交问题何在，如何改变”为核心问题，征求意见。各方对于德国必须发挥更大作用没有异议，均认为“一味克制”既不符合德国自身利益，也不能为欧洲和世界贡献和平。各方对于德国如何发挥作用进行了讨论，呼吁德国处理好“德国与欧洲”的关系，更加灵活主动地参与到世界事务当中。②

著名的慕尼黑安全会议主席沃尔夫冈·伊辛格大使于 2019 年主编重磅论文集《德国的新责任》，汇集 150 篇来自德国政商学界知名人士关于德国地位和作用的论文。该论文集出版较晚，更能从全面视角提供外界审视德国外交转向的态度。论文集的核心观点是全球进入大变局，冲突频繁、发展受限，西方自由民主制度遭遇危机，而德国独特的讲道德、有韧性、重规则、求团结等外交特性正受到越来越多的重视，德国发挥领导作用是众望所归，论文集的作者们一致呼吁继续挖掘德国外交政策潜力，进一步拓展外交思维，提升全球政策塑造力。③

从上述研究报告可以看出，战略界和学界对德国外交转型几乎是“一边倒”支持的，国际社会也没有对可能产生“德国霸权”表现出过多疑虑，反而均主张德国有更多作为。这一“共识”最终体现在 2014 年 2 月召开的慕尼黑安全会议上，被称为“慕尼黑共识”。在为期两天的会期上，时任德国总统约阿希姆·高克、外交部长施泰因迈尔、国防部长乌尔苏拉·冯德莱恩先后就德国将奉行“有为外交”展开阐释。高克称，“目前是迄今以来我们所拥有的最好的德国，德国有能力采取更坚决的措施，保

---

① Markus Keim et al., *Neue Macht Neue Verantwortung*, *Elemente einer deutschen Außen- und Sicherheitspolitik für eine Welt im Umbruch*, Berlin: SWP und GMF, 2013.

② *Review 2014 – Außenpolitik weiter denken*, Berlin: Auswärtiges Amt, 2014.

③ Wolfgang Ischinger und Dirk Messner, *Deutschlands Neue Verantwortung*, München: Econ, 2019.

护和帮助塑造基于欧盟、北约和联合国的国际秩序”。① 施泰因迈尔对未来德国外交的行为方式提出了“更及时、更坚决、采取更为实质性措施参与国际事务”的具体要求。② 冯德莱恩则从军事角度出发，指出“至少出于人道主义考虑，德国也应该更积极地向危机地区派兵……一味保持军事克制，就会在国际力量角逐中落败”。③ 而在此之前的 1 月 29 日，默克尔已在联邦议会发表讲话强调：“德国政府一项重要职责，就是承担欧洲和世界的责任。德国长期在国际事务中‘缺位’，不仅损害自身利益和价值观，也不利于伙伴国政治、经济发展。”④

接踵而至的乌克兰危机立即为德国政府提供了实践其“有为外交”的机会。从实际行动上来看，默克尔政府很好地利用了自身与俄罗斯、美国之间的桥梁关系，积极充当乌克兰危机的协调人和斡旋者；在局势未能缓解时，又支持并推动欧盟开展制裁，展现了一定的强硬态度。时至今日德国仍在其中发挥着关键性作用。对比此前的中东变局，德国几乎无所作为，在欧盟内只见法国主导、意大利等国参与，在“有为外交”出台之后，德国明显加大了对中东地区的介入力度，主动召集叙利亚、利比亚等问题国际会议，在促成伊核协议达成方面也成为重要一方，逐渐在国际上形成了解决冲突的“P5 + 1 + X”（联合国安理会常任理事国 + 德国 + 当事国）模式。这一时期德国外交有了许多重大突破，例如，一再派出“史上最大海外参战部队”，向伊拉克北部佩什默加地区的库尔德人提供武器（突破向战争地区出口武器的限制），增加军费开支等。在欧盟内，德国也更加积极地按自己意愿和利益塑造内外政策。默克尔不顾英国、匈牙利等国反对，主导欧洲理事会通过了对让 - 克洛德 · 容克担任欧盟委员会主席

---

① “Das ist das beste Deutschland, das wir je hatten”, *Focus*, 31. Januar 2014, http://www.focus.de/politik/deutschland/sicherheitskonferenz-in-muenchen-joachim-gauck-das-beste-deutschland-das-wir-jemals-hatten_id_3582953.html.

② “Konferenz in München: Steinmeier verspricht aktivere deutsche Sicherheitspolitik”, *Der Spiegel*, 1. Februar 2014, http://www.spiegel.de/politik/ausland/sicherheitskonferenz-steinmeier-will-aktivere-deutsche-aussenpolitik-a-950518.html.

③ “Militärpolitik: Von der Leyen will Bundeswehr verstärkt im Ausland einsetzen”, *Der Spiegel*, 26. Januar 2014, http://www.spiegel.de/politik/deutschland/von-der-leyen-fuer-staerkeres-engagement-der-bundeswehr-im-ausland-a-945568.html.

④ Angela Merkel, “Wir gestalten Deutschlands Zukunft, Regierungserklärung der Bundeskanzlerin bei der 10. Sitzung des 18. Deutschen Bundestages”, *Das Parlament*, 29. Januar 2014.

的提名，在人事问题上首次发挥了主导作用；在主导对英国脱欧谈判中保持适度强硬，避免出现扩散效应；难民危机及由此衍生的欧盟内民粹主义上升等均为德国外交提供了拓展空间。德国不仅在欧盟内部建设上担当“领导”，也主导着欧盟对外事务，并开始对国际重大问题产生重要影响，积极地参与塑造国际秩序。

三、优化期（2018—2021年）

默克尔进入第四个任期后，外界对其产生一定“审美疲劳”，加之危机叠加，全球冲突加剧，德国政府“有为外交”又面临不少新的挑战。例如，在跨大西洋关系发生新变化的背景下，法国总统埃马纽埃尔·马克龙提出关于加强欧盟战略自主的一系列主张，但因涉及一些原则问题，德国方面很难全面支持，默克尔表达了原则上的支持，但回避了难点。德国与脱欧后的英国关系，与波兰、匈牙利等中东欧国家围绕法治问题和难民问题的争端，与南欧国家围绕预算和经济发展问题的争端都有激化趋势，维护欧盟团结更加困难。在处理大国关系问题上，德国也有一些不适应之处，例如，在对美合作与战略自主之间如何保持平衡，在对俄缓和与安抚中东欧之间如何平衡，加大对非投入与能力有限之间的矛盾如何破解，等等。

为此，德国外交又进入了优化重塑的阶段，致力于更好地塑造欧盟和世界秩序。首先还是聚焦欧盟建设，最主要的是要解决与成员国间的矛盾以及欧盟对外行动力的问题。在与法国关系上，出台了新时期促进德法合作的《亚琛条约》，对法国一些倡议给予了更为积极的回应，推动欧盟“永久结构性合作”项目步入实操。对法国、意大利等国放松财政纪律的期望予以理解，在新冠疫情暴发后，迅速允许各国突破财政契约规定，相关支出不计入预算标准内。德国尝试尽可能慎重地指责他国，例如，匈牙利总理欧尔班·维克托在疫情初期无限期延长了国家“紧急状态”，被指“随意扩大自身权力”，德国虽也有所反对，但没有过多表态。时任德国外交部长海科·马斯在回答记者相关提问时还专门解释说：“我们要将尽可能多的国家团结在一起。”① 此外，德国在欧盟内率先倡议提出基础设施互联互通，继续对西巴尔干国家提供财政支持，极力推动开启与北马其顿、

① Christiane Hoffmann, “Wir brauchen rasche Hilfe ohne Folterwerkzeuge”, *Der Spiegel*, Nr. 18, 2. Mai 2020, S. 22.

阿尔巴尼亚加入欧盟的谈判，从情感上拉拢东部伙伴国。

国际事务则略显复杂，德国虽有意承担更多责任，但必须承认自身能力还有待提升，特别是作为非地缘政治大国，在许多问题上有无力的一面。对默克尔政府而言，重点着力的领域有：重新调试与美国的关系，准确评估“美国优先”与“美国回归”的动态变化，在适当时间、空间、领域内保持对美合作和战略自主的平衡；倡导“有选择性”的多边主义，确保其坚守的自由民主等价值观始终是国际秩序的基础，同样分领域建立起多边合作机制；继续在国际重大问题上发声，参与危机管控、冲突化解、谈判促和等行动，在全球治理问题上贡献德国智慧。

总体而言，联邦德国成立后的外交政策总原则一以贯之，就是实现“自主、自强”。为实现这一目标，在不同的阶段采取了不同的策略，着眼于破除各个时期的各种外部制约，在实现国家统一的基础上推进外交政策的正常化。20 世纪 90 年代两德统一后，德国基本实现了成为“正常国家”的目标，遂开始适应新形势，外交政策的积极性逐步提升。默克尔时代德国国力达到战后最高点，又面临“后冷战时代”接踵而至的全球性危机，其“大国雄心”在应对危机的刺激下进一步展露，于是步入“有所作为”的全新阶段。德国的“有所作为”不同于其他西方大国，有其独特的一面，不是为有为而有为，也不是一味蛮干，而是将一些软性元素融入“积极有为”的外交实践当中，有所为有所不为，更多展现德国理念和德国判断，以此来带动其他国家并参与解决全球性问题，成为 21 世纪全球舞台上一支重要的“领导与塑造”的力量。这正是默克尔时代德国外交中值得仔细品味和研究之处。

第二章　德国何以领导与塑造

历史唯物主义观认为，社会存在决定社会意识。德国外交在默克尔时代走向“领导与塑造”，归根结底是由其自身实力和外部环境变化所决定的，其主动顺应这种变化，从而走向了积极有为。综观默克尔时代的德国外交，从国内看，这一时期德国建立在经济增长基础上的国家实力不断上升，加上两德统一后一直追求外交正常化的进程已经走到关键“质变”阶段，内生动力推动德国有更多的能力和意愿在外交上承担更多责任；从国际看，百年变局加速推进，“东升西降”“欧美疏离”，加上地缘冲突频发、传统与非传统安全威胁叠加，德国自身利益难保，所能依赖的外部力量又渐次减少，必须“真正依靠自己的力量”，外交的自主性、积极性被迫提升，在一定范围成为“领导与塑造者”。与此同时，马克思主义也肯定杰出个人在历史进程中所发挥的促进作用。在默克尔时代这个大背景下，德国外交的重大决策、行为走向，很大程度上都与默克尔个人紧密相关。可以说，默克尔个人在这一进程中发挥了关键性作用，以其独特的性格、理念及执政方式，带领德国发挥其独特领导力，成为一支有潜力的国际秩序“塑造者”。

第一节　“时势造英雄”

综合来看，我们认为，默克尔时代德国所面临的一个突出矛盾是实力提升与外交保守之间的矛盾，这一矛盾在历史上曾经出现过。众所周知，二战后德国长期是“经济巨人、政治侏儒”。在默克尔时代这一矛盾更为突出：一是德国实力实现了重大飞跃；二是政治精英以及越来越多的普通民众对德国外交有了新的认知和规划，对德国在全球的作用有了不同于历史的理解；三是全球地缘政治环境发生了深刻变革，对于德国承担更多国际责任、发挥更多“大国作用”的呼声和期待不断升高。正是德国自身以及国际形势的变化造就了德国这个“领导与塑造者”，也成就了默克尔本人，可谓“时势造英雄”。

一、德国实力储备

外交是内政的延伸，一切外交行动，归根结底，一要服务于内政，二要以国内资源和力量为依托。脱离国内发展和需要搞外交，就会成为无源之水、无本之木。我们考察默克尔时代德国外交政策走向，必须首先考察这一时期德国国力水平和社会经济发展状况，基于此分析其国民心态的变化及赋予外交政策的目标变化。马克思主义哲学一直主张“内因决定论”，默克尔时代德国外交政策发生重大转变，逐渐由国际公共外交产品的“消费者”转向“提供者”，归根结底是由其国内力量和国民心态变化所驱动的。

（一）经济实力的积累是根本

德国经济稳定增长是促进积极外交最主要的因素。默克尔上任后很快就经历了金融危机与欧债危机，欧盟内其他成员国深受打击，而在外部经济环境脆弱、世界贸易相对乏力的背景下，德国的经济始终保持稳健增长，金融危机以来平均增速达 1.3%，超过发达国家平均水平，在西方阵营中相对实力明显上升。特别是在金融危机刚过去的几年，德国经济增速高达 3%—4%，可谓“一枝独秀”，为其引领欧盟乃至在世界上发挥重要作用奠定了坚实基础。相比施罗德时代的德国一度成为“欧洲病夫”，默克尔时代的德国经济达到冷战后最佳水平，甚至被誉为“第二次经济奇迹”,① 这是德国发挥外交引领作用的根本。

一是财政连年盈余。德国自 2014 年起就实现了财政收支平衡，截至新冠疫情前实现连续六年盈余，2018 年财政盈余达创纪录的 620 亿欧元，接近占国内生产总值 2%。德国奉行平衡偏紧的财政政策，2015 年起就停增新债，直至新冠疫情期间才打破所谓的“黑零”原则。② 新冠疫情前其公共债务占国内生产总值比重已降至欧盟规定的 60% 以内，远低于美日及欧元区平均水平（约 90%）。这与法国、南欧等国家和地区一直艰难奋战在

---

① Kurt Huebner, “German Crisis Management and Leadership”, *Asia Europe Journal*, Vol. 9, Issue 2 –4, 2012, p. 160.

② “黑零”是公共预算的一种通俗表达，指规划或计算的公共预算基本达到收支平衡。这是德国政府多年来坚持追求的公共预算目标，在此指导下，德国财政实现了多年轻微盈余。

减债减赤道路上形成鲜明对比，也使得德国在财政货币政策上拥有说硬话的底气。二是外贸顺差“惊人”。2009 年德国贸易顺差为 1389 亿欧元，2019 年升至 2236 亿欧元，约占国内生产总值的 6.5%，为主要经济体所罕见。美国政府多次就贸易失衡问题对德国发难，威胁征收高关税，恰恰说明德国外向型经济模式所积累的巨额财富帮助其提升了军事以外的另一种硬实力。三是就业表现“抢眼”。施罗德推行劳动力市场改革，一大目标就是降低高企的失业率。默克尔继承了施罗德改革的衣钵，在短时工、灵活就业等制度的加持下，德国虽经历两场危机，失业率始终保持较低水平，多年来保持在 4% 上下，几乎实现“充分就业”。[①] 虽然国内也屡屡发生劳工争端，但相比法国“黄马甲”等抗议活动，劳动法改革举步维艰而言，德国劳工纠纷烈度总体较低，社会总体稳定。

德国强势经济实力储备有多方面原因，很多与历史传统和制度安排有关，较为关键的，例如，坚持社会市场经济体制，反对放任市场野蛮发展；重视职业教育，执行“双元制职教制度”，将在校学习与工厂实习结合起来，高端技术人才培养相对成熟；及时推行改革，施罗德政府率先推出“2010 议程”改革，一方面限制过高福利，另一方面引入灵活就业方式，打破僵化的劳动力市场，压低失业率及劳动成本，为默克尔时代的经济繁荣奠定了根本性基础，等等。学界研究已十分充分，这里不作赘述。单从默克尔主政期间看，有两条措施特别值得一提。

一是巩固制造业之本。20 世纪 70 年代以来，随着新兴国家崛起，西方发达工业国普遍经历了“去工业化”进程，大搞金融业，德国制造业占国内生产总值比重也有波动，特别是金融危机期间明显下滑。但默克尔领导的历届政府视制造业为经济之本，尽力维持其占国内生产总值 20% 以上，在全球发达工业国中仍属最高之列，约与日本持平，远超美国、英国、法国（11%—13%）。2019 年德国制定《国家工业战略 2030》，提出要将制造业占比恢复提升至 25% 的目标。[②] 德国于 2013 年正式出台了“工业 4.0”战略，力推物联网技术和制造业服务化，是德国版的“再工业化”计划。[③] 这一战略所蕴含的数字化、智能化思维当前成为全球热点，虽然

---

① 以上数据来源于德国联邦统计局网站：https：//www.destatis.de。

② *Industriestrategie 2030. Leitlinien für eine deutsche und europäische Industriepolitik*, Berlin：Ministerium für Wirtschaft und Energie，November 2019，S. 10.

③ 丁纯、李君扬：《德国“工业 4.0”：内容、动因与前景及其启示》，《德国研究》，2014 年第 4 期，第 50 页。

德国受制于自身数字产业发展滞后的制约，执行起来并不顺利，但这一新时代制造业发展方向始终为德国政府所坚持。

图2－1　两德统一后德国制造业（不含建筑业）占国内生产总值的比重①（%）

二是坚持稳健的财政货币政策。德国对遵守严格的财政纪律有着教条式的坚持，主要源于德国社会对"魏玛时期"及二战后恶性通货膨胀的集体恐惧，因而有深厚民意基础。德国反对货币财政，马克时代，德国央行具有高度独立性；欧洲央行基本按德国央行模式运行，以控制通货膨胀率为唯一政策目标，是西方独立性最强的央行。稳健的财政货币政策并非默克尔首创，但在默克尔时代得到全面彻底的贯彻并予以发扬光大。德国于2009年就率先将控制财赤目标写入宪法，并规定"各州2020年起实现零赤字"，力推德式财政纪律成为欧盟标准。默克尔领导下的政府始终毫不含糊地将削减资产负债作为复苏的前提条件。② 即使与默克尔搭档并继任其总理职位的社会民主党人奥拉夫·朔尔茨，在默克尔眼中也"不是一个

① 数据来源：世界银行网站，https：//data. worldbank. org. cn/indicator/NV. IND. MANF. ZS? end＝2020&locations＝DE&start＝1991&view＝chart。

② ［德］沃尔夫冈·朔伊布勒著，晏小宝译：《未来必须节制：我们从金融危机中学到什么》，北京：商务印书馆，2017年版，第52页。

花钱大手大脚的人”。① 这一纪律约束确保了德国能够在危机中率先恢复过来，赢得发展先机。

与此同时，时代变迁带来的一些具有偶然性质的因素也为德国积累实力贡献了契机：一是从欧债危机中获利。引入欧元后，强势的“德马克”相当于被变相贬值，反而便利德国扩大出口。欧债危机期间，欧元兑美元曾大幅贬值，2010 年下半年较 2008 年贬值达 20% 以上，这对本来就具有竞争优势的德国出口产品而言更是“福音”。由于经济稳健，资本不断由危机国逃至德国，德国国债收益率极低，这等于良性循环，更助力德国增强优势。二是与中东欧国家的经济融合。历史上德国就与中东欧有着千丝万缕的联系，两德统一后，德国企业更方便利用民主德国时期的关系网络发展商务活动。经过十余年积累，默克尔时代，德国更为充分地利用中东欧及当地相对低廉的劳动力成本来帮助德企生产、组装，大幅降低了德国产品的成本。2005 年起，德国对中东欧国家的投资已经超过了对法国的投资，从中东欧进口占德国国内生产总值的比重也由统一之初的 1.1% 上升至 4.5%。② 三是发展中国家需求的高速膨胀。默克尔时代正值新兴经济体数量快速增长的时代，其对高端制造产品的需求与日俱增，德国的经济结构中，这一部分产品恰为主流，于是助力德国出口经历“黄金时期”。德国从欧盟外获得的贸易顺差占比越来越高，已是从欧盟内获得顺差的 3 倍多。

（二）政治稳定为经济实力储备保驾护航

德国的政治生态与法国、英国、意大利等国不同，稳定性相对较强。首先是小党受到较大的限制。二战后德国从制度上就加强了设计，未获 5% 以上选票的政党基本被阻挡在联邦议院之外，避免了法国那样议会内党派林立的局面。德国政党间意识形态分歧较小，很少为反对而反对，更多以国家利益决定政策取向，容易相互妥协，中左翼的社民党与中右翼的联盟党（基民盟与基督教社会联盟在联邦议院的联合政党）两大主流政党政策趋同。默克尔执政 16 年中，有 12 年是左右最大两党组成的“大联合

---

① Cerstin Gammelin, Nico Fried, Wolfgang Krach, “Ich weiß, was wir geschafft haben”, *Süddeutsche Zeitung*, 22. Oktober 2021, https://www.sueddeutsche.de/projekte/artikel/politik/das-grosse-abschiedsinterview-mit-angela-merkel-e623201/?reduced=true.

② ［法］纪尧姆·杜瓦尔著，杨凌艺译：《德国模式为什么看起来更成功》，北京：人民邮电出版社，2016 年版，第 151—187 页。

政府”。左右共治在其他国家如法国往往意味着矛盾多、执政难，但在德国却十分稳固，两党相互补台，执政效率颇高。欧债危机中，默克尔领导右翼政府（联盟党＋自民党）以紧缩和结构性改革换救助，得到反对党社民党大力支持。绿党和自民党虽有“小众”诉求，但大多数时间作为反对党，掣肘作用相对有限。抛开默克尔执政后期民众诟病的“改革动力不足”外，政党间相对和谐的合作关系，对于减少内耗、“团结办大事”有着重要的意义。默克尔执政后期，欧盟多数国家排外的极右势力上升，英国有独立党、法国有国民阵线（后改名为“国民联盟”），对主流政党构成较大压力，但德国的极右组织被严密管控，最重要的极右翼政党德国选择党虽然一度成为联邦议院内第三大党、最大的反对党，但从实际效果上看并没有实现其“围剿政府”的宣言，并未对政府形成明显的压力，政府能够较为高效地运作。

（三）社会思潮和民众心态变化推动德国有所作为

德国强势的经济实力赋予政府对外发挥“保护性作用”的基础，例如维护和平与安全、保护人权等，当然是以“德国思维”来发挥这一作用，这得到其国内主流舆论以及民众的广泛支持。由于历史原因以及长期作为“非正常国家”存在，德国民众很长时间都处在追寻其民族身份认同的痛苦过程中，在对外发声甚至发挥作用的问题上，民众难免感到犹豫、彷徨。前文已述，默克尔时代，德国基本解决了国家“正常化”的问题，德国实现了作为一个完全独立自主自信的民族国家的崛起，故而德国民众对于其所承担的国际角色又有了新的认知，不再畏惧于对外表达和对外行动，更加支持将自身影响力投射到国际层面。

从德国人的国民性来看，有两方面特点：一是求稳。与法国热衷于革命不同，对于发起两次世界大战的德国人而言，追求稳定、秩序成为新时代压倒一切的重任。近几十年来，德国虽也偶有游行示威乃至一些骚乱，但类似法国“黄马甲”运动规模的街头运动却很罕见。一旦秩序被破坏，德国人的焦虑感就明显上升，督促政府维护秩序的一面就会凸显出来。特别是默克尔时代的社会主流人群，大多成长于欧洲一体化和经济全球化加速发展的时代，对于全球普遍的相互依赖、和平共处有着更深的情感依赖和现实需求，随着危机频发，全球秩序被打乱，威胁到德国赖以生存和发展的基础，德国舆论明显开始支持德国政府有所作为。二是自信甚至自负。德国人坚信自身所坚持的理念、规则观、价值观就是“最优方案”，理应得到推广。二战后数十年来，德国民众一直保持低调、在外交上蛰伏，但其建构和强化自身观念的过程并未停止。默克尔时代，德国基本解决了历史问题，其对于以“德式智慧”塑造外部秩序的意愿大大提升。同时我们还应看到，德国所强调的这种规则观背后，还有着深刻的价值观意涵。二战后很长时间，德国都处在构建自身新的价值观认同的过程中，在突出自身“西方属性”的同时，弱化了价值观的“民族性”，即追求一种“超越国家和民族的普世价值观”。这推动德国政府在外交行动上更突出一种“道德感”，即在维护现实利益的基础上，超越实力政治，以“价值观的是非曲直”来评判和塑造外部事务。在“路遇不平”的时候，民众支持政府及时坚决“出手”。

总的来说，经济实力上升是德国发挥“领导与塑造”作用的基础，政治稳定和社会舆论趋于积极都从不同侧面推动德国积聚力量。随着时间的推移，德国实力的积累逐渐转化为外交力量，不断推升德国在全球外交舞台上有所作为。

二、百年未有之大变局

自身实力的增长为德国外交转向积极有为提供了内生动力，使其有能力承担更多外部责任；而国际格局、国际秩序的变革也是德国转变外交思维的重要推动力和参考要素，使其在意愿上更有动力有所作为。从默克尔时代所面临的国际大环境来看，冷战后20年的相对平静期逐渐结束，国际关系进入新一轮调整和变革期，而这一轮变革烈度并不亚于一个世纪前，可谓百年未有。同时，这一时期也是德国外交基本完成“正常化”的重要阶段，必须要经受住新一轮全球权力格局洗牌的考验，并展现自身能力，捍卫自身利益，避免在新时代掉队。这也是默克尔时代德国外交的最主要任务。

从威斯特伐利亚体系，到华盛顿—凡尔赛体系，再到雅尔塔体系及漫长的冷战和后冷战时代，21 世纪后，世界秩序正在经历第四次历史性变迁，人们所见证的是一个旧秩序濒临坍塌，新秩序面临重构的阶段，可谓百年未见。① 默克尔时代，德国不断被呼唤在这一秩序重构过程中发挥其应有作用。在中国视角下，百年变局是说当前国际格局和国际体系正在发生深刻调整，全球治理体系正在发生深刻变革，国际力量对比正在发生近

---

① 袁鹏：《四百年未有之变局：中国、美国与世界新秩序》，北京：中信出版社，2016 年版，第 XI—XII 页。

代以来最具革命性的变化。简言之，百年未有之大变局最突出的特点就是“东升西降”。① 与英美国家相比，德国对世界处于“变局”的感知更为强烈，其焦虑感也更为突出。在英美媒体中，我们其实较少见到“大变局”的说法，但在德国政界和舆论界语境中，“变局”一词出现的频率就要高很多，显示德国对世界之变有着更多关注。从字面上看，德语所谓的“变局”直译过来是“时代转折”，更强调“转折”，有着对于全球秩序与格局发生“质变”的内涵，比英文“大变局”所使用的词汇“change”更接近中文语境中的“变局”。2021 年，德国慕尼黑安全会议主办方发布重磅研究报告《时代转折、转折的时代》，该报告详细论述了德国政治家眼中的世界变在哪里，我们姑且将其翻译成德国版的《大变局》。德国眼中的“大变局”与中国所强调的“东升西降”有一定的契合之处，其认为，“大变局”最突出的特征是过去数十年来建立并完善起来的国际秩序和国际规则遭到削弱，究其原因，主要是强权政治重新回归，国际规则和规范遭到无视。关于其背后的推动力，该报告明确指出了“中国崛起”，并暗指“美国退群”。此外，地缘竞争、气候变化、突破性的科技进步等带来的影响也加速了世界变局。② 这是默克尔时代德国外交转型最主要的外部推动因素。

（一）“西方缺失”

德国硬实力不强，树立并遵守规则是其在国际上安身立命之本。而德国所认可的规则，也是在二战后 70 余年的历程中，在西方联盟共同的主导下建立起来的，具有高度意识形态性和集团性质。由于民主自由等价值观是长期维系西方团结的最主要精神力量，故而德国认可的是“西方主导下基于资本主义民主观念的国际秩序”，这一秩序有赖于美国提供强大的军事硬实力，欧盟等“价值观同盟”提供意识形态软实力，共同维护、共同约束、共同获益。但步入 21 世纪以来，德国越来越清楚地看到一个现实，西方作为维护国际秩序的一个整体已经难以维系。

最主要的因素是美国之变。事实上，“9·11”事件之后，冷战后逐渐形成的“美国独大”的体制就逐渐开始瓦解，到默克尔时代更是有所加

① 中共中央宣传部编著：《习近平新时代中国特色社会主义思想学习问答》，北京：学习出版社、人民出版社，2021 年版，第 42—44 页。

② Wolfgang Ischinger，Boris Ruge，Benedikt Franke（Hrsg.），*Zeitenwende*，*Wendezeiten*，München：MSC，2020，S. 11.

速。奥巴马时代起美国就将战略重心转移到本国及周边，作为“世界警察”的角色明显减弱，这本身就是美国基于自身相对实力下滑的一种现实的政策调整。尽管至今美国仍然是世界上最强大的国家，但并不比其他国家强大千百倍，默克尔时代中国发展的现实告诉德国，美国并非不可战胜，在国际格局剧烈变革的时代，完全依赖美国已经变得不再现实。更为关键的是，默克尔时代中后期，跨大西洋关系发生了根本性变化，美国此前一直坚持的重民主、重盟友等战略路线发生偏移，不再是西方秩序的守护者，有时甚至成为破坏者，大大加剧了国际秩序承受的压力。美国这一举动实际上是一种“以进为退”的策略，在既有国际格局中西方力量下降，不足以满足美国获取西方主导下国际秩序所带来的红利，于是美国在外交上更显得咄咄逼人、蛮横霸道，甚至对盟友也不惜动用“蛮力”，实际上是想以此掩盖自身实力的下降，制造“失序”，打乱原有的世界发展秩序，进而重塑于己有利的新规则。然而这不符合世界发展的大势，一来崛起中的新兴国家不可能再度臣服于美国，二来作为“小伙伴”的欧洲也不愿牺牲自身利益服务于美国战略。

美国之变是西方联盟走向衰弱的一个外在因素。更令西方反思的是百余年来维持其繁荣和扩张的一些内在因素，正在逐渐消失。一方面，经济、技术和社会福利方面的优势不再。近代以来，西方通过扩张和殖民政策获得原始积累，又靠着较早开启工业革命积累了技术优势，一步步转化为经济和社会优势，全球形成西强东弱的格局。但随着全球化不断深化，高技术已经不再被西方所垄断，西方也不再是全球地理上的“中心”，维持其经济优势的各种红利正在消减；[①] 另一方面，西方自由民主制度在全球的影响力和号召力在下降。随着21世纪以来西方一次次经历危机，民众对西方体制日益产生前所未有的怀疑，环视西方各国，政治生态恶化，政府频繁更迭，贫富分化加剧，社会共识减少，安全形势堪忧……这些问题无一不刺激着民粹主义、分离势力的兴起，西方社会内部的自信心强烈受挫。而美国则一味强行向外推行西方体制，无论在伊拉克还是阿富汗，西方体制不断遭遇水土不服的状况，进一步侵蚀其在全球的影响力和接受度。

2020年德国主办慕尼黑安全会议，主题设定为“西方缺失”。德国政

① 冯仲平：《关于西方困境的思考》，《现代国际关系》，2017年第10期，第1—2页。

治家普遍认为，传统意义上的“西方”已经弱化，在内部分裂和外部冲击下，西方无力应对挑战，正经历衰落。德国总统施泰因迈尔抨击美国“背离西方”，政策自私，“牺牲伙伴的利益”。① 在这种情况下，作为西方之中的第二大力量，欧盟本应当接过指挥棒，自主维护有利于己的国际秩序。但现实中，英国脱欧在财力和军力上大大削弱了欧盟，法国成为欧盟唯一的拥核国；一系列的社会经济问题无一不困扰欧盟发展，加上外部危机不断，欧盟对外发挥“榜样”和软实力的作用日益式微。德国如果不弥补自身政治体量的“赤字”，西方必将彻底衰弱。奥巴马卸任前最后一次访问德国，对德国寄予厚望，默克尔甚至被美国媒体形容为“自由西方最后的守护者”，② 显示出西方精英阶层对德国发挥维护既有国际秩序的一种期待之情。

（二）中国崛起

1990 年两德统一时，中国占世界经济产出的比重为 1.7%，那时德国占 6.8%，美国占 25.4%，西方阵营联合起来的力量远高于中国。到 2020 年，美国占 24.8%，基本上维持其份额；德国略有下降，占 4.5%；中国则飙升至 16.3%。中国在经济上对西方的赶超毋庸置疑，不少西方国家因此感受到压力。就德国来说，过去中德关系具有高度的互补性，德国对华出口前三大类产品为机电产品、运输设备、化工产品，占总出口的近八成；自中国进口的主要是机电产品、纺织品及原料、家具玩具杂项制品，占总进口的 2/3；此外，贱金属及制品、化工产品、光学钟表医疗设备等也是德国进口量较大的产品。③ 德国出口产品以高技术工业制成品为主，进口产品以中低端和初级制成品为主，符合双方经济结构的对比。但综观默克尔时代，正值中国制造业不断转型升级的时代，高铁、基建都成为“中国制造”的国际名片。在此带动下，中德贸易结构总体由产业链中低端向中高端移动。分析 2000—2016 年中德贸易数据，中高技术产业占比从

① Frank – Walter Steinmeier, “Eröffnung der Münchner Sicherheitskonferenz”, 14. Februar 2020, http://www.bundespraesident.de/SharedDocs/Reden/DE/Frank – Walter – Steinmeier/Reden/2020/02/200214 – MueSiKo.html.

② Konstantin Richter, “Angela Merkel’s new job: global savior”, *Politico*, November 17, 2016, https://www.politico.eu/article/donald – trump – angela – merkel – the – last – leader – of – the – free – world/.

③ 商务部：《2019 年德国货物贸易及中德双边贸易概况》，https://countryreport.mofcom.gov.cn/record/view110209.asp?news_id=68206。

54%提升到61%，其主导地位更突出；资本货物、零部件贸易占比显著提升，从40%升至50%，显示技术、资本密集型制造业贸易主导态势逐渐上升。从贸易竞争力变化来看，中高技术产业中，中国绝大多数行业竞争力提升明显，特别是轨道交通行业由进口转为出口优势，例如自2015年起，德铁集团扩大从中国中车集团采购列车，此前多从西门子集团采购。从中欧乃至全球层面看，中国出口商品技术含量提升，对德国竞争力造成一定冲击。德国机械设备制造业联合会2021年报告称，2020年中国出口的机械和系统产品约1650亿欧元，约占全球15.8%的市场份额，超过德国的15.5%，中国首次成为全球最大机械出口国；① 德国科隆经济研究所2021年8月发布报告显示，2000—2019年，中国对欧出口中，非初级产品占比由50.7%增长到68.2%，中国高技术产品不断进入欧洲本土市场；② 德国汽车工业经济研究所2021年8月发布的汽车工业创新排行榜，前十名中已有三家来自中国，该所所长施特凡·布拉策尔称，“德国汽车工业面临来自中国的创新竞争”。③ 再从依赖度来看，21世纪以来，中国货物贸易出口占全球的比重飞速上升，由21世纪初的3.2%升至2019年的10.8%，而绝大多数西方发达工业国的占比或维持不变，或持续下降。在欧盟、德国的进口来源地中，中国的重要性越来越凸显，欧盟国家从中国进口占总进口的比重从21世纪初的2.7%上升到2019年的7.6%。

另外，在中国带领下，新兴经济体群体性崛起已呈现难以阻挡的势头，这些国家过去曾遭受过侵略，在西方主导的全球政治经济秩序中亦遭不平等待遇，因而在改革不合理的多边秩序方面有共同诉求。在联合国、世界贸易组织等多边机构改革中，新兴经济体抱团发起倡议，对西方主导的国际秩序构成冲击。德国认为，这都是时代转折的重要表现，德国要力争维护西方的优势，延缓东方的集体崛起。

---

① “Deutschland nicht mehr Exportweltmeister im Maschinenbau”, *Frankfurter Allgemeine Zeitung*, 7. Juli 2021, https://www.faz.net/aktuell/wirtschaft/vdma-deutschland-nicht-mehr-exportweltmeister-im-maschinenbau-17426062.html.

② Jürgen Matthes, *Konkurrenzdruck durch China auf dem EU Markt: Ein tiefer Blick in Außenhandelsstatistik und Industriebranchen*, Köln: Institut der Deutschen Wirtschaft, 22. August 2021, S. 3.

③ Carrie Hampel, “Volkswagen tops CAM innovation rankings”, August 25, 2021, https://www.electrive.com/2021/08/25/volkswagen-tops-cam-innovation-rankings/.

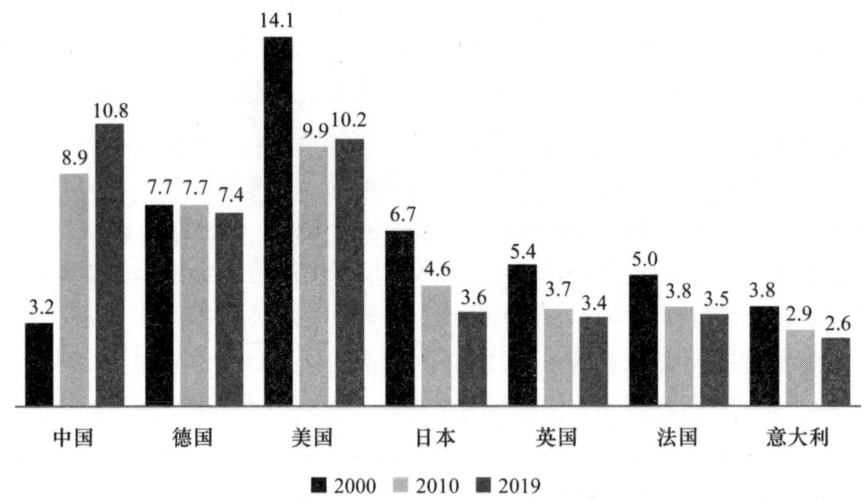

图2－2　主要大国占世界货物出口的比重变化①（%）

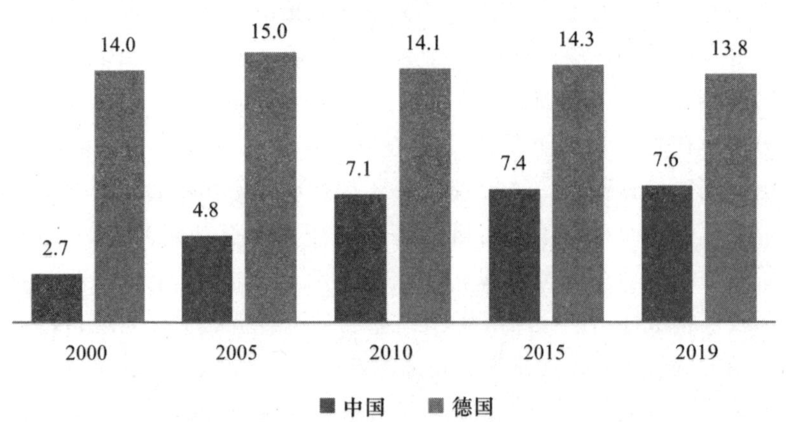

图2－3　欧盟国家从中国、德国进口占总进口比重②（%）

① 数据来源：经济合作与发展组织（OECD），2019年统计。转引自：Jürgen Matthes, *Konkurrenzdruck durch China auf dem EU Markt: Ein tiefer Blick in Außenhandelsstatistik und Industriebranchen*, S. 5.

② 数据来源：经济合作与发展组织（OECD），2019年统计。转引自：Jürgen Matthes, *Konkurrenzdruck durch China auf dem EU Markt: Ein tiefer Blick in Außenhandelsstatistik und Industriebranchen*, S. 6.

（三）强权政治回归

德国认为，大国争斗、强权政治再度回潮，对“基于规则的国际秩序”造成重大损害，已经开始威胁德国等“文明力量”的所谓“正当利益”。默克尔时代，美国的霸权主义、单边主义不但没有消除，反而有加剧之势；中国崛起令西方国家相对优势下降；俄罗斯则“一直制造安全威胁”。与此同时，美英澳“三边安全伙伴关系”、美日印澳“四边机制”、“五眼联盟”等具有军事、情报性质的小多边机制层出不穷，这都将整个国际格局再度拉回到大国集团对抗当中。从历史上看，德国或是大国争斗的主要发起者和参与者，或是关键受害者，对霸权主义、强权政治有着强烈的反感。冷战期间，德国处于东西方集团对抗的最前沿，安全和发展利益深受威胁，对地缘局势紧张所带来的直接和间接影响有着切肤之痛。如今又出现了与历史类似的局面，包括德国在内的欧盟一定程度上成为大国博弈的“中间地带”，关于“选边站”的问题一度成为德媒乃至欧媒热议的话题。从政治现实上来看，德国存有矛盾心态。一方面，若中国、美国、俄罗斯等国博弈烈度过高，势必影响全球稳定，而德国这样的“文明国家”“贸易国家”的发展与福祉完全依赖外部环境的稳定、自由、可流动，对冲突所带来的影响尤为敏感；另一方面，若中国、美国、俄罗斯之间搞“越顶外交”，就某些问题达成妥协，那么又很可能牺牲力量薄弱的欧盟利益。2021 年 11 月，西门子公司总裁兼德国经济亚太委员会主席博乐仁在接受媒体采访时就直言，如果德国没有自己的政策方针，就可能成为中美之间的“皮球”。① 欧盟外交与安全政策高级代表博雷利也说过，“欧盟要成为大国争斗的参与者，而非角逐场”。② 自然，作为欧盟中实力最强的德国，必须在带领欧盟参与或平息大国争斗中发挥重要作用。

（四）全球化加速调整

全球化是人类社会发展的历史趋势。二战后新自由主义蓬勃发展，强调相互依存，认为其意味着和平与合作，而全球化恰属于广泛意义上全球

① “西门子公司总裁：德国应制定自己的方针，才不会成为中美国之间的‘皮球’”，观察者网，2021 年 11 月 12 日，https：//www. guancha. cn/internation/2021_11_12_614527. shtml。

② Carl Bildt，“Which Way for Europe on China?” December 12，2019，https：//www. project – syndicate. org/commentary/eu – strategic – engagement – china – by – carl – bildt – 2019 – 12.

层面的相互依存。全球化起源于经济领域，但远不限于经济，早已扩展至政治、军事、社会等诸多领域，例如，社会全球化就带来了人员、文化、国家形象、思想的广泛流动与传播。① 西方国家是全球化的主要发起者、推动者和受益者。正是由于西方最初的殖民扩张，才逐渐推动建立起世界市场，并由此源源不断地为其资本和贸易扩张提供便利。而对于德国这样以制造业和对外贸易为主要增长手段的西方国家而言，极为依赖国际产业链、贸易链，一旦“四大自由流通”② 受到阻滞，德国自身利益就将受到严重影响，因此德国在西方集团内更倾向于维护和推动全球化进一步拓展。

冷战后，全球化迎来了快速发展的黄金时期。集团对抗暂告一段落，大国关系总体趋于缓和，为国家间合作创造和提供了较为坚实的保障；各国对于经济发展、民众福祉的需求上升为主要需求，和平与发展成为国际关系的主流；科技进步加速，产业分工更加明晰，依赖全球产业链日益成为各国促进发展的优先选项；在此基础上，人员、资本等自由流动成为必须，“地球村”的概念深入人心。然而物极必反，在全球化带来便利的同时，必然也蕴含着不少负面效应。诺贝尔经济学奖获得者约瑟夫·E. 斯蒂格利茨教授在《全球化逆潮》一书中指出，21 世纪越来越多对全球化不满的声音集中在：

（1）全球化的优势被过分夸大，实际利益比倡导者声称的要少；

（2）除非使用补偿机制，否则全球化会使收入和财富分配更不均等，绝大多数人情况会变糟；

（3）延伸到国家权力层面，全球化的赢家拥有更大的能力为自己牟利；

（4）全球化日益被小部分群体所掌控，从而作出对这一小群体有力的决策；

① ［美］小约瑟夫·奈、［加拿大］戴维·韦尔奇著，张小明译：《理解全球冲突与合作：理论与历史》，上海：上海人民出版社，2012 年版，第 291—297 页。

② 欧盟将人员、货物、服务、资本在境内的有序流通视为四个最基本的“自由流通”。德国的基本逻辑是，一旦对其中一项自由流通加以限制，势必会在未来某个时候对其他流通施加类似限制加以配合，将对德国造成重大损害。参见［英］保罗·莱弗著，邵杜罔译：《柏林法则——欧洲与德国之道》，杭州：浙江人民出版社，2021 年版，第 155 页。

（5）全球治理的缺位可能使全球化方向发生偏差。①

以2008年全球金融危机为节点，人们开始越来越多地反思全球化的负面效应。一个最显而易见的缺陷，就是全球化在带来利益相互共享的同时，也带来风险的扩散和传染，金融危机就是最典型的例证。2006年9月，时任英国外交部气候变化特别代表约翰·阿什顿在解释生态全球化时也已明确表示，“今天的挑战不只是我们一个国家的困境，而是所有人都面临的困境”。② 另一个显著的缺陷在于，各国在全球化进程中获益不可能均等，那些优先发展的发达经济体可能成为“净获利国”，而一些次发达国家可能因“净损失”而反对全球化。例如，南部非洲、南美等地的一些国家，长期输出能源和原材料，却并未获得与之相对应的经济回报，其在全球价值链中始终处于底层。伊朗、阿富汗、苏丹等国长期遭受制裁，并未享受到全球化便利，而且其国内伊斯兰激进主义与自由派之间的激烈斗争一直存在，保守势力甚至采用暴力方式抵抗全球化，拒绝融入其中。即使在发达资本主义经济体之间，全球化程度也并不是一致的；甚至同一国家之间的不同地区，对待全球化的态度也可能截然不同。也正因此，《跨大西洋贸易与投资伙伴关系协定》（TTIP）虽从经济意义上来看具有诸多裨益，却始终在大西洋两岸引发激烈争议，难以取得突破。与此同时，在和平年代，各国政府忙于推动全球化、致力于降低全球关税，鼓励跨国公司充分利用高效物流系统在全球布局，经济发展成为各国关注核心。但在默克尔时代，地缘政治重新成为各国外交的核心关切，因而各国对全球化的好处和风险就会进行新的评估，甚至考虑逆转。③

默克尔时代，全球化经历过高潮，逐渐走到了调整变革期，原先的高速发展已难以为继。究其原因，随着前期全球化的演进，国际主要力量对比发生了改变，国际治理体系却显现相对滞后且改革进展缓慢，全球化的

---

① ［美］约瑟夫·E. 斯蒂格利茨著，李杨、唐克、章添香等译：《全球化逆潮》，北京：机械工业出版社，2019年版，第XVIII—XIX页。

② John Ashton, “Speech at the School of Oriental and African Studies (SOAS) in London”, September 27, 2006, https://www.e3g.org/news/john-ashton-speech-building-a-politics-of-interdependence/.

③ 伍治坚：《全球化会发生逆转吗?》，《金融时报》中文网，2022年4月1日，http://cn.ft.com/story/001095720?archive。

动力已不能与其发展速度相适应。① 正因如此，“逆全球化”浪潮不断涌现，这对德国现实利益构成威胁。

反全球化的声音一直伴随着全球化进程，最初多源于全球化边缘国，或某些特定利益群体，例如，绿色和平组织呼吁减少工业全球化带来的环境污染等。但在默克尔时代，反全球化浪潮日益向西方发达国家蔓延，有几方面表现尤为困扰德国。

一是民粹主义、民族主义大行其道。如上文所述，由于全球化加剧贫富分化，极端强调平民群众、反精英主义的民粹思潮和强调本国本民族优先、极端排外的民族主义思潮兴起，席卷西方。近十多年来，欧洲越来越多的国家开始由民粹主义政党执政，法国这样的传统大国也时时担心其极右翼民粹主义政党上台；美国特朗普上台执政更标志着民粹主义和民族主义在西方“登峰造极”，其对西方传统的价值观造成的冲击难以估量。一句“美国优先”就已宣告美国在西方联盟内所承担的责任大幅缩减，这给德国等盟友带来沉重心理负担。这两种思潮都强化了反全球化行动，具有代表性的如反对移难民、反犹主义、反欧元等，都会损害德国的国家利益。

二是贸易保护主义回潮。自 2008 年全球金融危机之后，西方复苏乏力、经济陷入停滞，其开放心态发生重大变化，自我保护心理潜滋暗长，反开放市场、反自由贸易、反投资便利等行动接踵而来。据世界贸易组织的数据，1990—2008 年全球贸易平均增长 7%，而 2009—2015 年平均增长仅为 3%。② 即使作为外向型经济体、高度支持自由贸易的德国，在国际大环境的影响下在行动上也部分滑向保护主义，甚至有构建“闭环产业链”这样的“逆全球化”思维，这势必反而侵蚀自身利益。

三是孤立主义兴起。在民粹和民族主义的裹挟下，西方的“反一体化”声音不仅限于反“欧洲一体化”，早已扩大到更广泛的地区和领域，其核心是“要回国家主权”，不受国际机构或国际条约的过分限制。③ 在部分国家内部出现了分离势力，越来越多的富裕地区为保护既有利益寻求脱

---

① 张丽娟：《2020 新议题：全球经济不确定性、全球化转型与国际合作治理》，《太平洋学报》，2020 年第 8 期，第 1 页。

② 栾文莲：《对当前西方国家反全球化与逆全球化的分析评判》，《马克思主义研究》，2018 年第 4 期，第 90 页。

③ 刘明礼：《西方国家“反全球化”现象透析》，《现代国际关系》，2017 年第 1 期，第 33 页。

离中央。这些变化使得原先联系日益紧密的“地球村”向着割裂状态发展，英国脱欧、美国“退群”都是“国家主义”取代“全球主义”的表现，对于德国这样依赖全球互联实现发展的国家，“逆全球化”意味着财富来源的损失，其必须主动作为，为自身争取有利的全球化环境。

（五）国际安全形势新变化

二战后，德国奉行融入西方的外交大方针，安全能力上自我限制，长期依赖以美国为首的北约；21 世纪以来又支持欧盟成员国在安全领域加强团结合作，作为北约的补充承担一定的安全职责。总体而言，在“由谁来保护”的问题上，德国始终都呈现高度的对外依赖性。在默克尔时代，国际安全形势发生重大变化，德国自身的安全观也有了很大调整，其外交安全政策在延续依赖性的同时，也在逐步寻求突破。

默克尔时代前后跨越 16 年，国际格局持续发生变化。过去以和平与发展为主题的国际形势逐渐被冲突与对抗所冲淡，国际安全形势因此不断起伏波动，不仅传统的地缘冲突频发，各类非传统安全威胁也日益显现，给自身安全防卫能力较弱的德国带来很大挑战，迫使德国调整外交安全政策，防范安全威胁。综合而言，从德国的视角来看，国际安全形势发生如下几方面重大变化。

第一，极端伊斯兰恐怖主义一度成为最大安全威胁。除以“基地”组织为代表的伊斯兰恐怖主义组织外，数量日益上升的“非国家行为体”不断发动“非对称袭击”，其袭击重点不仅是政界高层，还有更多针对防护薄弱的民众或基础设施，目的在于制造“最大规模杀伤或破坏后果”。[①] 所谓的“伊斯兰国”就拥有“领土”，构建较为完整的权力结构，获取资金渠道愈发隐蔽多样，善于运用新技术手段，尤其利用社交媒体和网络通信等开展宣传、策划袭击，甚至使用大规模杀伤性武器，手段更为多元。恐怖主义还呈现跨境和联网的新特征，防范难度日益上升。德国等欧洲国家既是恐怖袭击主要目标，又因崇尚自由而容易被恐怖分子利用，为其策划恐怖袭击提供便利。德国强调要更为积极地直面恐怖袭击威胁，加大打击力度，一味示弱将给恐怖分子更多可乘之机。

第二，数字领域漏洞带来重大安全威胁。信息技术高速发展的同时隐藏巨大安全漏洞，数据保护、信息安全面临更大挑战。网络攻击呈现隐

---

① *Weissbuch zur Sicherheitspolitik und zur Zukunft der Bundeswehr*，Berlin：Bundesministerium der Verteidigung，2016，S. 34.

蔽、易扩散等新特征，也成为地缘政治斗争中惯用的新手段。此外，信息基础设施属“关键基础设施”，一旦遭受攻击将严重影响社会正常运转。德国内政部甚至承认几乎每天都有外国攻击其政府部门网络的报告。为此，德国政府于2011年专门出台《网络安全战略》，指导国内网络安全建设。2016年版“安全政策白皮书”更是将网络攻击列为仅次于恐怖主义的第二大安全威胁。除网络基础设施易成攻击对象，网络窃密日趋频繁、隐蔽外，由于网络成为舆论传播主要阵地，攻击者还可利用社交媒体、新闻网站等影响舆论，传播有害思想，影响社会稳定。

第三，地缘冲突、大规模杀伤性武器扩散等传统安全威胁回潮。冷战结束后，国际安全形势一度展现向好势头。但21世纪的第二个十年，强权政治再度回归，地缘冲突加剧，“失败国家”及“脆弱国家”所产生的安全威胁升高。紧邻欧洲的中东北非、东欧高加索地区多有政局不稳和战乱冲突发生，乌克兰、叙利亚等国内战不断，非洲、阿富汗等地人道主义危机频发，涌入欧洲的难民数量猛增，成为滋生恐怖主义和有组织犯罪的温床。同时，大规模杀伤性武器及其载体并未消除，伊核、朝核等问题时时困扰欧盟，全球军备竞赛进入新阶段，武器装备市场活跃，核生化武器及技术扩散泄露风险上升，若落入恐怖分子之手，将对德国安全稳定造成直接威胁。

第四，能源与气候危机趋于严峻。德国预计到2030年，2/3以上能源消费都将依赖外部进口。由于中国、印度等新兴经济体能源消费快速上升，能源供应短缺之势难以避免。欧洲主要能源供应国中，海湾、北非国家动荡不安，与俄罗斯分歧难以弥合，这都是德国能源安全的潜在威胁，德国的对外战略也常常受制于此无法展开。气候变化不仅带来海平面上升、山火、极端天气等直接影响，一旦应对不力，将导致粮食及水资源短缺。人口密度、福利分配不均，涌入欧洲的难民将进一步上升，此将间接推升地区冲突，加剧全球不稳定局势。

第五，混合型威胁成新趋势。随着全球化日益深化，各类安全威胁往往不是单独起效，而是交织在一起形成更大威胁。国家间冲突也不局限于军事斗争一种形式，更多是充分调动各种手段，以网络信息战、舆论宣传战、货币战等配合军事威慑，赢得主动。德国社会强调开放、多元，坚守民主、自由等价值理念，安全漏洞较多，易受外部攻击。

第六，传统安全问题再度凸显。冷战及冷战后的相当一段时间，东西方冲突都以“不发生热战”为前提，直接军事对抗的可能性相对较小，使得德国能够更好地发挥自身"规范性力量"，通过软性规制影响国际秩序。但在默克尔时代，军事冲突再度回归人们的视线，叙利亚危机、乌克兰危机、纳卡冲突均以军事冲突为重要形态，中美之间的争斗也引发人们对两大经济体发生军事冲突的担忧。在军事威胁面前，德国所倡导的规制性力量的约束力明显削弱，德国外交所承担的"规范性责任"一定程度要向"保护性责任"转移。"规范"具有进取性，允许失败；"保护"则具有底线性，不容有误。这就迫使德国对其外交战略进行一定程度的调整，采用更加多元化的手段，确保其有效性。① 一定程度上，这也是德国外交"被动有为"的推动力，德国被迫"以进为策"，维护自身安全利益。

上述安全威胁的新变化，一方面要依赖西方盟友协作应对，主要是在传统安全领域发挥北约的威慑作用，德国在其中要发挥与其实力相称的作用；但另一方面，针对日益凸显的非传统安全威胁，必须在更广泛的范围内加强国际合作，其中大国作用甚为重要。鉴于此，德国有必要转变克制传统，发挥更大作用。

三、能力与责任不匹配倒逼德国外交政策转型

从上述德国内外环境的变化来看，默克尔时代，德国传统的外交风格已经跟不上新时代的需求。德国作为两次世界大战的欧洲策源地，长期受历史问题困扰，其深刻反思自身历史后，在国际上形成了极为低调克制的"德式"外交。

其一，"和平主义"根深蒂固。正是有着历史原因的束缚，德国全社会才逐渐形成了"文明力量"的外交政策模式，其中最突出的一点就是"和平主义"和"克制政策"。长期以来德国都强调海外军事行动仅限于维和、重建、人道主义援助，极力避免引发军国主义和殖民主义联想。2002年施罗德政府强烈反对伊拉克战争，2011 年默克尔政府拒绝参与利比亚战争，在阿富汗、马里只参与运输、培训等辅助性事务。德国有一定实力，但坚决不愿参与军事行动，与美国、英国、法国形成鲜明对比，甚至不时因此受到盟国指责，但民众反应冷淡。2021 年，德国海军派出"巴伐利

① Diete Dettke, *Germany Says "No" – The Irag War and the Future of German Foreign and Security Policy*, Washington D. C.: Woodrow Wilson Center Press, 2009, pp. 232 – 234.

亚”号护卫舰前往亚洲巡航，很多德国民众都表达了反对意见。① 此外，德国社会普遍“反核”，德国曾公开呼吁美国撤出所有部署在欧洲的核武器，还决定于2022年关闭所有核电站，成为首个完全放弃核能的发达工业国。

其二，“隐身”欧洲，不愿冒头。德国坚持融入欧洲，自觉接受欧盟一体化机制束缚；虽实力强大，但长期以来一直心甘情愿让法国充当一体化的旗手和领导者，公开场合极力讳谈“领导地位”，即使是欧债危机期间一度“被迫”走上欧盟“领导岗位”，但仍强调与法国等共同应对危机，在政治和安全领域保持着谨慎低调，凸显欧盟和法国、英国等国的作用。

其三，坚持以低姿态取信于邻。德国是欧盟内邻国最多的国家，包括法国、意大利、波兰、奥地利、捷克、荷兰等9国，众多邻国曾深受纳粹荼毒，对德国的警惕心理至今未完全消除。德国历届政府都非常重视处理与邻国及犹太国家以色列的关系，真诚赔偿损失，全面摒弃极右思想和狭隘民族主义情绪，形成共同的“国民认同”，能换位思考，站在他国立场看问题，即使对方邻国发表情绪化言论，甚至采取过激行动，也能冷静应对，不作情绪化反应。

在默克尔时代，德国外交的上述三条“传统特色”与时代变迁不相兼容的一面日益显现，已经到了不得不调整的时刻。

首先是能力与责任不匹配。德国出于历史原因而主动进行自我限制，在特定的历史时段能够得到国民的普遍理解，也符合民众对德国国家行为的期待。但当经济实力累积到一定程度，民众物质需求得到极大满足时，其影响就将外溢到精神领域，民众会追求在政治上有所突破，会呼吁政府在外部世界有所作为。继续压制外交上的积极情绪不符合事物发展的客观规律。俗话说能力越大、责任越大，积累实力的同时必须要有释放实力的出口，也就是说要承担与能力匹配的国际责任。

其次是德国国家利益的拓展与消极被动外交政策之间矛盾凸显。德国经济实力的增长必然带来国家利益覆盖面的拓展，原先局限于贸易、专注于经济，但随着经济发展不断接近传统领域的“天花板”，进一步挖掘经济潜力就必须要拓展新领域，这需要更多的政治资源予以保障。例如，想要促进绿色、创新等新发展模式，就需要在国际上寻求更多合作，这事实

---

① 《“巴伐利亚”号远航引争议，网民：我们的军舰去亚洲做什么?》，德国之声，2021年8月3日，https：//p. dw. com/p/3yTkr。

上已突破传统经贸政策界限，需要更多外交资源加以配合。同时，因利益拓展后触及国际事务的新领域，必然面临新问题或新摩擦；国际体系的剧烈动荡、国际地缘冲突频繁，都对德国国家利益构成负面影响乃至威胁，这都必须由政府统筹解决。过于保守的外交政策会日益抑制德国经济的进一步扩张，也严重损害德国安全利益。

再次是德国主动自我限制与外界对其期许之间的矛盾日益突出。当经济实力外溢到政治领域时，不论有否意愿，在面对危机和问题时，外界都会对其产生一定的依赖情绪，这就是所谓的“弱者心理”。联合国前秘书长科菲·安南就称：“默克尔时代的德国面对自己的成功，突然发现自己不再处于以前的舒适区，原先恐惧和反感自己的对手们，现在纷纷要求自己承担更多的全球责任，这显然是对德国外交转型的一种认可。”① 这种自身与周围国家心态的差异也为德国开启外交转型提供了推动力。

我们尤其应当从欧盟的视角来观察默克尔时代德国面临的上述矛盾。联邦德国从建立伊始就树立了三大外交目标：在欧洲框架内实现安全、政治和经济复兴，促成大西洋联盟，实现重新统一。② 可以看出，这三大目标都与欧洲联合紧密相关，只有与欧洲捆绑，德国才能实现和维护自己的利益。从历史上看，德国也确实通过欧洲一体化、借助欧盟实现了自己的外交目标，首先是一定程度上解决了困扰西方的“德国问题”，德国受到一体化机制的束缚，不再威胁他国安全，德国自身也获得了逐渐恢复“正常国家”的可能，并实现了两德统一。其次是在北约和西欧联盟的框架内实现了重新武装，初步保证了自身安全。最后是借助欧盟发出自己的声音，联合成员国一道在国际上实现共同利益。在长期的历史实践中，德国一步步朝着正常化乃至崛起的方向迈进，但其崛起路径绝非冲击或挑战当时的西方主导大国，而是放低姿态，将自身利益牢牢地“嵌入到”西方，以发起和推进欧洲一体化、加入北约为起始，再通过经济利益和政治利益的复合，以与他国协调的方式获取自身利益，完成了自身的成长进程。③

---

① Kofi Annan, “Deutschlands großer Moment”, in: Wolfgang Ischinger und Dirk Messner (Hrsg.), *Deutschlands Neue Verantwortung*, München: Econ, 2019, S. 19.

② Wolfram F. Hanrieder, *West German Foreign Policy*: 1949 – 1979, Colorado: Westview Press, 1980, p. 15.

③ 熊炜：《德国“嵌入式崛起”的路径与困境》，《世界经济与政治》，2021 年第 1 期，第 111 页。

德国前总理科尔有一句名言，“德国统一与欧洲一体化是同一块硬币的两面”。① 也就是说德国很早就将自身利益与欧盟利益捆绑在一起，一损俱损、一荣俱荣。

基于其对自身“中等强国”的定位，对自身实力和掌握资源的认知，德国深知在一个分裂、虚弱的欧盟当中，不可能获得任何好处，甚至原本既得利益也可能随欧盟衰落而失去。② 然而正是在默克尔时代，欧盟经历重重危机考验，从国际金融危机到债务危机，再到难民危机、新冠疫情危机，以及周边数不清的地缘冲突及大国博弈，再叠加欧盟本身相对实力增长放缓，这些都不利于德国维护和争取自身利益。

早在欧洲共同体时期，德国强大的经济力量就被转化为欧洲共同体对外实施政治影响的一种工具。③ 法国等国一方面利用一体化来捆绑德国，另一方面也是利用两国政治和经济的合力在全球发挥影响。在默克尔时代，这一基本逻辑并没有根本变化，特别是在欧盟内忧外患的背景下，伙伴国对德国出面解决危机有着更为迫切的期待。2011 年 11 月，正在欧债危机不断加深的时刻，波兰时任外交部长拉多斯瓦夫·西科尔斯基在德国外交政策协会演讲时敦促德国承担“领导欧盟”的责任，他说：“我对德国权力的恐惧少于我对德国不作为产生的担忧。”④ 考虑到德波两国关系的历史，波兰政治家这一表态极不寻常，引发举世关注。随着英国退出欧盟，法国自身麻烦缠身，意大利、西班牙等国更是在变局中难以自保，欧盟内部能够发挥引领作用的力量日益稀缺，这更加反映出德国在西方集团内部承担责任有着现实需求。

再从另一个角度看，德国虽身处西方阵营，但其外交风格和手段与美国、英国、法国等国又有着截然不同的特点。德国的行事风格总体稳重，遇事不会“争强好胜”，能够务实地看待问题并理性地寻找解决办法，对待国际事务一般不走极端，乐于扮演沟通者和平衡者的角色。这种风格在

---

① Patrick McCarthy, *France – Germany* 1983 – 1993: *The Struggle to Cooperate*, London: Macmillan, 1993, p. 102.

② 张才圣：《德国与欧洲一体化》，北京：人民出版社，2011 年版，第 294 页。

③ Gisela Hendriks, *Germany and European Integration*, Oxford: Berg Publishers, 1991, p. 23.

④ “Die Rede des polnischen Außenministers”, in: Angela Merkel (Hrsg.), *Dialog über Deutschlands Zukunft*, Hamburg: Murmann Verlag, 2012, S. 53.

一定程度上适合于构建平衡、达成妥协，乃至于解决危机。① 因此，欧盟欲发挥对外影响力，也需要更多的德国色彩。这种相互需求性，也不断促使德国更积极地发挥自身作用。

第二节　默克尔的独特性

在德国的外交决策体制中，总理角色和地位至关重要。对德国和欧盟具有系统性重要影响的大国关系（例如美国、中国）及相关外交行动决策权在总理府，事关战略性或高度敏感的国家安全事项决策权在联邦安全委员会，包括外交部、国防部在内的其他内阁部门职权更偏重执行。在上述两个机构中，总理本人都是核心决策者，而总理本人的性格特征、执政理念能够深刻地影响德国对外行动，从而一定程度将个人行为上升为国家行为。从这个意义上讲，默克尔的作用更加突出。她“超长待机”达 16 年，有力塑造了德国外交，并保证了德国外交的稳定延续和可预期性。默克尔是决定德国 21 世纪外交政策的最主要个体因素。

一、默克尔的性格特点

默克尔 1954 年出生于汉堡，但出生几周就举家前往民主德国的滕普林并在那里长大。1973—1978 年在莱比锡大学学习物理学，后在东柏林科学院物理化学中心研究院任科学助理，1986 年获物理学博士学位。1989 年踏入政坛，次年两德统一后即当选联邦议员，1991 年出任科尔内阁联邦妇女与青年部长，1994 年改任联邦环境部长。1991 年当选基民盟联邦副主席，1998 年出任基民盟联邦秘书长，2000 年当选基民盟联邦主席，2002 年任联邦议院联盟党党团主席，2005 年当选德国总理，任职 16 年之久。默克尔的性格造就了其对外决策和行为方式，也很大程度上影响了其任期内德国的外交政策。总结起来，默克尔的性格特点可以用“领导、务实、平衡”三个词语概括，这与其治下德国外交所体现出来的特点高度契合。

（一）领导

一是权欲强。默克尔外表稳重，但实际上内心刚强，是一个“完美主义者”。她虽常常保持安静，不会滔滔不绝地对外表达，但内心深处却有

① 李超、王朔：《试析德国面临的“领导力困境”》，《现代国际关系》，2016 年第 5 期，第 54 页。

着完全相反的“权力意识”。她并不认为“权力是坏事”，反而认为有权力才能做更多的事。她会婉言称掌权为“塑造”，她坚定地凭借权力来实现自我，从别人的肯定中来寻求自我肯定。① 事实证明在执政过程中她始终将权力紧紧握在手中，且运用娴熟。她常常被冠以“欧洲的女皇”之称，是因为她平步青云，从政仅一年就当选联邦议员，很快又得到党内大佬的提携，特别是受到前总理科尔的赏识，成为基民盟首位女性党主席，并罕见地兼任党主席和党团主席两大要职，位高权重，也以此身份于2005年代表基民盟竞选总理。在追逐权力的问题上，她毫不手软，一系列比自己资深的政治家都败在她的脚下：在恩师科尔身陷丑闻时，默克尔果断与其划清界限，为自己掌权铺平道路；在前总理施罗德提前发动大选轻率挑衅时，她稳扎稳打，狠咬对手经济改革“伤疤”，最终胜选总理。她对内阁要员有相当约束力，曾因环境部部长诺伯特·吕特根执意竞选北威州州长又失利而拒绝其重回联邦政府。当然，默克尔并不喜欢赤裸裸地展示权力，颇为反感被称为“铁娘子”，不愿与英国前首相撒切尔夫人相提并论。无论穿着打扮、言谈举止、气质气场、执政风格和施政理念，两人都相距甚远。撒切尔锋芒毕露，默克尔谨言慎行；撒切尔喜欢强势主导，默克尔更乐于后台操控；撒切尔衣着时尚，默克尔简洁古板。她不拘泥于成规，也不想被类型化，而是形成了自己独特的掌握权力和领导政府的方式。这与德国多年来的外交领导力相一致，隐于幕后但权力巨大。

二是有决断力。默克尔动手能力较差，怕上体育课，但喜欢挑战和享受“并不容易的过程”。她大学选读物理专业的原因竟是中学时这门功课“曾经不及格”，其毅力可见一斑。默克尔常常有犹豫不决的时候，但一旦需要决断，就果敢而决绝。2008年，美国“雷曼事件”发生两周后，受到波及的德国金融系统出现卡壳，银行需要救助。面对巨额账单，默克尔沉稳地按兵不动，直到股市开市前15分钟，银行被迫降低要价，她才松口。欧债危机中，欧盟成员国在布鲁塞尔围绕救助问题的谈判经常持续十几个小时，默克尔总是精神抖擞地不眠不休，鏖战到最后一刻拖垮谈判对手，令其在困倦中不得不作出妥协。默克尔处事分三步：首先是全力收集数据和事实，之后则是漫长的分析，最后是作出决断并采取行动。她虽然决策过程可能漫长，但一旦作出决定，就会坚定不移地贯彻到行动中。

---

① 王剑南：《德国历史上第一位女总理安格拉·默克尔》，《国际资料信息》，2005年第11期，第32—35页。

（二）务实

一是“技术官僚”的行为方式。默克尔是物理学家，德国前卫生部长延斯·施潘就曾评价默克尔称，“像科学家一样工作，大量阅读、评估事实，不受先入为主的观念制约”。① 2008 年金融危机爆发后，默克尔迅速掌握了许多经济学理论和概念，会见客人时，她有时会突然提出“你对‘肥尾效应’② 理论怎么看?”这类专业性很强的问题。2010 年欧债危机初起时，默克尔已经开始阅读《市场的行为：从分数视角看风险、毁灭和报酬》一书，为应对危机做准备。在公众场合是一个相对沉默的人，从科学院的同事到德国前部长们，许多人曾跟默克尔共处多时，却对她并不算了解。大庭广众之下，默克尔吐字如金，她很少做即席演讲，发言中规中矩，一般无华丽辞藻。面对媒体的讲话稿，她经常改到最后一分钟。她讲话的风格，一般也是以摆事实并加以理性分析为主，情感色彩不浓。2021 年慕尼黑安全会议上，新上任的美国总统拜登充满情感地宣誓“美国回归”，寄望欧洲大国回应，默克尔却只是技术性地细数德国在维护西方安全方面的所作所为，两相对比风格差别明显。③

二是不受纯意识形态束缚。换句话说，在利益和价值观的平衡中，她偏重于前者。默克尔信奉新教，重视宗教信仰在政治生活中的作用，但她不主张事事都从宗教的角度出发去考虑对策，必须将宗教理想与现实生活相结合。她认为，政治家即使信教，也不可能永远都只遵循教义规定去做政治决策，因为政治所涉及的维度远远复杂于宗教。也正因此，当现实利益与价值观相冲突的时候，会偏向于从利益出发去思考。这种“开明的自由主义立场”与许多保守的基民盟党员不一致。与此同时，她从政过程中，从不拘泥于通过某种特定主义来作出决断，她决策的依据视具体问题而定，可以说是实践的结果。这使得她很少受到大的约束，更愿意尝试有

---

① J. C.，“How to understand Angela Merkel：The three pillars of Merkelism”，*The Economists*，September 9，2017，p. 21.

② “肥尾效应”（Fat Tail）是指极端行情发生的机率增加，可能导致市场出现大震荡。

③ Vgl. Angela Merkel，“Rede von Bundeskanzlerin Angela Merkel anlässlich des virtuellen Forums der Münchner Sicherheitskonferenz am 19. Februar 2021”，19. Februar 2021，https：//www. bundesregierung. de/breg – de/suche/rede – von – bundeskanzlerin – angela – merkel – anlaesslich – des – virtuellen – forums – der – muenchner – sicherheitskonferenz – am – 19 – februar – 2021 – videokonferenz – 1860126.

效方案。默克尔的政治风格堪称“尝试、犯错、迅速纠错”，这能帮助她不犯大的错误。① 在外交上，默克尔依然秉持“问题导向”，以解决问题为外交政策的目标，不拘泥于方式，“广泛对话”“幕后谈分歧”等都是默克尔外交灵活手段的范例，这种方式一定程度上有利于德国成为不同价值观国家间的桥梁。

三是审慎。一个事例常被外界津津乐道：9 岁那年上跳水课，默克尔站在 3 米高跳板上，犹豫了 45 分钟，在即将下课时才鼓起勇气，纵身跃入泳池。默克尔自称“总是试图在事前把所有问题都考虑清楚”。② 这一幕淋漓尽致地展现出日后默克尔的决策风格：在作出决断并采取行动前常常是漫长的犹豫。在德国前总理施密特的葬礼上，她致悼词时称施密特“通盘考虑，理由充分，条件成熟，方有决策”。③ 事实上，这也是她执政方式的自我总结。

（三）平衡

一是重视“共识政治”。默克尔善于集思广益、广开言路。倾听位于她决策步骤之首。每遇问题，首先倾听相关领域专业人士的意见，寻找对话方观点中的逻辑矛盾，若未发现漏洞，那么就会欣然接受“大多数”人的观点。而当“大多数”人的意见发生变化时，她也能很快调整自己的主张，使其迅速适应“大多数”。这在德国决定“弃核能”以及面对难民“门户开放”等问题上表现非常典型。外界若不了解默克尔内心对“共识政治”的坚守，就难以理解她的核能和难民政策为何在短时间内会发生逆转。在总理任上，她每年都会邀请国际货币基金组织总裁、世界银行行长、世界贸易组织总干事等各大国际经济组织首脑做客总理府，共同讨论与德国相关政策。她会事先列好议题，逐项探讨。德国政坛的“共识政治”传统为默克尔这一决策方式提供了绝佳的试验平台。

---

① 王剑南：《德国历史上第一位女总理安格拉·默克尔》，《国际资料信息》，2005 年第 11 期，第 32—35 页。

② ［美］卡梅伦·阿巴迪著，张君琦译：《默克尔的成功秘诀》，《彭博商业周刊》，2013 年第 15 期，第 86—87 页。

③ Angela Merkel, “Pressestatement von Bundeskanzlerin Merkel zum Tod von Bundeskanzler a. D. Helmut Schmidt am 10. November 2015 in Berlin”, 10. November 2015, https://www.bundesregierung.de/breg-de/aktuelles/pressestatement-von-bundeskanzlerin-merkel-zum-tod-von-bundeskanzler-a-d-helmut-schmidt-am-10-november-2015-in-berlin-848760.

二是善于妥协，屈伸有度。默克尔的性格中，处处显现平衡，她所表现出的典型性格特征背后，一定还有另一面加以互补。她虽然主导意识强，但同时妥协意识也与生俱来。1995 年，她担任施罗德内阁环境部部长期间主办了柏林气候峰会，当时就展现了极为出色的协调和平衡能力。因各方矛盾尖锐，会议陷入停滞，她作为主席，在 11 天的会期里，在约 160 个国家和地区代表之间奔走，最终避免了会议的崩盘，并发表了一份《柏林宣言》。默克尔后来在总结这次会议的经验时说："我们当然可以在一件事情上一直坚持最高的要求，永远都不妥协。但只要能让事情至少向前一步，就算不会得到一致的掌声，我还是会去做……也许到最后，所有参与者都感到心情恶劣时，妥协才是最好的办法。"① 她反对扩张性财政政策、反对债务共担的立场众所周知，但在危机不断延烧的政治现实下，她也对重债国、对欧洲央行多次作出妥协和让步。她与法国前总统萨科齐性格迥异，但不惜工本维系二人友谊，任凭外界质疑"默科齐"主导欧洲。原因在于默克尔清楚，一旦德法分歧被市场捕捉到，就会加剧债务危机，使其更加不可收拾。她曾用一周时间穿梭来往于乌克兰、俄罗斯、美国之间，以一场长达 16 个小时的马拉松谈判收获《新明斯克协议》后，却让时任法国总统弗朗索瓦·奥朗德出面主持新闻发布会，将"诺曼底四方会谈"（德国、法国、乌克兰、俄罗斯）的模式命名为"诺曼底模式"，将法国推向前台，既平衡了德法功劳，又多了个抗压同盟。她的传记作者施蒂凡·柯内琉斯就评价说："当她与对手争论一个问题时，她会用尺子来衡量两人观点的中间点在哪里。"②

二、默克尔的外交理念及其形成

默克尔并非战略大师。德国前外交部长菲舍尔在任此职前就出版了一本书，向外界解释他的世界观，默克尔从不这样做。我们甚至难以在她任职 16 年数不清的讲话中挖掘出关于外交问题的系统性、战略性的规划，她总是不厌其烦地针对某一个具体问题进行技术性解剖，却没有宏观的论述，这与马克龙等大国领导人的风格完全迥异。因此，我们很难用一个统领性的"某某主义"来解释默克尔的世界观，我们更多的是通过她的成长

① Stefan Kornelius, *Angela Merkel: Die Kanzlerin und ihre Welt*, Hamburg: Hoffmann und Campe Verlag, 2013, S. 58.

② Stefan Kornelius, *Angela Merkel: Die Kanzlerin und ihre Welt*, S. 58.

和执政经历来观察她对一些具体问题的认知，进而理解她的外交行为和决策方式。

（一）关于德国

默克尔这一代人出生于二战后，历史问题对她有所束缚，但束缚不像其前任那么深，默克尔并不愿将德国塑造为过去那样一味讨好和顺从他国的状态，而是强调独立思考和独立决策的权利。她认为要“找到属于自己的身份认同，最终能自然地看待那段共同经历的历史，并对作为一个德国人感到‘高兴’”。① 她避免使用“自豪”一词，但仍然对外作出了宣示，即勇于以“德国身份”定义德国外交。具体而言，一方面德国不是世界的中心或枢纽，但依然是支撑全体德国公民生命的一个载体，德国人将接受它的所有光辉和污点，德国“永不再发动战争，永不再走‘德意志特殊道路’”;② 同时，德国也将更为开放、更为现代，对外充满信心。另一方面，相当一段时期内，德国力量相对上升是一个不争的事实，面对越来越多的全球性挑战，“克制”将不再被认为是理所当然，德国要“走出舒适区”，尽管艰难，还是要努力参与到解决国际危机的进程中。③ 默克尔始终没有承诺要发挥“领导作用”，而是“承担责任”，但她主导下的德国事实上在许多问题上成为了领导者。不过，在默克尔即将卸任的时候，她对德国的作用又有了一些新认识，认为由于原来的国际力量平衡被彻底打破，德国在国际上的作用正在下降。也正因此，她更加主张德国采取“巧妙手段”塑造对外关系，而非“使蛮力”。

（二）关于一体化

默克尔成长于非欧盟国家（民主德国），她常常强调自己“是从外围视角观察欧洲”,④ 因此更为理性，与科尔、朔伊布勒等老辈政要相比少了一些浪漫主义色彩。她对于欧盟的认知，完全是在成长的过程中观察和学习积累来的。首先，默克尔对于欧盟给各个成员国所带来的利益具有完全

---

① Stefan Kornelius, *Angela Merkel: Die Kanzlerin und ihre Welt*, S. 95.

② Angela Merkel, “Nie wieder ein deutscher Sonderweg!”, In: Robin Mishra (Hrsg.), *Angela Merkel Macht Worte. Die Standpunkte der Kanzlerin*, Freiburg: Herder Verlag, 2010, S. 202.

③ Leon Mangasarian, Jan Techau, *Führungsmacht Deutschland*, München: dtv Verlagsgesellschaft, 2017, S. 50

④ Stefan Kornelius, *Angela Merkel: Die Kanzlerin und ihre Welt*, S. 216.

清醒的认识。她深知德国地域狭小、势单力薄，单打独斗必然面临新时代的淘汰，只有联合才能“自强”，维系欧盟是维护自身生存和利益的根本之策。但对于欧盟的组织方式，经历过欧盟宪法危机和《里斯本条约》谈判的默克尔，很务实地认识到建立统一的欧洲联邦几乎是天方夜谭，而且她对各国领导人能自主决定关键性问题十分满意，她不会为欧盟所谓“大多数国家的利益”而放弃德国利益和德国原则，① 也不会为了形式上的团结而放弃自己的原则。她深信，利益的边界就是国家的边界，在欧盟内也是如此。不过她也对欧盟内部这种权力博弈感到担忧：欧盟以成员国让渡权力为生，在权力的边界就可能产生摩擦，欧盟机构不可能获取所有权力，成员国势必会为自己争取更大权力，这正是欧盟面临的矛盾之处。也正因此，在推进一体化的进程中，默克尔与她的政治导师科尔晚年所持相同的立场，信奉“少即是多”，更注重一体化的质量而非速度。关于扩大，则只有自我约束、符合标准，才能获得联盟的资格，因为“尽管东德生活艰难，受到严格管制，但是我们能够尽最大努力地过好日子”。对于欧盟团结的核心是什么，默克尔给出的答案有三个词：多元、自由、包容。多元和自由是西方与生俱来的价值观，而对于看重国家利益的默克尔而言，将包容纳入核心价值观难能可贵。她曾表示：“我来自一个经历过经济崩溃的国家。在德国统一之时，我们幸运地得到西德帮助。现在，我们有幸有能力帮助欧洲其他国家。”② 这也是她在欧盟内的平衡之道。

（三）关于美国

默克尔的心中有着“两个美国”。在内心深处个人价值观上，默克尔推崇美国的新保守主义政治理念，崇尚自由民主。她出生于民主德国，童年的经历让她向往美国那样的“自由民主的世界”，上学以后更是形成了强烈的亲美观念。她曾一度悲观地认为，大概要到 60 岁才能“获准到美国旅游”，而 1990 年夏天第一次前往洛杉矶令她心潮澎湃。她是坚定的大西洋主义者，对美国的好感也根深蒂固，她认为德国既要推动欧洲一体化进程，又要维护好跨大西洋关系，在欧美之间做桥梁，在这样的基础上推

---

① Ralph Bollmann, *Die Deutsche. Angela Merkel und Wir*, Stuttgart: Klett - Cotta, 2013, S. 200.

② Angela Merkel, “Merkel: ‘Deutschland, das sind wir alle!’”, 21. März 2018, https://www.bundesregierung.de/breg - de/suche/merkel - deutschland - das - sind - wir - alle - - 838558.

动德国和欧盟发展。默克尔用“夫妻”关系来形容欧美关系，夫妻之间偶然争执是常见的，但分道扬镳绝没那么容易。特别是欧洲在经济和军事上还落后于美国，在很多情况下有求于美国，没有疏远美国的底气。虽然美国也有利用欧洲的一面，但美国本来就有资本将战略重心转移到别的地方，欧洲则在现实中难以脱离美国，如果欧洲奉行反美立场，不仅不会得到好处，反而将损害欧洲的战略与安全利益。

但在政治和外交层面，默克尔看到的美国则更为立体。默克尔对于“美国模式”的不认同感也随她任职时间而日益强烈。她认为，美国放任自由资本主义是有缺陷的，政府需要为资本划定界线，不能用纳税人的钱为银行家的贪婪买单；而美国则反驳默克尔的观点是“家庭主妇式”观念。默克尔毕生坚持的“对话、妥协、包容”理念，在美国身上越来越行不通，美国的反恐战争、单边主义日益打破默克尔心中“美国观”的平衡，以至于她最终发出了依赖美国的日子“一去不返”的感叹。

（四）关于中国

默克尔对于中国并没有“天然的亲近感”，但值得庆幸的是，具有科学家品质的默克尔采用科学的方式弥合了价值观差异可能带来的两国关系鸿沟。默克尔通过长期与中国接触，亲眼看亲耳听，形成了较为全面客观的中国观，基于此塑造了德国十余年来务实的对华政策。默克尔的中国观包括如下几大重要认知。

第一，中国成为“经济巨人”意义重大。过去 30 年，中国经济一直保持高速增长，占世界经济比重由 1.7% 上升到 16.3%，同期德国经济占比则从 6.8% 降至 4.5%。超过 1 亿中国人摆脱贫困，中国为改善人类福祉作出了巨大贡献，西方必须客观看待之。第二，政治差异并不必然带来威胁。在政治制度和价值观方面，中西方有较大分歧。但中国有自己的思维逻辑和治理方式，且事实证明其行之有效。中国与冷战时的社会主义国家不同，区别在于中国取得了经济上的巨大成功。中国的成功之道更多在于勤奋、敢于创新以及科技领域的实力，西方国家不应简单将中国经济成就视为威胁，可就此进行建设性讨论，但不应采取敌视中国的态度。第三，西方国家不应与中国“脱钩”。中国与西方国家既有竞争也有合作，二者并非对立，应注重平衡而非寻求“脱钩”。中国在过去的 2000 多年里一直处于世界领先，近代 200 年在其 2000 多年的历史中属于“例外”，因此中国崛起只是“回归常态”。西方人往往只关注近代 200 年，因此对中国崛起感到意外，未来西方国家必须接受中国崛起的现实。德国不可能与中国

“脱钩”，事实上在全球化产业链中也无法做到“脱钩”。欧洲已不再是“世界中心”，减少外部合作伙伴也将损害自身应对全球挑战的能力。①

（五）关于世界秩序

自由位于默克尔价值观的顶端，她在所谓“没有自由的制度”下生活了35年，又亲眼目睹了国际社会数不清的冲突和艰辛改革，于是将自由置于一切政策的核心。但自由并不孤立存在，想要获得自由，就必须保障他人的自由，否则大家都不自由。为此，每个人都要承担责任、展现包容，以创造良性秩序，为自由保驾护航。默克尔常说，“国家是秩序的守护者”,② 在国际上也是如此，守护秩序就是每个国家应当承担的“国际责任”。关于“秩序”，战略学家理查德·哈斯将其称为“一个国家避免使用武力来实现外交政策目标的努力”,③ 这颇合默克尔之意。国际上的良性秩序，对默克尔而言就是“普遍关联、合作共赢的多边主义”，这是二战后最宝贵的经验。哈斯说，“20世纪初世界秩序崩塌的一个解释就是：由才华卓绝的俾斯麦一手打造的强大的普鲁士帝国传承到缺乏处理与邻国关系智慧的人手中，没落成为不可避免的宿命”。④ 如今“邻国”的范围大大拓展，默克尔打破了许多德国政治家固有的“敌友”观念，运用“博弈论”的思维,⑤ 联合可以联合的伙伴，为世界秩序增加定数。

三、围绕“默克尔主义”的争论

我们常常喜欢以“某某主义”为政要们盖棺定论，常见的有杜鲁门主

---

① Lionel Barber, “Transcript: ‘Europe is no longer at the centre of world events’”, *Financial Times*, January 15, 2020, http: //www. ft. com/content/00f9135c – 3840 – 11ea – a6d3 – 9a26f8c3cba4.

② Angela Merkel, “Der Staat ist Hüter der Ordnung”, In: Robin Mishra (Hrsg.), *Angela Merkel macht Worte. Die Standpunkte der Kanzlerin*, Freiburg: Herder Verlag, 2010, S. 51.

③ ［美］理查德·哈斯著，黄锦桂译：《失序时代：全球旧秩序的崩溃与新秩序的重塑》，北京：中信出版社，2017年版，第8页。

④ ［美］理查德·哈斯著，黄锦桂译：《失序时代：全球旧秩序的崩溃与新秩序的重塑》，北京：中信出版社，2017年版，第11页。

⑤ Ralph Bollmann, *Die Deutsche. Angela Merkel und Wir*, Stuttgart: Klett – Cotta, 2013, S. 182.

义、戴高乐主义等，就连只有一届任期的萨科齐，也被赋予了“萨科齐主义”。① 过去16年中，德国对外政策打上了默克尔的深刻烙印，因此有一些学者将此归纳为“默克尔主义”，以此来总结默克尔时代的德国外交。默里茨·艾格与亚历山大·加拉斯合作的《不堪重负的默克尔主义》一文以“默克尔主义”为研究对象，分析其来源、发展、高潮并认为其逐渐难以适应形势，是目前为数不多较为全面的对“默克尔主义”进行理论归纳的研究成果。两位学者将“默克尔主义”定义为默克尔政府应对经济、政治、文化危机的主导模式，其突出特点是以解决问题为导向、以“共识政治”为基础的“技术官僚”的行为方式。在外交层面，“默克尔主义”秉持务实原则，采取灵活决策方式，更强调政策的“技术性”而非“政治性”，可以根据民意或利益因素随时进行调整甚至逆转。“默克尔主义”总体发挥了良好的效果，特别是在应对金融和欧债危机的实践中得到了检验，成为默克尔的“巅峰时刻”。但随着德国“共识政治”传统逐渐减弱，民粹主义和极右翼势力上升，“默克尔主义”也逐渐走向没落。② 英国《经济学家》杂志2017年9月刊登的文章《默克尔主义的三大支柱》引起学界广泛关注，指出“默克尔主义”的内涵：一是道德驱动，而非纯意识形态驱动；二是决策机制为反应型，而非程序型；三是保持距离，而非情感式沉浸。这些特质无关乎好坏，应对当前形势十分有效，但并不一定适应未来。③

我们总体认为，对于一位“危机总理”“战术大师”而言，默克尔并没有一种特定的理论指导其外交决策，她的许多外交行为，与她的成长经历、性格特点、阅历认知有很深的关系。正如约阿西姆·克劳泽所说，外界热议的“默克尔主义”，更多是对默克尔个人行事风格的总结，很难上升为一种主义。④ 从国内研究成果来看，尽管这一词语偶尔出现在部分论述当中，但尚鲜有成体系的关于“默克尔主义”的研究成果，显示这一概

---

① 陈新丽：《“萨科齐主义”（Sarkozysme）评述》，《法国研究》，2011年第1期，第68—71页。

② Moritz Ege & Alexander Gallas, “The Exhaustion of Merkelism: A Conjunctural A-nalysis”, *New Formations*, London: Lawrence & Wishart, 2019, pp. 89 – 131.

③ J. C. , “The three pillars of Merkelism”, *The Economists*, September 9, 2017, p. 21.

④ Joachim Krause, “Gibt es eine Merkel – Doktrin?”, *Internatioanle Politik*, Januar/Februar 2013, S. 100.

念也尚存在争议，并未被广泛接受。当然，这不妨碍我们在非严格学术意义的舆论和政策层面使用这一称谓，毕竟这可以很形象地概括出默克尔的一些特点、一种独特的领导艺术：反对“专制型领导”，但又能创造足够权威；既深入民众中心，从细节感知国家需求，又能剥离琐碎细节，从宏观角度审视和决策。默克尔将这两种完全相悖的治理能力综合于一身。①

第三节　个人在历史中的作用

默克尔时代，德国外交经历着一次重要转型。在前文中，我们分析了德国这一转型的推动因素，包括内外形势变化以及默克尔作为总理所具有的一些独特个性。那么我们不禁要问，德国走向“领导与塑造者”的过程中，默克尔究竟发挥怎样的作用？是默克尔促成了德国外交的转型，还是德国外交转型成就了默克尔？事实上，这个问题涉及个人在历史中的作用问题，通俗讲就是“时势造英雄”还是“英雄造时势”的问题，这是马克思主义历史辩证法思想的一个重要问题。

马克思、恩格斯就个人在历史中的作用问题形成了一套较为完整的理论，著名马克思主义哲学家普列汉诺夫在继承相关理论的基础上，又作了一些新阐释，深刻地揭示了个人与历史的关系。马克思、恩格斯是从历史的必然性与偶然性这对关系出发研究这一问题的。

首先，马克思主义认为，历史的发展有其必然性。由于生产力决定生产关系，随着历史的发展和生产力的提高，生产关系的调整意味着人际、国际关系都会自然而然发生变动，从而推动历史发展。这不以某个人的意志为转移，这种规律性就是历史的必然性。俄罗斯作家车尔尼雪夫斯基曾说过：“伟大的世界性事件的进程，像大河奔流一样必不可免和无法阻挡。”② 马克思、恩格斯认为，个人的自由实际上是受到历史必然性的约束，个人不可能脱离历史必然而任意自由地发挥作用，违背历史必然的个人行为也无法改变历史行进的方向，这正所谓“自由是对必然的认识”。

其次，历史发展的必然性是透过偶然性表现出来的，而个人的作用就

① Phillip Olterman, “The paradox of Merkelism”, January 29, 2020, https://www.prospectmagazine.co.uk/politics/angela-merkel-profile-trump-germany-chancellor-prime-minister.

② ［俄］尼古拉·车尔尼雪夫斯基著：《车尔尼雪夫斯基全集（第3卷）》，北京：生活·读书·新知三联书店，1962年版，第644页。

存在于这些偶然性当中。马克思主义认为，如果个人能够认识并遵循历史的必然性，那么他反而可以一定程度摆脱必然性的约束，从而创造性地发挥个人能动性，达到改造社会、加速或优化历史进程的作用。因为其个人能动性的发挥，是在充分尊重历史规律基础上做出的，有其正向作用。正因如此，马克思主义在承认历史必然性的同时，也强调不可忽视个人等偶然性因素，其中最重要的是某些强有力的个人的出现。马克思就曾说过："如果'偶然性'不起任何作用的话，那么历史就会具有非常神秘的性质……历史发展的加速或延缓很大程度上取决于这些'偶然'情况。"① 当然也不能过分夸大特定个人的作用，例如某些杰出人物或英雄的出现，一定程度影响了历史进程，这看似属于偶然现象，但事实上如果这个特定的人物没有出现，则一定会出现另一个人来代替他。用马克思的话说，就是"每一个社会时代都需要有自己的伟大人物，如果没有这样的人物，它就要创制出这样的人物来"。② 所以，偶然现象的发生也是历史必然所决定的，而反过来偶然性现象的积聚最终会影响到历史的进程。历史的发展，最终是历史必然性和个人偶然性因素的统一。

最后，历史是"合力"的结果。《恩格斯致约瑟夫·布洛赫》指出，历史是这样创造的：许多意志相互交织作用，最后所产生一个总的结果。每个人物都在追求自己抱定的目的，可能按照不同的程度、方向发力，但他们并不一定能达到自己所期望的结果，历史的发展将是一种中和的、中间的结果。每个个体都参与到这个合力当中，同时也受到这个合力的限制。③ 因此，历史的发展实际上具有复杂性，一方面要遵循一定的客观规律，即必然性；另一方面受不同的个人意志、情感等合力作用，即偶然性。后者将使前者呈现出更多元、丰富的特点。另外，个体的力量在相互碰撞的同时会排列组合，形成新的集体力量，这一新的集体力量，实际上是个人行动积蓄起来的结果，因此研究个人在历史上的作用，必须要与其

---

① ［德］马克思：《致路·库格曼》，载人民出版社编《马克思主义经典作家论历史人物评价问题》，北京：人民出版社，1961 年版，第 22 页。

② ［德］马克思：《一八四八年至一八五〇年的法兰西阶级斗争》，载人民出版社编《马克思主义经典作家论历史人物评价问题》，北京：人民出版社，1961 年版，第 33 页。

③ ［德］恩格斯：《恩格斯致约瑟夫·布洛赫》，载人民出版社编《马克思主义经典作家论历史人物评价问题》，北京：人民出版社，1961 年版，第 27 页。

所处的环境联系起来，个人在历史中的作用也受到社会条件的制约。① 倘若没有适当的条件，即使强有力的个人出现，也难以对历史进程施加影响。我们来看默克尔对她主政下的德国外交究竟起怎样的作用。

第一，必须明确的是，默克尔时代德国外交的转型，属于“历史的必然”，其由一个“非正常国家”，逐步走向“领导与塑造者”，是遵循历史规律的表现。马克思主义认为，没有人能强迫社会去接受已经不适合生产力状况的关系。默克尔时代，德国过去那种消极被动的外交政策已不能够适应其国力和国际地位的新变化，必须进行调整。其最根本的推动力，包括本章第一节所述，历史制约因素的逐渐淡化、德国自身实力的积累、百年变局下内外环境变化等，这都不以个人意志为转移。这一时期默克尔这个人物的出现就属于马克思所说“历史的偶然”，即使这一时期不是默克尔执政，德国的国情及其所处的国际环境也依然如此，因而也会有类似默克尔的人物和决策出现，德国外交也将呈现类似的效果。著名的铁血宰相俾斯麦就曾否认他可以“创造历史”。他在 1869 年 4 月 16 日的议会演讲中说过：“我们既不能忽视以往，也不能创造未来，我要警告各位，有些人想要通过把表针往前拨一拨就加快时间的流速，这实在是一种错误。”② 默克尔本人也表达过类似的意思，即她本人只是尽了作为总理应尽的职责，并未考虑过“书写历史”的问题。从这一意义上说，默克尔在外交上的成就属于“时势造英雄”，是这个时代成就了默克尔。

第二，默克尔以其独特的执政风格和理念，客观上推动德国以更加适合其国情、国力的方式参与到全球外交当中，她对德国外交的转型起到了正向促进作用。历史的必然性是透过偶然性表现出来的，德国外交转型这个“历史必然”中也表现出了鲜明的默克尔这个“偶然因素”的印记。杰出人物对于历史的积极推动作用从来就被视为“公理”所广泛认可，默克尔之于她所在时代的德国外交，也的确发挥着核心作用。普列汉诺夫说：“伟大人物之所以伟大，并不是因为他的个人特征给历史留下了其个人印记，而是因为他具备的素质使他最有能力服务于他所在时代的需要。”③ 如

① 王向清、沈款：《唯物史观视域下个人历史作用论析》，《湖南科技大学学报(社会科学版)》，2020 年第 4 期，第 108—109 页。

② George V. Plekhanov, *Fundamental Problems of Marxism*, New York: International Publishers, 1971, pp. 150 – 151.

③ George V. Plekhanov, *Fundamental Problems of Marxism*, New York: International Publishers, 1971, p. 176.

本章第二节所述，默克尔有着诸多独特性，而她的个性和理念又恰恰更好地适应了大变局下各方的需要，从而推动外界对德国的期望值上升。例如，她有着外界常常忽视的权力欲望和决断力，这决定了她更能适应时代的呼唤，适时推动德国外交向积极有为迈进，同时她又有相当的理性思维，善于“守拙”，不会随意“有为”；她有着科学家的严谨务实风格，在危机频发的时刻能够冷静从容地寻找务实之策，相较同时代的诸多领导人更适合于在危急时刻发挥引领作用；她注重平衡，同理心较强，不走极端，这就决定了她所领导的德国在外交风格上更倾向于通过搭建桥梁、促进对话、推动妥协等方式解决冲突，这符合更广泛民族国家和民众的心理期待。总之，默克尔在德国外交濒临转型的关键时刻走上了历史舞台，她以独特的领导力引领和推动了这一转型进程，使得德国外交显现出了鲜明的默克尔特色。

第三，默克尔对德国外交转型的推动作用同时也受时代、环境及其他个体的影响。换言之，默克尔时代德国外交并非只体现默克尔一人之力，而是这一时代各方合力作用的综合效果。个人因其具有某些独特性或英雄主义举动而能够影响到社会和历史的发展，同时个人的这些特性也必须适应于其所处的环境，并被当时的社会关系所容忍；在遇到周围环境的阻碍时，个人作用将相应有所减弱。总体而言，默克尔在其长达 16 年的任期中顺应了德国发展的需要，保持了国内政治的长期稳定，经济持续增长，参与应对危机，参与全球治理等，在这些过程中积累了相当的威信，其执政理念、政策实践得到了绝大多数同僚和民众的认可、支持，这是默克尔能够较为顺利推行其外交理念的重要保障。但与此同时，在不同的时间点，默克尔也遭遇到各种各样的困难、挫折，特别是执政后半期，部分决策考虑不周、遭到反对的情况也屡屡发生，德国内政争斗加剧也限制了她的行动力，她的外交决策因此并非全都具有积极正面效果。例如其较为开放的难民政策广受抨击，她想要推动欧盟改革接受难民规则未能成功；她对法国的欧洲改革倡议持审慎态度，本意是想稳妥推进一体化，却被视为阻碍改革、阻碍德国“有为外交”之举；在她任内，德国在能源上加大了对俄罗斯的依赖，但也束缚了德国对俄罗斯政策的灵活性。因此，德国外交转型是一个复杂的系统工程，默克尔是一个关键因素，但绝非唯一因素。德国走向“领导与塑造者”，更是国际环境、地缘博弈等因素合力作用，加上默克尔及其身边人共同推动所形成的历史进程，而且这一进程仍在演进当中。

第三章　在西方联盟内扮演“领导者”

德国承担更大责任、发挥领导作用，可以从同盟体系和全球两个层面来分析。本章内容将聚焦在西方联盟内，考察德国在同盟体系内的作用。由于自身力量所限，德国在全球发挥作用很大程度上要依靠与伙伴国联手，欧盟成员国和位于大西洋对岸的美国、加拿大等国是德国尤为倚重的对象，欧洲一体化与跨大西洋关系因此数十年来一直是德国外交政策的两大支柱，出现在各类官方文献当中。默克尔时代，德国国力不断上升，特别是在应对一系列危机的过程中，尽管并不是主动追求的结果，但事实上成为了西方联盟中极为重要的一支力量，在欧盟内扮演了“事实上的领导者”，在欧美同盟中力求发挥稳定性、引领性作用。

第一节　领导欧盟应对危机

默克尔被誉为“危机总理”，其任内先后经历全球金融危机、欧债危机、乌克兰危机、难民危机、欧盟分离主义危机、新冠疫情危机等。其应对表现丰富多元，包括依托自身实力在欧盟内发挥了稳定局势的作用，保证危机不会无限恶化下去；根据内外需要，充当“救助者”角色，实实在在拿出真金白银；在指挥应对危机的过程中，尽力扩大自身话语权，尽可能使德国认定的规则转化为欧盟规则，在欧盟内扮演“事实上的领导者”。

一、应对欧债危机

从默克尔上任不久的2008年起，全球金融海啸爆发开启了默克尔应对危机的总理生涯。如果说全球金融海啸是对各国政府治理能力的一次考验，是一项“普遍性测试”，那么随之而来由其引爆的欧洲主权债务危机对德国的冲击显然更大，成为默克尔政府应对外部危机的第一次重大考验。

2009年底，希腊主权债务危机率先爆发并蔓延整个南欧，危急的形势愈演愈烈，甚至多次出现重债国退出欧元区的危险。在整个过程中，德国作为关键性力量，在首先保证自身经济稳定的前提下，坚持并推行几条原则，其做法对于欧元区走出债务危机意义重大。

第一，“做好自己的家庭作业”。欧盟作为一个政府间机构，突出特点是无法像主权国家一样运作，包括欧盟机构并无权力进行财政转移，欧洲央行也不能直接救助成员国，这一“不救助原则”被写入《欧洲联盟条约》第125条第1款,[①] 作为一项基础性规定一直为德国严格执行。在德国看来，希腊等重债国先后陷入严重债务危机，最根本原因在于它们没有遵守欧盟制定的财政纪律，过度举债，如果都能像德国一样自律，根本就不会发生危机。因此对于“犯错误者”，必须先自行改正错误，即“做好自己的家庭作业”，其次才能考虑接受帮助的路径。

紧缩是“德版”债务危机解决方案的核心，既包括削减赤字和债务，也包括推行金融、银行、劳动力市场等结构化改革。在希腊债务问题显露之初，德国坚持不予救助，尽管欧盟峰会承诺通过适当方式帮助部分成员国走出危机，德国态度依然冷淡，默克尔多次表示，“没有改革，就不要指望救助”。纵观整个债务危机期间，德国政要的公开表态都异常严厉，默克尔甚至以“只要我活着，就不可能出现债务共担”[②] 来打消重债国完全指望德国援助走出危机的念头。形式上的“欧元债券”是德国财政政策的“红线”，至今仍为德国所严词拒绝。德国这种强硬的态度奠定了其在欧盟内“领导者”的基本形象。尽管后期随形势不断恶化，德国在救助问题上态度有所改变，但迫使重债国紧缩和改革的态度始终保持强硬。包括德国主导救援及欧元区机制建设都明确将各国平衡各自财政收支、开展结构性改革等列为前提，同时将减债指标明确写入宪法。德国虽因此受各方压力，但并不为所动。时任德国财政部长沃尔夫冈·朔伊布勒一度扮演了对希腊等国唱红脸的角色，他的应对危机理念事实上很简单：“谁造成了风险，就必须承担起责任……节制与适度就是这个社会的核心价值。”[③] 这

---

① 程卫东、李靖堃译：《欧洲联盟基础条约：经〈里斯本条约〉修订》，北京：社会科学文献出版社，2010年版，第94—95页。

② “Keine Euro – Bonds，solonge ich lebe”，*Der Spiegel*，26. Juni 2012，http：//www. spiegel. de/politik/ausland/kanzlerin – merkel – schliesst – euro – bonds – aus – a – 841115. html.

③ ［德］沃尔夫冈·朔伊布勒著，晏小宝译：《未来必须节制：我们从金融危机中学到什么》，北京：商务印书馆，2017年版，第56、61页。

清晰明了地体现了债务问题上的“德国规则”。

第二，必要时实施有条件救助。二战后德国自身的稳定与发展与欧盟紧紧捆绑在一起，而且欧元是德国将经济实力投射到政治影响力上的重要媒介，一个普遍的共识就是，欧洲央行的运作以德国央行为蓝本。因此，如果危机无限扩散，欧元区乃至欧盟发生动荡，最终也将危及德国自身。事实上早在危机初期，默克尔就表示过“欧元亡则欧洲亡”,① 暗示其不会任由危机恶化，德国始终具备救助和引领欧盟的政治决心，但在手段上必须符合“德国规范”。德国应对欧债危机的过程是在坚持原则和维护自身利益、坚守传统规范与解决现实威胁之间维持平衡的过程。②

随着希腊债务问题不断扩散至爱尔兰、西班牙、意大利、葡萄牙并有向法国蔓延的趋势，德国意识到必须有所作为，及时止损。但德国的介入，始终坚持不触碰“债务共担”的红线，即以成员国身份直接进行资金拨付，坚持将欧盟、国际货币基金组织纳入救助体系，通过一套面向市场的操作方案实现帮助债务国融资。尽管德国在这些机构中仍是最大出资方，作为欧盟最大经济体，任何救助项目德国所承担的比例大约都超过1/4,③ 但这从名义上避免了踩红线。2010 年 5 月 10 日，上述参与方共同启动了“金融稳定基金”，用于援助希腊；2011 年，德国又领导欧盟将其拓展为总额7500 亿欧元的“欧洲金融稳定机制”，可以欧盟预算为担保在金融市场融资。随着危机蔓延，经过多方博弈，德国同意将该机制进行增资和扩权，最终于 2012 年 10 月形成了欧元区一个永久性救助基金“欧洲稳定机制”，其中德国认缴份额达 27%。此外，欧洲央行也配合出台了多轮“长期再融资操作”，释放大量流动性；2012 年 9 月，欧洲央行出台“直接货币交易计划”，在二级市场无限购买欧元区国家债券，以此帮助降低部分国家国债收益率；2015 年 3 月起，欧版“量化宽松”问世。这些举措与德国传统财经思路明显不符，时任德国央行行长延斯·魏德曼一再对相关

---

① Renate Ohr, Gustav Horn, “Der Euro und die Schuldenkrise kontrovers”, *Aus Politik und Zeitgeschichte*, 65 (52), 2015, S. 35 –42.

② Frank Wendler, “End of Consensus?”, *German Politics*, No. 4, 2014, p. 456.

③ Wolfram Hilz, *Deutsche Außenpolitik*, Stuttgart: Verlag W. Kohlhammer, 2017, S. 105.

做法表示反对，称“不能以牺牲货币政策的独立性来换取财政政策上的收益”。① 但德国政府幕后却对欧洲央行的做法予以默许。当然，重债国不可能毫无代价获得上述援助。在德国的要求下，上述机制都附带了严苛的紧缩和改革要求，并通过法律条约的形式要求受援国予以执行。

第三，强化制度约束。2012 年 3 月，除英国和捷克以外的 25 个欧盟成员国签署了一项《财政契约》，核心目的是通过加强监管来促进紧缩。德国将救助机制与《财政契约》相挂钩，也可为德国主导下的救助行动提供“合法性”，即“以改革换救助”。《财政契约》规定，各国应尽力实现财政平衡，年度结构性赤字不超过 0.5%，并将此写入宪法；引入自动惩罚机制，若成员国违反欧盟财政纪律，赤字和债务分别超过国内生产总值的 3% 和 60%，欧盟委员会可予以罚款，罚金可达国内生产总值的 0.1%。此外，救援过程中，德国还主导强化了监督体系，由欧洲央行（出资方）、欧盟委员会（《财政契约》执行方）、国际货币基金组织（救助参与方）组成的所谓“三驾马车”，既是救助机制的执行者，也对任何接受援助资金的国家进行监督，包括救助资金使用、财政紧缩力度以及结构性改革进程，确保德国设定的救助原则得到完全贯彻。

严苛的制度不仅针对希腊。2013 年 4 月，就在人们普遍感到欧债危机形势大幅缓解的时刻，塞浦路斯这个地中海岛国突爆金融危机，给欧盟银行业造成重大冲击。塞浦路斯危机所涉金额仅 100 亿欧元，完全在欧盟救助能力范围内，但在德国的主导下，欧盟仍对救助附加了异常严苛的条件：一是对塞浦路斯前两大银行 10 万欧元以上存款减记，塞浦路斯第二大银行大储户减记高达 80%。二是拆分塞浦路斯大众银行，其优质资产及 10 万欧元以下存款由第一大银行塞浦路斯银行接管，其余进行资本重组。三是塞浦路斯银行进行严格的资本管制，防止挤兑。这些措施严厉程度大大超过救助希腊，主要原因在于：塞浦路斯是小国，经济规模有限，且危机主要集中于银行业，对大储户实施减记风险可控。最重要的是，德国始终认为规矩不能逾越，塞浦路斯是有名的避税天堂，银行规模又过于膨胀，对重债国风险敞口过大，正是德国整饬财政纪律的有力抓手，可以以儆效

---

① Jeff Black, Rainer Buergin, “Weidmann Says ECB Council Skepticism About Bond Buys Growing”, *Bloomberg*, December 15, 2011, https: //www. bloomberg. com/news/articles/2011 – 12 – 14/weidmann – says – ecb – council – growing – more – skeptical – about – bond – buys.

尤。塞浦路斯体量虽小象征意义却十分突出，其退出欧元区也是德国所不愿看到的，故而在必要施压的基础上进行救助是德国政府主要的行为导向。

在整个应对欧债危机的过程中，德国的领导作用突出地显现出来，主要体现在以下几个方面。

一是“示范性力量”。德国引领欧盟应对债务危机，背后的力量源自其自身经济实力。纵观债务危机持续的几年里，德国实现了经济稳定较快增长，国内生产总值增速甚至远远超过债务危机结束后的几年，可以说是德国的第二次“经济奇迹”。在遵守财政纪律方面，德国更加注重“以身作则”，2009 年就将“债务刹车”写入《德意志联邦共和国基本法》，大力整顿债务超标问题。自 2015 年起，德国政府停止新增债务，经过四五年的时间，将国债占国内生产总值比重重新拉回到 60% 以下的欧盟规定范围内；2015 年，德国首次实现了财政收支平衡，此后数年均实现财政盈余。德国以身作则，增强了“德国规则”的示范作用，为其推行自身模式奠定了基础。

二是“规范性力量”。在示范之后，德国很快就尝试将自身做法上升为集体规则，欲以规则框定他国的行为。无论是“欧洲稳定机制”还是《财政契约》，无不显示德国的经济理念和规则观，德国将自身经济实力转化为了欧盟话语权，具备了制定规则的权力。德国所反对的，往往难以得到执行，例如南欧国家不懈推动的“欧元债券”；而德国坚持的原则，其他国家一般“反对无效”，例如，《财政契约》中对于纪律约束的严苛性，包括法国在内的不少国家并不赞同，但即使法国主张重新谈判，也没能扭转德国的政治决心，最终欧盟 27 国中的 25 国均服从于这一安排。从效果上来看，尽管言语上予以抵制，接受救援的国家最终都无一例外接受了德国设定的紧缩条件。希腊实施了数轮紧缩措施，一次严于一次；意大利仅 2010 年、2011 两年就实施四轮紧缩，力争实现预算平衡；西班牙和葡萄牙的紧缩措施还一度得到德国的“表扬”。

三是“强制性力量”。在紧缩与反紧缩的博弈中，德国的国家权力得到更大程度巩固，这突出体现在与希腊博弈的过程中。2011 年 7 月，希腊计划通过公投否决紧缩措施，德国立即施压欧盟暂停发放援助金，逼迫时任希腊总理安德烈亚斯·乔治乌·帕潘德里欧放弃计划。2015 年，希腊的激进左翼联盟上台后，实施了“反紧缩”公投，一度引发希腊退出欧元区的风险。但德国并不为所动，坚决拒绝在规则上让步，时任德国财政部长沃尔夫冈·朔伊布勒声称“做好希腊退出欧元区的准备”，甚至还提出了希腊暂时退出欧元区5年的建议。默克尔也认为希腊有序退出欧元区是“可行的选项”。这一强硬立场最终对希腊构成巨大压力，最终在法国等国调停下，希腊全盘接受德国的要求，继续实施紧缩。由此可见，德国是以自身“融资能力”换取其他欧元区成员国“财政权”，[①] 已经一定程度将自身经济实力投射为对他国的强制力。

四是“援助性力量”。应对危机归根结底取决于实力的强弱，再加上每个国家的实际国情、思维模式、政策传统均有巨大差异，德国发挥上述三种力量，总要遭遇现实中的种种障碍而难以达到预期效果。即使最终运用强制力乃至实施惩罚，改善状况也并非一朝一夕的工夫。鉴于德国本身是欧盟内最大经济体，恢复力又强，而且德国深知自身利益与欧盟、欧元区紧密捆绑，一损俱损、一荣俱荣，故最终拿出真金白银帮助他国成为必然选项。在欧盟各类救助机制，例如“欧洲稳定机制”以及后续的欧洲央行购债计划中，德国始终都是最大出资国。也正因此，德国通过“援助性力量”进一步确保了自身“规范性力量”和“强制性力量”的有效性。无论愿意与否，欧盟及其成员国在救助规则的设定上必须主要听从德国的安排。

值得一提的是，默克尔领导的德国政府，在具体应对过程中注重平衡使用上述四方面力量，不会过分突出某一种力量，尽力维持应有的平衡。既要成员国受到一定约束，不能任意行事，不能推动危机恶化，又要注重维护团结，避免破局，在此过程中力图让一体化取得新进展。

二、应对难民危机

与欧债危机不同，2015年突然爆发的难民危机与德国自身政策选项有着较大关联，德国也因此必然地承担起解决这场危机的责任。

难民危机的爆发并非完全无章可循，2011年发生西亚北非局势动荡后，从中东国家逃离出来的难民就源源不断地跨过地中海来到欧洲寻求安宁。2014年，随着恐怖组织“伊斯兰国”日益坐大，更多难民背井离乡，这支难民大军在2015年下半年形成高潮，给欧洲国家造成接纳、安置、遣返等一系列难题，加大了成员国之间的分歧，还因为难民当中极易潜藏极

① 赵柯：《德国马克的崛起——货币国际化的政治经济学分析》，北京：中央编译出版社，2015年版，第114页。

端伊斯兰恐怖分子，加剧了欧洲本就严峻的恐情，刺激了欧洲社会的民族主义和民粹主义情绪。这其中德国的表现十分关键。

第一，危机爆发之初，德国以一己之力承担起较多接纳、安置难民的重任，但客观上刺激了更多难民涌入欧盟，加剧了危机。德国因经济状况优渥，又是东西欧交界国，交通便利，易于随时转往第三国，周边北欧国家吸引力高等因素，一直是不同路线难民前往欧洲后的主要目的国。① 危机之初，默克尔本来对接受难民态度谨慎，但受民意裹挟，很快转变为积极接纳。2015 年 7 月，在与青少年一次互动活动中，默克尔“无力接纳过多难民”的表态使巴勒斯坦难民女孩丽姆委屈流泪，民众一边倒批评默克尔“冷酷无情”，纷纷要求展现“人道主义”情怀。② 9 月初，匈牙利采取边境竖铁栅栏、强行遣返等措施阻拦汹涌而来的难民，与难民发生冲突，后出动军警，开水炮并发射催泪瓦斯。冲突升级背景下，德奥两国认为可能出现暴力镇压甚至伤亡，特别是德国面临家门口可能出现的人道主义灾难，不可能袖手旁观，于是率先打破欧盟关于接纳难民的《都柏林协议》，允许滞留匈牙利的难民不经登记进入德国。默克尔做出对难民“门户开放”决定事实上符合其决策特点，“听从大多数”，但这一举措具有很强“激励”效应，随后越来越多的难民通过中东欧、地中海等通道涌入欧洲，向德国进发，导致全年进入欧盟的难民超过 100 万人。匈牙利总理欧尔班·维克托对此十分不满，认为匈牙利在履行法定职责守护欧盟边界的同时，德国却一手造成了难民危机。

德国积极接纳难民并不仅出于内政考虑。欧盟早在 2015 年 5 月就提出帮助希腊、意大利等南欧国家分担难民负担的建议，但遭到法国等北部成员国的反对，致使欧盟迟迟未能拿出统一解决方案，而德国出于一定的道德意识③和“大国意识”，临时放弃了《都柏林协议》对难民抵达第一国

---

① Antonia Scholz, *Warum Deutschland? Einflussfaktoren bei der Zielstaatssuche von Asylbewerbern: Ergebnisse einer Expertenbefragung*, Nürnberg: Bundesamt für Migration und Flüchtlinge (BAMF), 2013, S. 89 – 95.

② Hortense Goulard, “Angela Merkel Reunited with Tearful Refugee”, *Politico*, July 14, 2016, https://www.politico.eu/article/angela-merkel-reunited-with-tearful-refugee-reem-sahwil-palestinian/.

③ 在接收难民的问题上，德国一直怀有道德压力：一是二战期间纳粹德国在受侵略国造成大量难民流离失所，德国至今仍怀有道德亏欠感；二是两德分裂时期，不少民主德国难民前往联邦德国避难，受到友好相待，德国更能体会难民的难处，有意加以回报。

的相关规定，承担起“门户开放”接纳难民的重任。德国为此投入巨大，增加登记和审核力量，要求各州分担接纳难民（还因此遭遇部分州政府抵制），兴建大量难民营并向难民提供生活补助，初期还允许难民家属探望。联邦政府预计每年为难民安置投入的预算达50亿—100亿欧元。

当然德国显然低估了难民问题的复杂性。放松管制手段导致超大规模难民涌入，扰乱了难民沿线国民众的正常生活秩序，同时带来了巨大安全隐患。2016年新年夜，科隆发生难民参与的大规模性侵、盗窃案；7月下旬，德国一周内发生3起难民参与的恶性袭击事件。长期来看，难民的融入更为棘手，赴欧难民因能力所限，很难从事专业性质工作，不少难民出于文化差异或个人素质等原因拒绝工作，若脱离政府救助，居于社会底层，生活困窘，被视为“二等公民”，都会令其成为社会“不稳定因素”。安全事件频发是难民问题之所以被称为“危机”的一个重要因素。

第二，德国在意识到力不从心后，逐步收紧了难民政策。默克尔在承认前期政策存在瑕疵的同时，一步步实施了停止难民亲属团聚、减少生活补助、设定难民上限等措施，遏制住了难民过快流入欧盟的势头。同时，德国转向继续通过欧盟寻找集体解决危机之道，核心是推动欧盟成员国共同分担安置难民，既减轻自身压力，也实现公平，减少意大利、希腊等边境国的抱怨。在德国强推下，2016年9月，欧盟理事会罕见地用“多数表决”而非惯用的“全体一致”方式强行通过了欧盟28国共同接纳16万难民的方案。这一做法引起中东欧国家的强烈反感，虽然波兰政府屈服于德国的压力，但匈牙利、捷克、斯洛伐克、罗马尼亚投了反对票。中东欧国家普遍家底较薄，也没有德国因历史原因带来的道德包袱，对于被迫接纳难民十分反感。斯洛伐克声称“只接受基督教难民”；① 匈牙利总理欧尔班抨击德国在推行“道德帝国主义”。② 强制配额制难以完全推行，德国继续推动欧盟逐步改革难以为继的《都柏林协议》。2016年2月，欧盟内政部长会议就建立新的欧洲边境和海岸警卫队、对欧盟边境外部难民严格身份查核等达成一致；3月16日，欧洲议会建议建立欧盟统一的难民等级和审

① “Slowakei will ausschließlich christliche Flüchtlinge”, *Der Standard*, 20. August 2015, https://www.derstandard.at/story/2000021010561/slowakei-will-ausschliesslich-christliche-fluechtlinge.

② “Orbán wirft Merkel moralischen Imperialismus vor”, *Süddeutsche Zeitung*, 23. September 2015, https://www.sueddeutsche.de/bayern/csu-klausur-orban-wirft-merkel-moralischen-imperialismus-vor-1.2661549.

查制度；4 月，欧盟委员会继续提议，在突发难民潮时，通过“公平机制”分配难民，或形成具有约束力的难民分配方案。当然配额制至今仍遭遇抵制而未能实行，德国一边主张“自愿联盟”，联合有意愿承担责任的国家先行分摊难民，同时继续对中东欧国家晓以利害，实际上也同意灵活处理配额问题。例如一种可能的方案是，中东欧国家象征性接纳一小部分难民，另通过支付一部分资金来抵消其应接纳的难民，等等。

第三，难民问题已成为区域性重大问题，德国通过与中东北非国家协调，争取在更广泛层面寻求解决之道。2015 年进入欧盟国家的难民中，80% 经过土耳其线路。① 为此，2016 年 3 月，欧盟与土耳其签署一项“难民协议”，土耳其每接纳一名从希腊遣返的非法入境难民，欧盟就接纳一名土耳其境内的叙利亚难民，同时欧盟向土耳其提供60 亿欧元援助。这项协议本应由欧盟出面谈判，但实际上是在默克尔一人直接介入下达成的，据称这令时任欧洲理事会主席唐纳德·图斯克颇为不悦。② 尽管土耳其一再拿该协议作为压欧盟的筹码，但纵观难民危机后几年的形势，土耳其的相对合作态度对于保持欧盟难民形势稳定起了很大作用。鉴于此，德国后续又同突尼斯等国达成了类似协议，缓减了自身压力。

在应对难民危机的过程中，德国发挥了以下几方面领导作用。

其一，德国在初期欧盟难以统一行动、难民涌入的形势又十分紧迫的情况下主动简化流程、扩大接纳，这一举动具有积极效应，填补了其他国家在难民问题上的缺位，暂时弥补了欧盟无法出台统一应对政策的缺口，在危机时刻避免了出现更大范围的混乱甚至是人道主义危机，在舆论上维护了欧盟的“软实力”和“价值观”，彰显了德国承担国际责任的态度。

其二，完善规则仍是德国应对危机的根本思路。德国并不认为欧盟真的没有能力应对难民问题，主要问题还在于机制不完善，面对新的形势没能制定出相应的规则。因此德国在难民形势缓解后，着力推动难民配额、完善边境管控、严格执行《都柏林协议》。尽管配额的问题至今未能全面实现，但法国等国的态度从最初的拒绝逐步转变为理解。2016 年 3 月，时任法国总统奥朗德曾公开表示“欧盟成员国应接受分摊给自己的难民份

① 宋全成：《欧洲难民危机中的德国难民政策及难民问题应对》，《学海》，2016 年第 4 期，第 60 页。

② ［英］保罗·莱弗著，邵杜罔译：《柏林法则：欧洲与德国之道》，杭州：浙江人民出版社，2021 年版，第 194 页。

额”，并承诺接纳3万难民。[①] 这显示德国的影响力和塑造力仍在。

其三，在推动欧盟与土耳其、突尼斯等国就难民遣返问题达成协议方面，德国直接代表欧盟，默克尔的作用远远超过欧盟机构领导人。这说明在欧盟共同外交上，德国始终发挥着核心作用，其能够深刻塑造欧盟的对外决策和对外行动。

三、应对欧盟分离主义危机

欧洲一体化进程始终都不是线性向前发展的，历史上多次发生波折。20世纪60年代就曾因法国不喜欢“超国家一体化”的方案，且戴高乐关于建立法国领导下同美苏抗衡的西欧集团的愿望为其他共同体国家所反对，造成“伏歇方案”和“空椅子”事件两次抵制共同体的危机。[②] 英国的“疑欧”“脱欧”情绪也是由来已久，参与欧洲一体化进程一直三心二意，1973年刚加入欧洲共同体就因“未赶上制定规则的头班车”而考虑退出；1979—1997年保守党执政时期，与欧洲关系持续紧张。[③] 21世纪以来，欧盟内部分离主义情绪一直存在，德国作为一体化最主要的引擎，同时也是最大的受益者，在维护内部团结、避免欧盟分崩离析方面做了大量工作。

2005年，默克尔甫一上任，就面临解决欧盟宪法危机的重任。这一年的5—6月，法国和荷兰这两个欧盟核心国刚刚通过全民公投以大比例否决了《欧盟宪法条约》，令欧洲一体化蒙尘。在推进欧洲一体化的问题上，德国一直希望朝“联邦制”方向发展，鼓励成员国多向欧盟让渡主权，建成一个实体，《欧盟宪法条约》也是朝着德国的理想而设置的。但宪法危机令德国认清成员国之间、政治精英与普通民众之间的认知差距，以及欧盟行动能力的不足，从而更务实谨慎地推动欧洲一体化。德国力争去表面、保实质，在其引领下，各国努力对《欧盟宪法条约》进行修改，去繁就简，删除具有主权象征意义的表述，但尽力保留其中关于欧盟机构设置、运行模式等内核，最终于2007年10月在葡萄牙首都里斯本通过，并

---

① 郑斌：《法国总统说欧盟成员国应接受分摊的难民份额》，新华网，2016年3月12日，http://www.xinhuanet.com/world/2016-03/13/c_128795150.htm。

② 方连庆、王炳元、刘金质主编：《国际关系史（战后卷）上册》，北京：北京大学出版社，2006年版，第308页。

③ 曲兵、王朔：《透视英国的“疑欧主义”》，《现代国际关系》，2016年第4期，第40—48页。

于2009年底得到所有成员国批准正式实施，是为《里斯本条约》。[①] 欧盟宪法危机给德国的一个重要启示在于，德国对欧盟内部复杂的政治现实和推进欧洲一体化的难度有了更加清晰的认识，坚定了默克尔此后“进两步、退一步”[②] 的行动方针，避免“过犹不及”。事实上，长期在默克尔内阁担任要职的欧盟委员会主席冯德莱恩，年轻时也曾执着地认为“欧罗巴合众国”到其孙辈定会成真，但经历了现实打击，后来也放弃了这一理想，只是主张更务实地统合一些行政和财政权。

欧债危机同样令欧盟经受存废的考验。希腊等南欧国家一旦退出欧元区，很可能引发连锁反应，不但损害欧盟整体国际信誉，也将极大伤害成员国的现实利益。德国努力建立和维护欧盟及欧元区货币联盟，为的就是依靠“集体的力量”壮大地区发展潜力和话语权。因此面对希腊，德国态度虽强硬，甚至不惜加以威胁，但更多的依然是一种施压的手段和领导技巧，很难想象德国能够坦然接受欧元区解体的风险。这从德国民众最初对于以鼓噪“废除欧元”而兴起的极右翼政党德国选择党的抵制态度就可见一斑。事实证明，德国的“胡萝卜加大棒”政策成功发挥了威慑作用，使得“问题国家”最终按照德国的方案实施了改革，维护了欧元区的统一。

英国脱欧是默克尔任上遭遇的欧洲一体化最大的一次危机，直接损害了德国利益。德国的应对在欧盟内也极具领导性和代表性。

第一，前期尽力挽留英国。英国对于欧洲一体化的认知与德国截然不同，英国期望的是一个“松散的联盟”，在其中保留英国作为“金融中心”“军事大国”的独特性，每当一体化遇到障碍时，英国就以退出为砝码，争取维护自身独立性。对德国而言，英国一旦退出，一是大大减轻欧盟在全球的分量，特别是损害欧盟本就薄弱的安全防卫能力。二是少了一个支持自由贸易的盟友，在贸易问题上对抗保护主义的能力有所削弱。三是英欧之间紧密的贸易往来受到影响。德国也深知，若对英国有所妥协，一般就能挽留英国，因而在脱欧公投前，德国一直主导欧盟与卡梅伦政府展开

---

① 张健：《失序与迷茫——大变局下欧洲的未来》，北京：时事出版社，2021年版，第13页。

② Angela Merkel, “Rede von Bundeskanzlerin Merkel bei der Verleihung des Henry A. Kissinger Preises am 21. Januar 2020 in Berlin”, 21. Januar 2020, https://www.bundesregierung.de/breg-de/suche/rede-von-bundeskanzlerin-merkel-bei-der-verleihung-des-henry-a-kissinger-preises-am-21-januar-2020-in-berlin-1714694.

协商，2016 年 2 月 19 日，双方达成协议，英国在欧盟内保持一定独特性，例如选择性参与欧盟的内政与司法事务，限制来自欧盟的移民领域英国福利，等等。① 正因如此，公投前舆论普遍认为英国真正脱欧的可能性较小。

第二，脱欧成为既成事实后，坚持强硬立场，拒绝英国“拣樱桃”②。英国原本就将欧盟视为一个特殊的“自由贸易区”，希望享受单一市场所带来的便利，但又不愿受到欧盟过分的约束。因此在公投后的谈判中，英国希望秉持类似的原则，而这种只得好处的谈判被德国形象地称为“拣樱桃”，遭到默克尔严词拒绝。德国最担心的是，一旦对英国有所妥协，势必在欧盟内形成刺激效应，令一些“意志不坚定的国家”追随英国脚步，事实上捷克、荷兰、希腊等多国都有声音鼓噪“脱欧”，法国、德国的极右翼势力也不安宁。为维护欧盟权威及团结，避免其他国家不断向欧盟讨价还价，德国不可能大幅向英国让步。在随后的时间里，英欧围绕“分手费”、贸易关系、人员流动、爱尔兰与北爱尔兰边界问题等一系列问题进行了长时间谈判，这一过程中欧盟强硬态度尽显，甚至以“硬脱欧”威胁英国，英国多次接受欧盟条件，例如在过渡期继续履行欧盟义务，出台阻止“无协议脱欧”的《本恩法案》等。

第三，尽力促成有序脱欧。默克尔也多次强调英国脱欧进程不可逆，不会幻想“二次公投”，因此如何将损失降到最小，是德国在谈判实践中最主要的考虑。德国态度虽强硬，但还是以维护欧洲大局为重，不是“为惩罚而惩罚英国”。衰弱的英国对欧洲不利，对德国也没有好处，英国在谈判中已作出不少让步，未来欧盟还指望与英国在贸易、安全等领域加强合作，因而达成一项务实、有远见的协议至关重要。谈判过程中，德国和欧盟在一些技术操作上多次作出让步，如允许英国延长过渡期，允许英国与欧盟维持临时性关税同盟等。经过双方多轮努力，最终达成了脱欧协议，英国于 2020 年 1 月 31 日正式脱欧。双方在关税、爱尔兰与北爱尔兰边界问题等多个问题上互相妥协，并就未来缔结“以自贸协定为基础的雄心勃勃的货物贸易关系”达成一致，基本实现了德国“与退出后的英国建

---

① “European Council Meeting – Conclusions”, *European Council*, February 16, 2016, http://www.consilium.europa.eu/en/meetings/European-council/2016/02/EUCO-Conclusions.pdf/.

② “Merkel tells Britain no ‘cherry-picking’ in Brexit talks”, *Reuters*, June 28, 2016, https://www.reuters.com/article/us-britain-eu-germany-idUSKCN0ZE0SC.

立紧密关系”的政治设想。[①]

德国在脱欧事件中的做法，是权衡利弊之后的决定。就国际贸易以及维护内部市场而言，英国无疑是一个宝贵的盟友，但在货币政策以及对德国更为关键的“四大自由流通”而言，英国退出或许对德国领导欧盟更为有利。[②] 德国在判别英国退出对自身利益的损害后，坚定认为维护原有规则更为必要，因此总体上并没有对英国展现过多的宽容。

多数中东欧国家的欧洲一体化理念与英国接近，更多是希望获取欧洲一体化带来的好处，例如一些欠发达中东欧国家可通过欧盟结构基金获得预算支持，但并不希望向欧盟让渡过多主权。英国脱欧后，欧洲一体化进程由德法把持，中东欧更难如意。虽不至于追随英国退出欧盟，但多年来，以波兰、匈牙利等为首的中东欧国家与欧盟龃龉不断：一是在难民问题上的不合作态度，已经为德国“领导”欧盟制造了门槛；二是围绕民主价值观和法治问题矛盾愈演愈烈，波兰“政府干预司法部门人事任免、控制媒体”，匈牙利利用疫情延长“紧急状态”扩大政府权力，捷克、斯洛文尼亚等国被欧盟批评贪腐或破坏法治。这些所谓的“非自由民主”理念与传统欧洲自由民主价值观不符，在这一问题上，西欧国家显然统一了立场，对中东欧“破规矩”“搞分裂”的耐受力不断下降，利用欧盟资金、法律、机制等杠杆，收紧对中东欧规制，欧洲议会多次推出决议，敦促欧盟委员会针对匈牙利、波兰、捷克等国内政问题加强干预，欧盟则一直考虑将相关资金与成员国法治问题挂钩。在维护民主原则的问题上德国始终态度强硬，默克尔认为“不能默不作声”,[③] 时任德国外交部长海科·马斯不点名威胁废除匈牙利在欧盟内的否决权，德国与中东欧诸国矛盾也因此变得尖锐，以至于2020年8月底，默克尔对波兰的告别之旅中，波兰总统安杰伊·杜达临时以日程冲突为由拒绝会见默克尔。当然，斗而不破始终是德国外交一个主导的原则。在对待“内部矛盾”方面，更不会出格。特

---

① *Agreement on the withdrawal of the United Kingdom of Great Britain and Northern Ireland from the European Union and the European Atomic Energy Community*, European Commission, 2020.

② ［英］保罗·莱弗著，邵杜罔译：《柏林法则：欧洲与德国之道》，杭州：浙江人民出版社，2021年版，第156页。

③ Jennifer Rankin, “Angela Merkel: We Cannot Hold Our Tongues on Risk to Rule of Law in Poland”, *the Guardian*, August 29, 2017, http://www.theguardian.com/world/2017/aug/29/angela－merkel－poland－judicial－reforms－courts.

别是考虑到欧盟内部利益分化，且机制复杂，想要轻易约束中东欧伙伴并不见得容易。在难民问题上，德国已意识到自身政策存在瑕疵，即使在其他方面对中东欧有所不满，也希望通过恰当的方式拉住这些国家，毕竟维护团结、一致对外才符合德国最大利益。2021 年代表联盟党竞选总理的时任党主席阿明·拉舍特也表示“即使在最冷的冷战里也有对话”，呼吁西欧保持克制，强调“我们必须与波、匈保持对话”。①

从上述德国的应对可以看出，维护欧盟团结统一是其一贯坚持的原则和目标，这也是德国增强自身在国际舞台上话语权的重要途径，即依靠“集体的力量”，在手段上是强硬与妥协并举。强硬，主要是防止分离效应扩散，必须以严格的姿态维护既定规则，不符合规则必须要接受一定程度的惩罚；妥协，则是尊重现实之举，毕竟在引领欧盟的过程中，德国与其他成员国的矛盾也在增加，他国不满情绪上升，过分强硬反而容易推升分离情绪。德国前总理科尔就告诫民众，“如果执拗于做自认为正确的事情，欧盟就不会取得目前这样的成果”。② 德国在坚持原则的前提下适度变通，基本维护了欧盟的黏合度，当然在解决内部分歧上还有很多难题，这是对德国领导能力的最大考验。

四、应对新冠疫情

以难民危机为起点，默克尔的声誉渐渐受损，最终在民众求变声中，于 2018 年卸任基民盟党主席，并宣布不再竞选连任。但正当其执政生涯步入末期，全球突然暴发新冠疫情，以“危机总理”著称的默克尔再度披挂上阵，引领德国和欧盟应对疫情危机。

疫情危机不同于其他，没有谁具有成熟的应对经验，默克尔对此也并无把握。在疫情前期，其精力主要在国内，只有稳住德国才有可能进一步着眼欧盟。德国国内的应对举措这里不作赘述，值得关注的主要是默克尔的个人威望在疫情期间再度得到增强。前期因难民危机、政府内讧等原因，默克尔支持率本来降至执政以来最低，但一旦危机来临，民众对默克尔的信赖度就凸显出来。2020 年 3 月 11 日，默克尔在记者会上发出紧迫

---

① “CDU – Chef Armin Laschet：Selbst im kältesten Kalten Krieg gab es Dialog”，9. Juli 2021，https：//www. nach – welt. com/cdu – chef – armin – laschet – selbst – im – kaltesten – kalten – krieg – gab – es – dialog – deutschland/.

② ［德］赫尔穆特·科尔著，郑春荣、胡莹译：《忧心欧洲：我的呼吁》，上海：同济大学出版社，2015 年版，第 31 页。

呼吁，称“60%—70%的德国人可能感染病毒”。[①] 3月18日，她就职14年来首次在非新年时期向全体国民发表电视讲话，提出“新冠大流行是德国自二战以来最严重的挑战”的论断，称应对疫情“事关生死存亡”，[②]成为德国防疫转折点。默克尔个人支持率也迅速回升至60%左右，关于她“竞选第五任”的呼声也很高。个人声望的提升为德国在欧盟内发挥作用奠定了民意基础。欧洲政策中心研究部主任贾尼斯·伊曼诺里蒂斯认为，因为小国不具备德国那样的协调能力，默克尔充当了一个有效的调解人，在她离任后，人们会想念她。[③]

从欧盟来看，其他成员国对德国发挥积极作用是有所期待的。但坦率地讲，疫情初期德国表现不佳。在口罩供应紧缺期间，德国曾冻结了意大利订购的通过德国境内运输的口罩，引起广泛批评；为巩固本国抗疫成果，德国先行关闭了与法国等部分邻国的边界，法国总统马克龙对此还有所抱怨；[④] 意大利等国本来经济基础薄弱，受疫情影响又较重，呼吁欧盟发行“新冠债券”来助力经济恢复，但立即遭到以德国为首的北部国家反对，德国认为这本质上还是债务共担。随着疫情不断发展，负面影响扩散，德国开始意识到必须采取更积极的举措，在巩固本国抗疫成果的同时，为欧盟更多出力。

疫情严重的2020年下半年，正值德国担任欧盟轮值主席国，是对德国在外交领域领导欧盟能力的一次重大考验。在应对疫情方面，德国首先是打造自己的硬实力。德国拜恩泰科是全球最早一批完成新冠疫苗研发的企业，与美国辉瑞公司合作生产的疫苗为全球所广泛使用，是最早一批抗疫

---

① “60 – 70 Prozent der Bevölkerung könnten infiziert werden”, *die Welt*, 12. März 2020, http://www.welt.de/politik/deutschland/video206489421/Merkel – zu – Crona – 60 – bis – 70 – Prozent – der – Bevoelkerung – koennten – infiziert – werden.html.

② Angela Merkel, “Dies ist eine historische Aufgabe – und sie ist nur gemeinsam zu bewältigen”, 19. März 2020, http://www.bundeskanzlerin.de/bkin – de/mediathek/ansprache – der – kanzlerin – 1732108! mediathek? query =.

③ “Fears of hole in EU heart as German ‘Queen of Europe’ departs”, *AFP*, September 23, 2021, https://www.france24.com/en/live – news/20210923 – fears – of – hole – in – eu – heart – as – german – queen – of – europe – departs.

④ “Macron Condemns Border Closures by Some EU Countries over Coronavirus”, *cgtn*, March 16, 2020, http://www.news.cgtn.com/news/2020 – 03 – 16/Macron – condemns – border – closures – by – some – EU – countries – over – coronavirus – – OUCOkm56Ja/index.html.

"公共产品"。德国还接受了近300名来自意大利等受影响严重国家的重症病例，以示团结。其次是协调欧盟内抗疫统一行动，力推覆盖整个欧盟的风险地图、重要医疗物资的统一采购，以及联合检测和接触追踪等，并改善前期混乱的行动，向欧盟内伙伴国提供了口罩、呼吸机等急需物资。再次是支持欧盟出台紧急经济救援方案，允许成员国从"欧洲稳定机制"中获得相当于国内生产总值约2%的低息贷款，推动欧洲投资银行复制德国复兴信贷银行的模式，对紧急需要救援的企业进行总额达2000亿欧元的投资等。

最重要的是，德国在应对危机的机制上进行了思路调整，取得重大突破。鉴于此次危机异常严重，德国自身也已突破一贯坚守的财政纪律，允许当年大幅增加赤字。因此，德国也支持欧盟委员会出台决定，允许成员国突破《财政契约》所规定的上限，以刺激恢复经济发展。正因德国的"放水"，疫情以来，欧盟国家才能突破限制，其财政政策才有了一些作为空间。2020年法国债务占比由2019年的98.3%上升至115.1%，意大利财政赤字占比由2019年的1.56%剧增至10.24%。[①] 尤为重要的是，德国决定通过某种形式来帮助南欧国家，按照默克尔的说法，"欧盟国家本身没有过错而陷入危机，欧盟条约允许采取一些行动资助成员国"。[②] 5月27日，在德国、法国等大国支持推动下，欧盟委员会历史性地出台名为《欧洲时刻：为了下一代的复苏和修复》的一揽子经济刺激计划，欧盟委员会以自身名义发行债务，筹措7500亿欧元建立"复苏基金"，其中5000亿欧元作为给成员国的赠款、2500亿欧元为贷款。这笔资金纳入欧盟"2021—2027年多年度财政框架"（即欧盟财政预算）总盘子。

"复苏基金"的出台可以说是一个"里程碑时刻"。第一，德国突破了国内财政紧缩主义者的反对，允许高额刺激计划出台实属不易。第二，这一基金可以说是某种程度的欧盟内"转移支付"，根据疫情受严重程度，意大利是该基金的最大受益者，波兰获得的资金高达570亿欧元，而富裕国家成为"净出资国"。基金以欧盟为名义发债，并制定了碳排放、数字税、金融税等新税种，成为欧盟推进财税一体化的一次试验。第三，该基

---

① 数据来源：德国联邦统计局，https：//de.statista.com/statistik/kategorien/kategorie/19/themen/2376/branche/europa/#overview。

② Hans von der Burchard，"Merkel Backs EU Bonds to Fight Coronavirus Crisis"，*Politico*，April 20，2020，http：//www.politico.eu/article/coronavirus－angela－merkel－eu－bonds/.

金具有“未来属性”，重点支持成员国绿色和数字化转型，是德国及欧盟发展理念的关键性转变。《金融时报》首席评论员马丁·沃尔夫指出，默克尔已清醒意识到德国必须领导欧盟应对挑战，否则欧洲的生存都将成为问题，该基金具有深远的实践和象征意义，也显示德法领导人“尽一切努力拯救欧盟”的决心。① “复苏基金”通过后，欧盟又于年底通过了总额创纪录达1.8万亿欧元的多年财政框架，成为默克尔卸任前的一个重要政治遗产。这些成果的取得并不容易，投票前，波兰和匈牙利因反对资金拨付与遵守法治相挂钩而意欲否决，根据德国驻欧盟大使柯慕贤事后透露，“默克尔调动了所有的资源，并利用德国的经济影响力，终于让波兰和匈牙利点头同意，是一个令人难忘的成就”。②

危机一向是推动欧盟改革的重要动力源。原先受一些固有观念束缚的默克尔政府，在任期结束前也能罕见放开手脚，除上述财政领域的重大突破外，在欧盟建设的其他领域也取得了较大进展。例如在安全领域，德国推动制定《欧盟安全联盟战略》及《安全与防务战略指南针》，筹划建立灵活机动的“欧洲军”，扩大防务投资，加强成员国威胁分析及情报交换合作，确定共同行动方向；成功地结束了关于“永久结构性合作”的漫长谈判，非欧盟成员国也可参加相关的欧盟安全和防卫项目；促进欧盟民事危机管理，加强边境保护，推出“移难民庇护一揽子方案”，继续在难民分配方面推进实施。在气候政策方面，德国通过承诺向波兰等国家绿色转型提供财政支持，换取它们支持欧盟2030年温室气体排放量较1990年减少55%（此前目标为40%）的目标。疫情催化下，欧盟在数字、创新、工业发展等诸多领域出台新战略，其中无不闪现着德国国内相关战略的身影。

综合而言，德国作为一个“不情愿的霸权”，本不是特别主动地在欧盟内发挥领导作用，但不断爆发的危机对德国的“自主意识”起到很大刺激作用。换言之，在一次次应对危机的过程中，德国的领导作用突出地体现出来。德国充分展现出对自身规则观的坚守和对内外利益的平衡，也渐渐激发了其“大国担当”的责任感，在默克尔即将卸任的时刻，德国实现

---

① Martin Wolf, “Angela Merkel sweeps in to save the euro zone”, June 30, 2020, https: //www. irishtimes. com/business/economy/angela - merkel - sweeps - in - to - save - the - euro - zone - 1. 4269572.

② Bernd Riegert, “疫情之中，幸好由德国担任轮值主席国?”, 德国之声, 2020年12月31日, https: //p. dw. com/p/3nP2F。

了其在欧盟内“事实上的领导者”角色。

第二节　德法关系新平衡

“德法轴心”一直是推动欧洲一体化发展的核心动力。我们考察德国在欧盟内的领导作用，离不开从德法关系的角度加以分析。从 1963 年《爱丽舍宫条约》签署以来，德法就在政治上进行了相互绑定，半个多世纪中，“德法轴心”在推动欧洲一体化发展、引领欧盟对外行动方面发挥了不可替代的作用。然而随着欧洲一体化深入和国际地缘政治的演变，德法之间的力量平衡也在不断发生偏移，在默克尔时代形成了一种新的平衡，德国在兼顾法国意愿的同时，成为了这一轴心“事实上的领导者”。德国对欧盟的“领导”，并不是一味地积极向前冲，相反，在很多问题上默克尔领导下的德国政府态度非常谨慎，很多时候还起到了“刹车”的作用。这在默克尔时代的德法关系中显得尤为突出。德国的“领导”，更多是一种参与决策的话语权和最终决定权，欧盟许多决策，若德国执意阻挠，很可能最终难以落实。默克尔时代，“领导欧盟”很大程度上在于发挥德国的影响力，即依照自身意愿和规则，将欧盟塑造为“德国的欧盟”，在这一框架下引导欧盟应对危机、稳步发展，即使法国也难以阻挡这一趋势。英国前驻德大使保罗·莱弗爵士将德国的这种作用称为“柏林法则”，并明言“欧盟的未来取决于德国的领导方向”。①

一、德法理念差异

欧洲一体化虽起源于“六国共同体”，但核心始终是德法。欧洲一体化“设计师”让·莫内很早就说过：“走向欧洲联邦的第一步是两个而且是仅仅两个国家（法国和德国）的联盟，然后其他国家稍晚加入。”② 不可否认，欧洲一体化最初肇始于法德两国相互绑定的初衷，法国希望限制德国力量，使其不至于构成威胁，同时能够便利地利用德国潜在资源；德国则寄望在接受法国领导的同时，恢复经济。共同利益使得两国能够相向

---

① ［英］保罗·莱弗著，邵杜罔译：《柏林法则：欧洲与德国之道》，杭州：浙江人民出版社，2021 年版，第 223 页。

② ［荷兰］吕克·范米德拉尔著，任轶、郑方磊译：《通向欧洲之路》，上海：东方出版中心，2016 年版，第 186 页。

而行，奠定了未来几十年欧洲一体化总的方向。

然而，德法之间存在着从理念到实践的差别，又不断掣肘两国发挥引领作用。德法两国针对欧洲一体化发展有两方面根本性差异。

其一，由政治结构差异演化出的对欧洲一体化组织形式的分歧不断增大。从历史上看，法国一直有着中央集权的传统，从查理大帝、墨洛温王朝，到波旁王朝、法国大革命及拿破仑时代之后，中央集权有着长期延续性，法国一直靠国家的威权力量消除各地方的差异。直至今日，法国总统所掌握的权力也远远大于德国总理。在中央集权思想下，法国主张的是“大政府”。在欧洲层面，对欧洲议会、欧洲法院的权力加以明确限制，防止出现与法国宪政思想相违背的“法官政府”。[①] 经济政策上，主张包含一定政府计划的市场经济及必要时的政府干预，法国从不认可央行的绝对独立性，认为“独立央行从中央政权的控制中脱离是危险的”。[②] 而德国的民族统一之路则走得异常艰辛，长期处于分分合合的状态中，中央对地方的控制力一直较弱，更多依靠规则来消除差异。所以德国更强调在欧盟建立完善一整套规则，对所有成员国具有同等约束力，形成一个近似联邦的体制。在经济上德国倡导自由贸易，突出“在规则基础上的市场力量”，减少政府的非必要干预，坚持所谓的“秩序自由主义”。归结起来，在欧盟内部治理上，德国看重规则，法国看重政府的自由裁量权；德国认为违反规则要承担责任，法国认为团结更重要，应共同分担弱势群体的负担。在经济治理上，德国认为要靠改变经营方式消除负债，法国更注重解决短期流动性危机；德国认为紧缩可以刺激改革、消除缺陷，法国认为紧缩会使流动性问题更加恶化。

其二，外交独立性差异导致对欧盟战略路径选择的分歧不断增大。法国历来有独立自主的外交传统，“戴高乐主义”一直是法国外交的鲜明旗帜，同时法国也极具大国雄心，历史上通过挑战美国霸权、退出北约军事一体化组织等行动，在西方阵营中树立起了“鹰派”形象。21 世纪法国推动欧盟建设，仍以独立自主、积极进取为主要思路，特别是马克龙任法国总统后，法国在加强欧洲一体化建设、推进欧盟战略自主方面有诸多战略

---

① ［德］乌尔里希·克罗茨、约阿西姆·希尔德著，赵纪周译：《锻塑欧洲：法国、德国和从〈爱丽舍宫条约〉到 21 世纪政治的嵌入式双边主义》，北京：中国社会科学出版社，2020 年版，第 138 页。

② ［德］马库斯·布伦纳梅尔、［英］哈罗德·詹姆斯、［法］让－皮埃尔·兰多著，廖岷等译：《欧元的思想之争》，北京：中信出版社，2017 年版，第 49 页。

设计。德国则恰好相反，两次世界大战战败后德国洗心革面，在外交安全方面数十年来保持低调。特别是默克尔作为一个“战术大师”，多年来在国际事务上参与度较低，对美国的依赖度较高，2013 年之后才有较为明显的改变。德国注重平衡与协调，受外部环境的牵制较大，在德国影响下，欧盟外交姿态相对较为柔软，并不像法国可以凸显硬的一面。

二、德法间权力转移

从欧洲一体化 50 余年的发展来看，德法联合或者说“德法轴心”在其中发挥着核心作用。大体上，外界广泛认可法国的政治领导力和德国的经济领导力。一般而言，德国乐于将法国推向前台，由法国提出倡议或代表欧盟对外讲话，自身则隐藏于幕后，发挥“幕后领导力”。在默克尔时代，这一平衡日益被打破，特别是在欧债危机之后，法国经济实力遭到巨大打击，国内社会矛盾激化，恐怖袭击、“黄马甲”运动等接连发生，法国多年都忙于稳定国内，“内乱”使得法国政府数次违反欧盟财政纪律，赤字和债务不达标，严重侵蚀了法国的信誉。而德国在这一时期不仅保证了内政和经济的稳健，还引领欧盟应对危机，这都造成德法关系的失衡。欧盟的“双引擎”遭遇熄火，德国成为这个组合中实际上的决定力量。① 法国依然具有倡议权，但其很多倡议难以实现，从一个侧面更加凸显出德国的决定性作用。默克尔时代，德法之间的权力博弈着重围绕两个方面展开，最终“德国意志”占据上风，成为欧盟发展的主要方向。

在财政政策上，德国拥有最终决定权。欧债危机中，尽管法国萨科齐、奥朗德两任总统都力争为重债国争取较为宽松的援助和恢复条件，但事实证明最终都没有战胜默克尔政府强硬的紧缩和改革要求，法国明显向德国方向靠拢，甚至造就了舆论上的“默科齐”概念，形式上表现为“德法共治”，但政策实践上可以说基本贯彻了德国主张，最核心的就是共同推动通过了《财政契约》，并将“欧洲稳定机制”与契约执行情况挂钩，整饬了财政纪律。

奥朗德任法国总统时期，试图重新就《财政契约》谈判未果，转而力推《就业与增长契约》，希望另辟蹊径推出财政刺激政策；但在德国的冷

---

① Josef Janning, Manuel Lafont Rapnouil, “France and Germany: Europe's Stalling Engine”, *European Council on Foreign Relations*, April 14, 2016, http://www.ecfr.eu/article/commentary_france_and_germany_europes_stalling_engine6088.

处理下，实际上并未增加欧盟预算，只是对现有结构基金进行重新分配，并要求获得资金的成员国必须遵守《财政契约》。① 法国还力推欧盟建立银行业联盟，包括单一监管、单一清算及泛欧存款担保机制，但存款担保机制因可能造成债务风险共担，遭到德国的严词拒绝，至今没能取得进展。事实上，就连担任过法国财政部长的布鲁诺·勒梅尔都直言：“法国人承认德国不愿为他国承担债务的合理性……法国在谈判中必须避免所有对德国而言敏感的词汇，例如‘欧元债券’，乃至‘新冠债券’。”②

马克龙就任法国总统后，就欧元区改革提出了更为明确的主张，提出设立欧元区投资预算，额度大致为欧元区国内生产总值的3%—4%，由一名“欧元区的财政部长”管理；比照国际货币基金组织将“欧洲稳定机制”升级为“欧洲货币基金组织”，为成员国完善金融货币政策服务；完善银行业联盟建设，实质性推进泛欧存款担保机制。③ 这些倡议很长时间都遭到默克尔的冷遇，最终默克尔也只在原则上表示了支持，与马克龙的倡议有很大差距。例如，德方认为欧元区投资预算规模仅应为数百亿欧元，且不得演变为欧元债券；若成立欧洲货币基金组织，则不应由欧盟委员会掌控，成员国仍有审批权，并评估债务可持续性；“欧元区财长”职能仅限于监督财政纪律，而非分配预算。④ 德国 154 名经济学家还联名发表公开信，声称“马克龙的倡议将使欧洲货币和银行业联盟发展为债务联盟，令欧盟整体面临巨大风险”。⑤ 马克龙对默克尔消极改革的态度实际上多次公开表达了不满。2018 年 5 月，他在接受查理曼奖的典礼上，当着默

---

① “Tagung des Europäischen Rates 28/29. Juni 2012, Schlussfolgerungen”, *Europäischer Rat*, 29. Juni, 2012, http: //www. consilium. europa. eu/uedocs/cms_data/docs/pressdata/de/ec/131398. pdf.

② Britta Sandberg, “Irgendwann um fünf Uhr morgens habe ich gesagt, es sei eine Schande”, *Der Spiegel*, 12. Juni 2020, http: //www. spiegel. de/politik/ausland/bruno – le – maire – frankreichs – aussenminister – drei – frauen – haben – diesen – kontinent – gerettet – a – 00000000 – 0002 – 0001 – 0000 – 000171527076.

③ Emmanuel Macron, “Rede von Staatspräsident Macron an der Sorbonne Initiative für Europa”, 26. September 2017, https: //de. ambafrance. org/Initiative – fur – Europa – Die – Rede – von – Staatsprasident – Macron – im – Wortlaut.

④ 李超：《德国在欧盟中的领导作用新变化》，《现代国际关系》，2020 年第 4 期，第 19 页。

⑤ Philip Plickert, Werner Mussler, “Ökonomen warnen vor Euro – Haftungsunion”, *Frankfurter Allgemeine Zeitung*, 21. Mai 2018, http: //www. faz. net/aktuell/wirtschaft/eurokrise/oekonomen – warnen – vor – euro – haftungsunion – 15600643. html.

克尔的面公开称，“不少法国人批评德国既自私、又不愿改革”。[①] 2020 年 2 月，他在慕尼黑安全会议上致辞后，被记者问及对德国不支持其改革的感受，他说“不是沮丧，而是不耐烦”。[②] 这也显示出法国在德国“经济强权”面前无力发挥领导作用的现实。

在战略自主相关问题上，德国对法国较为激进的行动进行牵制。综观默克尔时代，欧洲一体化建设的主要议题：一是集中在应对债务危机期间的经济货币联盟建设；二是欧盟共同外交与安全政策的构建。经过《里斯本条约》后欧盟机构的重整，欧盟共同外交政策框架初见雏形，但随后而来的激烈的地缘争夺和大国博弈，令欧盟进退失据、无所适从，这实际上增加了欧盟在外交安全政策上推进改革的紧迫性。对此，马克龙提出了“欧洲主权”或者说“战略自主”的概念，主要是对外而言，要求欧盟实现自治和自主，能够抵御外部压力，自主参与国际事务，自主决定与哪个国家合作。[③] 这再度凸显出法国的独立自主和大国情怀，因为“自主”的目的归根结底在于减轻对大国特别是对美国的依赖，增强自身实力，捍卫自身利益。[④] 这在防务领域最为突出，马克龙曾公开称“北约脑死亡”，[⑤] 希望加强欧洲独立防务建设，提出“欧洲干预倡议”，建立“快速反应部队”，推进“永久结构性合作”[⑥]，逐步设立共同防务预算加强防务工业合

---

① Emmanuel Macron, “Speech by M. Emmanuel Macron, President of the Republic, on receiving the Charlemagne Prize”, May 10, 2018, https://www.elysee.fr/emmanuel-macron/2018/05/10/speech-by-m-emmanuel-macron-president-of-the-republic-on-receiving-the-charlemagne-prize-1.en.

② “Macron ‘ungeduldig’ mit Deutschland”, *Frankfurter Allgemeine Zeitung*, 15. Februar 2020, http://www.faz.net/aktuell/politik/sicherheitskonferenz/sicherheitskonferenz-macron-ungeduldig-mit-deutschland-16635550.html.

③ Emmanuel Macron, “We need to reinvent the forms of international cooperation”, November 12, 2020, https://onu.delegfrance.org/President-Macron-We-need-to-reinvent-the-forms-of-international-cooperation.

④ 张健：《大变局下欧洲战略取向及其影响》，《现代国际关系》，2021 年第 1 期，第 10—20 页。

⑤ Charles Platiau, “Nato: Emmanuel Macron bekräftigt seine Kritik an der Nato”, *Die Zeit*, 28. November, 2019, https://www.zeit.de/politik/ausland/2019-11/nato-emmanuel-macron-kritik-finanzierung.

⑥ 永久结构性合作，欧盟成员国政府间合作项目，最初在《里斯本条约》中提出，该合作机制将允许成员国家共同发展军事实力、投资合作项目以及加强各国武装力量。

作等。

对于马克龙的倡议，德国方面原则上均表示赞同，但实际支持力度有限。例如对建设“真正的欧洲军”的时间表、指挥权等问题保持缄默，事实上仍只愿意推动政府间的军事合作；法国希望以小而精悍的方式提升欧盟军事行动能力，德国则更强调包容性，在其坚持下，“永久结构性合作”最终纳入了25国，略显臃冗。由于德国对于军事行动始终有所顾忌，明显较法国更为依赖北约，时任德国国防部长安妮格雷特·克兰普－卡伦鲍尔2020年11月公开发文称，“欧洲战略自主的幻想必须结束，欧洲人无法取代美国作为安全提供者所发挥的关键性作用……必须将欧洲置于以美国为首的北约的核保护伞之下”,① 公开向马克龙泼冷水。2021年9月，美国撇开法国、德国等盟友，与英国、澳大利亚建立军事合作联盟，并向澳大利亚提供核潜艇技术，促使澳大利亚撕毁了与法国近600亿欧元的潜艇合同，法国异常愤懑，召回驻美大使，并拟取消计划中的“跨大西洋贸易与技术理事会”首次会议。但德国显然更为重视与美国就高技术问题磋商，在对法国进行必要的“慰问”后，依然主导欧盟推动这次会议的召开。

法国所主张的战略自主还包含很多方面，包括技术、货币乃至卫生健康，等等。在这些广泛的领域，若德法利益契合，则能够得到一定程度的推进；若德国有自己的考虑，或明显有损德国利益的，一般法国主张很难实现。总的来说，在宏观和概念层面，默克尔对马克龙提出的战略自主一直持支持态度，其本身也有意愿推动欧盟提升自主能力，弥补跨大西洋裂痕带来的风险。但在具体行动上，默克尔更加谨慎。如德法能进一步细化实施路径和手段，则默克尔对战略自主的支持力度很可能更高一些。而在最终决定权上，显然是“德国说了算”。

三、德法新平衡

虽然德法之间分歧明显，德国也一再阻挠“法国意志”主导欧盟，但在解决问题的过程中，德国也作出了不少妥协，目的在于寻求最佳的平衡点。随着默克尔执政进入后半期，欧盟面临的问题和挑战、所需应对的危机也越来越多，这都考验着德国领导欧盟的智慧。一个衰落的法国将不利于从战略层面引领欧盟发展，同时德国缺乏法国的协助，想要弥合南北欧

① Annegret Kramp－Karrenbauer，“Europe still needs America”，*Politico*，November 2，2020，http：//www. politico. eu/article/europe－still－needs－america/.

分歧、促进欧盟团结也将面临挑战。因此，德国在平衡与法国关系方面也花费不少心思，默克尔第四任期德法之间有了更多协调，也推动德国在采取更加积极欧洲政策方面前进了一小步。

在应对债务危机的过程中，德国实际上已多次顶住国内压力支持了一些看似违背德国规则观的政策，可以看作是德国在奉行“经济强权”的同时，又谨慎维护与法国“合作式领导关系”的平衡。例如，德国的《银行法》对央行购买政府债务上限进行了严格的规定，为避免道德风险，德国本不接受欧洲央行公共债务购买计划。① 但随着希腊债务风险不断扩散，默克尔最终改变了强硬态度，她与奥朗德发表联合声明，称将“尽一切努力捍卫欧元”,② 并表示在降低债务国借贷成本的前提下，支持时任欧洲央行行长马里奥·德拉吉干预债务市场的措施。有人因反对德国政府的决定而将此诉至联邦宪法法院，联邦宪法法院在咨询欧洲法院建议后，很久才做出了言辞模糊的裁定，事实上为欧洲央行的行为放行。德国也多次通融法国、意大利等南欧国家违反财政纪律的行为，法国也多次在德国和希腊等重债国之间斡旋，起到了维持欧元区稳定的作用。

2019年1月22日，德法领导人在德国边境城市亚琛签署了《爱丽舍宫条约》的更新版——《亚琛条约》，着重就新时期的德法合作做出了规划，外界广泛认为这是“德法轴心”重启的标志。③ 在默克尔的最后一个任期，德法合作推进了不少欧洲议程。在防务领域，两国共同推动启动了“永久结构性合作”项目，突破性地建立了欧洲防务基金，德法开始联合研发新一代战机和主战坦克，建立了“欧洲干预倡议”并成功扩军，23个欧盟国家签署协调军队跨境行动的协议，加强了欧盟军事调动能力，等等。在欧盟建设方面，最重要的是默克尔携手法国为首的南欧国家创立了“复苏基金”。更广泛的国际事务上，德国恢复了对法国主导政治议程的信心，在应对气候变化方面大力支持法国主导促成《巴黎协定》的签署，与法国携手推动欧俄对话，推进“诺曼底模式”四方会谈（德国、法国、俄罗斯、乌克兰），在伊核问题上共同创立新交易工具，破

---

① ［德］马库斯·布伦纳梅尔、［英］哈罗德·詹姆斯、［法］让-皮埃尔·兰多著，廖岷等译：《欧元的思想之争》，北京：中信出版社，2017年版，第365页。

② Tom Fairless, “Bundesbank Maintains Opposition to ECB Bond Buying”, *The Wall Street Journal*, July 27, 2012.

③ 田小惠：《法德轴心的有限重启与欧洲一体化建设》，《当代世界》，2021年第4期，第53—59页。

解美国的制裁，等等。

尽管默克尔时代德国力量明显增强，但对于独自引领欧盟显然也感到吃力。欧债危机及难民危机的经历也让德国与不少成员国发生了一些摩擦。事实上，德国在领导欧盟方面也一定程度上采取“议题式”“选择式”领导，即在不同的领域选择与不同的成员国联手。例如在阻止扩张性财政、债务共担方面，德国选择与荷兰、卢森堡等国“结盟”；在维护自由贸易、市场规则方面，与英国有更多共同语言；英国脱欧大大削弱了欧盟在国际上的分量，在展现硬实力方面，德国别无选择，更加需要联合法国。即使在欧盟内部事务上，例如，完善欧盟机构和人员配置方面，也必须与法国加强协调。2019 年欧洲议会选举后，马克龙就成功阻止了德国籍的欧洲议会人民党团主席韦伯成为欧盟委员会主席，成功推动拉加德（法国籍）以及与自己理念接近的米歇尔（比利时籍）、萨索利（意大利籍）、博雷利（西班牙籍）执掌主要机构，这说明法国的政治领导力依然不容忽视。欧盟成员国利益差异大，抱团很难，要笼络各国，必须首先形成一个牢固的核心，在这方面德国有明确的认知，因此德国始终维持着与法国的“合作式领导”，而欧盟在法德的“激进与稳健”中维持着对内对外的平衡。

第三节　打造价值观同盟

德国外交实践中所倡导的，例如机制建设与法律规范，推行民主化、人权与良制，将“普世价值”作为国家利益的组成部分等，都与价值观分不开；而追求相互依赖的利益，支持集体行动，更是奠定了德国对外行动的最重要依托，即依靠盟友实现“共同利益”。价值观与盟友相结合，构成了德国对外伙伴体系中最重要的部分。默克尔本人是坚定的“大西洋主义者”，终其整个任期，都致力于保持以价值观为基础的同盟体系稳定有效。但在百年之变局大背景下，这一愿望的实现并非一帆风顺。德美关系发生了几番波折，这一方面给德国带来了安全上的风险，但另一方面也倒逼德国在同盟体系中发挥更重要的作用，甚至是更为独立自主地承担起领导责任。

一、重塑新时期跨大西洋关系

（一）默克尔时代德美关系的波动

“美国是我们最重要的全球政策伙伴。”① 这句简单而有力的表述，自始至终都存在于德国对外政策原则当中。首先应当明确的是，无论德美两国领导层怎样变化，两国之间始自历史的“同宗同源”、情感纽带、价值观依托，始终确保其关系保持特殊性。即使德美关系近年来出现障碍，这一原则性表述依然没有发生变化。我们对默克尔时代的对美政策进行分析时，都必须以此为出发点，否则就会发生偏差。

德美关系在施罗德时期因伊拉克战争分歧而受损，默克尔作为一位坚定的“大西洋主义者”，执政后决意修复与美国关系。其上任不到两周就会见美国时任国务卿赖斯，强调德美两国拥有共同价值观，要与美国一道应对挑战，保护自由与民主；既通过价值观共同点拉近与美国距离，又传递出改善关系的信号。在 2006 年 2 月的慕尼黑安全会议上，默克尔又将伊拉克和伊朗等中东问题、反恐、国际维和、阿富汗重建列为当时德国外交政策的几个优先事项。巧妙地将“9・11”事件后德美具有高度利益契合的领域列为外交重点，推动德美在安全领域开展合作。默克尔还协调英法两国，尝试说服美国回归伊核问题谈判桌，为此她于 2006 年 1 月、5 月两次赴美国，终于争取了美国总统布什的赞同。

随着奥巴马上任，德美关系得到了巩固和增强。奥巴马上任后遭遇全球金融危机打击，加之布什政府的全球扩张战略造成美国深陷战争泥潭，令奥巴马政府不得不进行战略调整，将重心移向亚太。为此，美国有必要稳住德国等欧洲盟友，为其战略“抽身”创造稳固的大后方。奥巴马重新回归价值观外交，不吝在各类场合赞扬强调德美“盟友关系”的重要作用，特别是他在 2016 年 6 月访德期间，效仿前总统肯尼迪著名的“我是柏林人”的演讲，在勃兰登堡门前发表演讲，高呼“跨大西洋联盟是全球秩序的基础”“跨大西洋经济贸易联盟是全球经济的引擎”。默克尔方面也给予积极回应，抓住机会推进与美国就《跨大西洋贸易与投资伙伴关系协定》相关谈判，尽管并未取得重大突破，但至少对推动德美贸易的稳定增长起到了正向作用。由于她与奥巴马一直有着“共同语言”，便利于德国

---

① CDU, CSU, *Das Programm für Stabilität und Erneuerung*, Regierungsprogramm, 2021, S. 8.

在解决乌克兰危机、叙利亚、伊核等问题上积极发挥协调、润滑作用，实际上也有助于德美加强外交政策协调。2016 年奥巴马卸任前将最后一次外访定在了德国，将维护全球自由民主的责任交给了默克尔，明确传达了希望德国引领欧盟在稳定周边局势方面发挥积极作用的信号。当时的西方主流媒体均认为，德国已取代英国成为美国在欧洲“最重要的伙伴”，默克尔则是“自由西方最后的守护者”。①

但在这一时期，德美之间的裂痕同时有所显露。第一次重大挫折发生在 2013 年，此时美国联邦情报局前雇员斯诺登揭露出美国“棱镜计划”，引起轩然大波。2013 年 7 月 1 日，德国《明镜周刊》曝出一系列秘密文件，指出美国如何对德国以及其他欧洲国家进行全面监听，包括默克尔的手机。消息引爆德国舆论，特别是安全部门如坐针毡，时任德国联邦情报局局长格哈德·辛德勒称此对德国“政治和舆论带来特殊的挑战”，是“联邦情报局成立以来最大的危机”。② 除此之外，美国对德国所做的“小动作”也源源不断。欧盟周边形势严峻，乌克兰、叙利亚冲突不断，难民大规模涌入，奥巴马政府不但鲜施援手，还推波助澜，鼓动难民前往欧洲；2015 年 9 月，美国曝光大众公司在柴油车上安装专门应付尾气排放检测的软件，使汽车能够在车检时过关，平时行驶时却大排污染物，引发了德国汽车业“尾气门”丑闻，影响持续数年，相关车企被欧美多国处以巨额罚款，不排除美国有打压德国汽车业之考虑。德国方面对美国不满也向多领域扩展，不仅对“监听门”极为愤怒，也反对美国在中东欧加强军事存在、向乌克兰提供致命性武器，对《跨大西洋贸易与投资伙伴关系协定》谈判过程不透明、美国标准低于欧盟等都有不满。鉴于矛盾多多，当时的德美关系实际上已经开始由紧密的同盟向一种基于平等伙伴间的松散联系转变。③

特朗普上任给德美关系带来严重困难，在德美关系史上很可能空前绝后。特朗普的多个举动，严重损害德国重大战略与安全利益，很难令人相信这是盟友之间的正常举动。一是支持英国脱欧；二是不满德国对美国贸

---

① Konstantin Richter, “Angela Merkel’s new job: global savior”, *Politico*, November 17, 2016, https: //www. politico. eu/article/donald – trump – angela – merkel – the – last – leader – of – the – free – world/.

② Gerhard Schindler, *Wer hat Angst vorm BND?*, Berlin: Econ, 2020, S. 181.

③ 熊炜：《奥巴马第二任期内德美关系发展评述》，载郑春荣、伍慧萍主编《德国发展报告（2014）》，北京：社会科学文献出版社，2014 年版，第 188—200 页。

易顺差高，威胁对德国产品征收惩罚性关税；三是严厉抨击德国军费开支长期不达国内生产总值2%的标准，“搭北约便车，作俄罗斯俘虏”；四是退出伊核协议并制裁与伊朗开展贸易的欧洲企业，打死伊朗高级军官苏莱曼尼，造成中东局势不稳，危害欧洲安全；五是退出《苏联和美国消除两国中程和中短程导弹条约》（以下简称《中导条约》）、《开放天空条约》，计划开展核试验，使欧洲成为美俄军备竞赛的受害者；六是退出世界卫生组织、联合国教科文组织，阻碍世界贸易组织正常履职，严重违背德国等西方国家倡导的多边主义。特朗普对默克尔本人也极不尊重。2017年3月，特朗普任内首次在白宫会见到访的默克尔，却拒绝与其握手；特朗普卸任前，媒体爆料其曾在与其他国家领导人通电话时指责默克尔“愚蠢”。① 凡此种种，令德国忍无可忍。双方矛盾在2020年5—6月激化起来，几乎到了“撕破脸”的程度。先是美国宣布拟扩大制裁“北溪－2”天然气管道参建公司，准备将法案提交参议院审议，德国反应强烈，时任联邦议院经济与能源委员会主席克劳斯·恩斯特称，“美国若不停止施压，德国将对美天然气征收惩罚性关税”。② 6月5日，特朗普下令将美在德驻军撤出9500人，占美当地驻军总数近1/3，德国“深感震惊”，时任德国外交部长马斯认为此举令德美关系变得复杂。美国务院匿名官员还透露，默克尔曾于5月30日与特朗普通电话，两人就“北溪－2”项目，北约、对华、对俄问题发生激烈争执，默克尔随即以疫情为由拒绝赴美参加七国集团峰会。此前，媒体询问默克尔“是否与美总统存在互信”，她未直接回应，仅称“我与世界上所有国家元首（或首脑）开展合作，也包括美国”。

特朗普上任后，德国对美国很重要的一个不满，是其“背离西方”，尤其是在价值观问题上脱离了西方传统的轨道。2020年德国主办慕尼黑安全会议，主题是“西方缺失”，认为“西方”已遭弱化，在内部分裂和外部冲击下，正经历衰落。德国总统施泰因迈尔直接警告称，“大国争斗正

① J. Edward Moreno, “Trump insulted UK's May, called Germany's Merkel ‘stupid’ in calls: report”, June 30, 2020, https://thehill.com/homenews/administration/505182-trump-insulted-uks-may-called-germanys-merkel-stupid-in-calls-report.

② Klaus Ernst, “Weitere Erpressungsversuche der USA”, 19. Januar 2021, https://www.linksfraktion.de/presse/pressemitteilungen/detail/weitere-erpressungsversuche-der-usa/.

在破坏世界秩序”，他抨击美国政策自私、“牺牲伙伴的利益”。[①] 尽管美国一再否认，但德国深知美国社会已高度分裂，特朗普所代表的民粹主义、保守主义并未销声匿迹。其下台前的冲击国会大厦事件显示美国“民主制度”遭遇危机，更损害了“西方民主”在全球的声誉，这让德国以价值观为重的外交政策备受挫折。

拜登代表的主流建制派重新上台后，认识到美国公开走单边主义道路并不可取，重新重视以价值观团结盟友。2021 年初，拜登刚一上任就在慕尼黑安全会议上高呼“美国回归”，并立即做出重返多边机构，搁置与德国在贸易、能源等领域的争端等决定。德国起初还略显谨慎，对美国多大程度上“回归”并不托底，但经过 2021 年 6 月的七国集团峰会及 7 月默克尔访美两次沟通后，德美关系又重新步入上升通道。双方首先扭转了之前的不睦氛围，搁置分歧谈合作；其次通过《华盛顿宣言》的方式确认了一系列双边合作以及全球共识。

拜登上任，德美关系回暖成为必然。第一，拜登致力于通过重塑盟友体系应对全球挑战，对作为“欧盟领头羊”的德国尤为重视，拉拢力度大。他所做出的一系列实质性举动，例如终止特朗普撤出驻德美军的决定，暂停制裁“北溪－2”项目参建企业，回归《巴黎协定》、伊核协议、世界卫生组织、世界贸易组织并参与“新冠疫苗实施计划”等多边机制，令德国感受到“诚意”。第二，德国在安全上严重依赖以美国为首的北约，特别是美国提供的核保护伞。德国国防部长克兰普－卡伦鲍尔的“战略自主幻想论”虽引起了马克龙等政要的强烈反对，但确实是德国所面临的现实。第三，德国国内普遍对跨大西洋关系有较强的情感依赖，国内“大西洋主义者”群体庞大。拜登上台后，时任德国外交部长马斯、联邦政府跨大西洋事务协调员拜尔等人不断为“德美走近”造势，显示德国国内“挺美派”力量不小。第四，德国对于特朗普时期“退群废约”、危害欧盟经济与安全利益的做法十分担忧，更担心西方主导的国际秩序被中俄所取代。拜登则重视以“共同价值观”笼络德国、欧盟，强调所谓“以民主战胜专制”，声言主办“全球民主峰会”，这种“价值观纽带”的增强令德国深感振奋。

---

① Frank – Walter Steinmeier, “Eröffnung der Münchner sicherheitskonferenz”, 14. Februar 2020, http://www.bundespraesident.de/SharedDocs/Reden/DE/Frank – Walter – Steinmeier/Reden/2020/02/200214 – MueSiKo.html.

从大的趋势上来看，默克尔上任以来，德美之间的战略分歧日益突出，双边关系呈现波动式下降的总态势，这并不随德国对美政策的变化而变化。影响德美关系大趋势的、起决定性作用的是双方两大结构性战略矛盾。第一，美国有维持全球霸权的需求，德国则自我定位为“中等强国”，即使奉行“有为外交”，也要走“文明化”道路，采用包括谈判、斡旋、对话、妥协等政治手段以及强化规则、多边主义等规制性举措，安全政策上推动“集体安全”，这与美国难以放弃的“脱钩”“遏制”“域外制裁”等截然不同。第二，美国战略重心自奥巴马时期就逐渐转向亚太，对欧洲及其周边的投入越来越小，拜登上任开始从阿富汗、伊拉克撤军，并不考虑地区安全局势恶化给德国和欧盟带来的威胁。德国、法国主导下的欧盟希望与俄罗斯建设性缓和关系，并未得到美国支持，多次尝试流产。德国逐渐意识到，长期以来依赖、追随美国，却逐渐沦为美国的“政治工具”及大国博弈“角斗场”，其最为关注的周边安全却始终得不到保证。德国更深刻地认识增强“战略自主”的重要性，除维护周边安全外，也要在金融、科技、能源等广泛领域实现自主，摆脱美国的“长臂管辖”，领导欧盟捍卫西方民主体制。

（二）默克尔时代对美政策调整

正因上述矛盾的存在，炒作德美分歧的声音一度占据舆论主流。特别是经历了特朗普政府对德美关系造成的损害，大西洋两岸主流声音都认为“德美、欧美关系再也回不到过去”。这一说法固然不错，但我们更要全面考察“德美关系的过去与未来”是何种状况。实际上，二战后联邦德国的建立、发展繁荣、重新统一都离不开美国的巨大帮助，从“马歇尔计划”到支持两德统一，如果美国政府阻碍，德国就无法取得今天这样的发展成就。联邦德国首任总理阿登纳在其回忆录里讲：“我对美国的国家领导人和政治家怀着深厚的感激之情，因为他们瞩目欧洲，愿意承担（对欧洲的）责任……我们想要建造起一座日益紧密的大西洋世界合作的大厦。”① 在冷战的大背景下，德美“荣辱与共”“利益均沾”，有必要共同联手抵御苏联威胁，这决定了美国对德国存在阿登纳所说的“责任”。当然在“后冷战”时代，这种“责任纽带”早已不复存在，双方都更多要从自身利益和外交战略出发构建跨大西洋关系。施罗德时代，德美在伊拉克战争上的

---

① ［德］康拉德·阿登纳著，上海外国语大学等译：《阿登纳回忆录（1953—1955）》，上海：上海人民出版社，1975 年版，第 410—411 页。

巨大分歧早已彰显德美之间“特殊关系”的终结，那时已经存在德美关系“一去不返”论。① 在当前中美博弈激烈的时代，德美关系的发展又很大程度受到中国这个第三方因素影响。因此，默克尔时代的对美政策早已不能用冷战时期的标准衡量，其既包含着逐渐摆脱美国束缚，走向自主、正常化关系的一面，也包含着与美国在价值观等问题上坚持携手，共同进退的一面，具有复杂性和多元性。

针对德美关系发生的波动，在不同时期，默克尔领导下的政府都采取了相应的政策加以应对。综合而言，默克尔政府对美政策有相当的延续性，展现出较强的策略性和前瞻性。包括以下几个特点。

第一，始终保持价值观上的亲近，对美适度依赖。如果说默克尔对华政策中体现出更多的“利益”色彩，那么价值观一直是德美关系的根基，而维护与美国的“价值观同盟”也一直是默克尔及其领导下的历届政府处理对美关系的基本立场。德国二战后始终将自身置于美国主导的国际体系之中，维持与美国价值观上的联系，就能确保自身安全并维护重大利益。无论德美关系发生怎样的波动，价值观一直是其底线。一个典型例证是，奥巴马时期美国对德监听事件事实上最终“雷声大，雨点小”。默克尔虽然谴责称，“对朋友的监听是不可接受的”，但事实上，这只是讲给民众听的“公关话语”。何谓“朋友”？时任德国联邦情报局局长辛德勒就举了一个形象的例子：“假如一个法国国籍的恐怖分子袭击了德国，法国还算朋友吗？”② 显然伙伴国的性质与其具体行动应当分别对待，个案并不能作为判别朋友与否的标准。可以看出，德国虽对美国搞监听十分不满和恼火，但也很清楚与美国保持团结的重要性。默克尔的不满，可能更多是对其本人手机遭监听的情绪上的不满，而非对美国的愤怒。特别是美国辩称，所收集的通信数据“并不专门针对德国公民”，等于给了德国一个台阶，建立在保护与被保护关系上的德美关系，并没有受到根本性损害。

特朗普时期，德美关系中的价值观基石遭到削弱，但默克尔及其政府借不同场合向特朗普传递信息，时而“敲打”，努力维持价值观纽带坚挺。特朗普甫一上任，默克尔就在对其的贺电中专门强调，德美两国拥有共同

---

① Vgl. Stephen F. Szabo, “Vereinigte Staaten von Amerika: politische und Sicherheitsbezeihungen”, in: Siegmar Schmidt, Gunther Hellmann, Reinhard Wolf (Hrsg.), *Handbuch zur deutschen Außenpolitik*, Wiesbaden: VS Verlag für Sozialwissenschaften, 2007, S. 366.

② Gerhard Schindler, *Wer hat Angst vorm BND?*, Berlin: Econ, 2020, S. 189.

的价值基础为纽带，那就是“民主、自由、尊重人的尊严和权利，不论其种族、肤色、宗教、性别、性取向和政治立场”。[①] 2018 年默克尔专访美国，与特朗普会谈时尽力回避分歧，强调双方享有共同价值观，双边关系始终是跨大西洋关系的基石，主张继续加强在北约框架内的合作，以此为德美安全关系“上保险”。拜登当选美国总统后主动回归“价值观同盟”，令德国备感振奋，默克尔称美国为“伙伴、同盟、亲密的朋友”。2021 年 1 月，时任德国外交部长马斯与美国国务卿布林肯第一次通电话，兴奋地表示“几乎在所有问题上都能达成一致”，显示两国拥有坚实的情感基础。2021 年 6 月 21 日，联盟党出台了最新的竞选纲领，其中第一条第一款即“维护基于价值观和规则的国际秩序”，主要手段是推动建立“民主联盟”，显示其对外交政策中的价值观因素进行了加权。联盟党为德美关系设定了三项目标，第一项即“阻遏自由之敌”，凸显出价值观色彩。[②]

第二，明确利益与分歧，就共同利益加强密切合作，就分歧加强协调。无论德美关系怎样波动，双方都拥有广泛的共同利益，虽然分歧伴随着默克尔整个任期，但在具有共同利益的领域，默克尔是坚定的德美合作推动者，而对于双方有分歧的领域，也尽量通过政策协调手段来达成一致，或虚与委蛇加以拖延。在默克尔看来，与美国的矛盾属于“内部矛盾”，尽可能“内部消化”，勿使其扩散，在有共同利益的领域则推动密切合作。最典型的是贸易领域。美国一直是德国主要的贸易伙伴之一，2012—2015 年是德国在欧盟外最大的贸易伙伴，2016—2019 年为德国最大的出口市场；美国也是德国最大的贸易顺差来源国，每年为德国贡献 500 亿—600 亿美元的顺差。德国一直积极推动欧盟与美国商签贸易协定，2006 年下半年担任欧盟轮值主席国期间就提出了建立欧美自贸区的倡议。2007 年 4 月，默克尔与小布什联合推动欧美签署了《跨大西洋经济一体化框架协议》，成立“跨大西洋经济理事会”。2013 年，趁奥巴马政府主动提出与欧盟建立贸易与投资伙伴关系之机，默克尔成功推动欧盟正式与美国开展了相关谈判。2018 年，欧美双方陷入贸易摩擦，德国是主要受害方，其力主谈判解决分歧，推动欧盟出面与美国进行贸易谈判，力争打造

---

① “Bundeskanzlerin Merkel gratuliert dem designierten Präsidenten der Vereinigten Staaten von Amerika, Donald Trump”, 19. November 2016, http://www.bundeskanzlerin.de/Content/DE/Pressemitteilungen/BPA/2016/11/2016-11-19-trump.html.

② *Das Programm für Stabilität und Erneuerung*, Regierungsprogram CDU, CSU, 2021, S. 8.

“零关税、零非关税壁垒及除汽车产品外零补贴”贸易区。这些谈判虽未取得最终成果，但对缓解欧美贸易争端起到了积极作用。

在北约框架下开展对美国安全合作是德国外交政策的一个重要方面，也是德国构建“价值观同盟”的核心途径。对德国决策者而言，北约构成其与美国伙伴关系的“法律条约基础”，既是德国安全上的保障，也是德国诸多地缘与安全政策的行动指针。① 德美在防范俄罗斯威胁、阿富汗驻军、核威慑等方面有广泛共识，特别经历“9·11”事件后，两国在北约框架下开展反恐合作得到推进。德国积极加入北约在阿富汗的军事行动，驻军长达20年，先后投入约16万德国士兵，59人阵亡，成为推动德美合作的一个重要案例。德国也参与了北约打击“伊斯兰国”的行动。默克尔曾多次强调北约对维护苏联国家在战后稳定方面具有重要作用，2017年起，德国响应北约号召，向立陶宛派驻以坦克装甲部队为核心的“北约增强型前沿存在战斗群”，担任驻军领导。同时，北约作为一个“政治同盟”越来越受到德美双方的重视。2021年6月，时任德国外交部长马斯在北约外长会上表示：“未来十年，专制国家给西方带来的挑战将越来越大，北约必须增强‘政治肌肉’，强化民主同盟意识，以便在战略上优化行动。”② 也正是在这样的思维主导下，2021年的北约峰会首次专门就中国议题进行了政策协调。但不论合作多么密切，德国军费开支长年远低于北约规定的国内生产总值2%的标准，是德国与美国等不少盟国最大的分歧。对此，默克尔政府一再在言语上承诺要扩大军费预算，在北约内承担更多职责，以安抚美国，但对于达标日期则一再虚化。事实上，直至俄乌冲突爆发前，德国国内反战情绪一直较强，绿党等政党还主张改革北约，削弱其军事属性，因此德美之间还是存在分歧。但德方并不炒作分歧，一贯强调对美国、北约及其核保护伞的依赖。

高端技术制造及与此相关的规则和标准问题是新时期德美合作的重要领域。2021年7月15日，默克尔访美，多次强调欧美要确保在高端制造领域保持全球优势，力推德美在芯片等领域加强合作，还强调要重视抢占

---

① Johannes Varwick, “Nordatlantische Allianz”, in: Siegmar Schmidt, Gunther Hellmann, Reinhard Wolf (Hrsg.), *Handbuch zur deutschen Außenpolitik*, Wiesbaden: VS Verlag für Sozialwissenschaften, 2007, S. 775.

② “Die Nordatlantische Alianz (NATO)”, *auswärtiges Amt*, 21. Januar 2022, http://www.auswaertiges-amt.de/de/aussenpolitik/internationale-organisationen/nato/nato/207410.

数字领域国际标准制定权。9 月，法国与美国、英国、澳大利亚发生潜艇争端，法国一度希望推迟原定不久召开的“跨大西洋贸易与技术理事会”首次会议，但德国主导下的欧盟对与美国协调高科技议题需求迫切，主要原因是德国等以高端制造业为本的国家感受到中国等新兴经济体的竞争压力，希望与美国联手维护自身竞争优势。会议最终按原计划召开。

德美在全球很多问题上有共同利益，包括维护西方对国际规则的主导权。德国有着深刻的“西方情结”，在诸如全球市场规则、所谓“航行自由”、国际多边组织改革等问题上，德国都坚定地与美国站在一边。按照默克尔的话讲，德国与欧盟是“政治西方的一部分”。这都是德美具有长期合作潜力的领域，将在很长时间内起到维护跨大西洋关系的重要作用。

第三，率领欧盟走“战略自主”道路。由于德美之间存在结构性的矛盾，德国也并没有“一边倒”倒向美国，特别是特朗普上台后，默克尔当即感叹“完全能够依赖别国的时代正在一步步远去”,① 在与美国存在重大利益分歧的问题上，德国坚定走自己的路，顶住压力独自或引领欧盟维护自身合理权益。在经济金融领域，德国坚定推动欧元国际化，对美国利用“美元霸权”实施对外“长臂管辖”不满。2019 年 4 月，德国主持二十国集团首次数字经济部长会议，对美国动辄指责他国“操纵汇率”公开表达不满，据理力争，德国央行行长魏德曼批评美国在金融危机后利用多轮“量宽”获得“竞争优势”。因特朗普政府单方面制裁与伊朗开展正常贸易的欧洲公司，德国联合法国、英国一道创建了“贸易往来支持工具”，尝试破解“美元霸权”难题。持续的贸易顺差帮助德国央行积累了巨额黄金储备，是世界第三大黄金储备国，由于绝大多数黄金储备在纽约，为维护自身金融安全，从 2012 年起，德国就开始加速将黄金储备运回国内。至 2015 年，已基本完成黄金转运。为破除美国数字巨头在欧盟市场的垄断地位，德国联合法国在欧盟力推数字税，并以反垄断、监管有害信息不力等为由，多次对谷歌、脸书等处以巨额罚款。在能源问题上，德俄之间的“北溪 -2”天然气管道自开工起就不断遭到美国阻挠，特朗普政府一再威胁对相关企业实施制裁，德国亦不示弱，诸多政要均表示，一旦遭受制裁，德国将推动欧盟实施反制。默克尔政府一直持较为强硬立场，认为“北溪 -2”天然气管道涉及德国和欧洲能源主权问题，不会轻易让步。德

---

① Adam Soboczynski, “ Die Zeiten, in denen wir uns auf andere völlig verlassen konnten, die sind ein Stück vorbei”, *Die Zeit*, 1. Juni 2017.

国的坚持最终促使拜登政府从维护双边关系大局出发，取消了制裁计划。在防务问题上，德国深知美国重心移出欧洲不可逆转，故支持法国提出的一系列增强自身防务能力建设举动。在德法共同推动下，2016 年 11 月，欧盟公布"欧洲防务行动计划"，提出设立每年 50 多亿欧元的欧洲防务基金。2017 年，欧盟内 25 个成员国在防务领域正式启动"永久结构性合作"，激活欧洲防务合作机制。

综上，我们可以看到，在跨大西洋关系中，德国发挥两方面领导作用。一方面，从奥巴马到特朗普再到拜登，德美关系的发展基本上是欧美关系的一个缩影，特别是特朗普执政时期，默克尔领导德国与美国的博弈基本代表了欧盟的外交立场；另一方面，在美国"退群废约"、强调"美国优先"的时候，德国又承担起了在全球维护自由民主的责任，默克尔于是被视为西方体制的拯救者，一度成为民主自由的"灯塔"。德国在对美关系中始终是一个积极的合作者和促进者，在欧美关系发生摩擦的时候，德国力保价值观在跨大西洋关系中的"稳定锚"作用，加强在贸易、安全等领域与美国的利益捆绑，以此对冲各个时期欧美关系所遭受的损害。与此同时，又谨慎地在欧盟"战略自主"与对美依赖之间维持平衡。不过十余年来总的趋势上，德美之间的结构性矛盾是愈加固化，德美贸易结构的差异、美国追求霸权与德国走"文明力量"道路之间的矛盾、美国战略东移与德国优先稳定周边的矛盾等，均难以找到完全破解之道。德国一直试图引领塑造新时期的跨大西洋关系，但在百年未有之大变局下很难有所作为，只能尽力"求同存异"，挑选有共同利益的领域加强合作，有分歧的领域尽力协调，协调不成则各行其道，走向"在具体问题上有共识就合作、有分歧就吵架"的"菜单式"状态。

二、构建"多边主义联盟"

"价值观同盟"的建设，不仅局限在大西洋两岸，德国的雄心是拉拢所有"志同道合"的伙伴，共同塑造和规范全球秩序，这也是其拓展自身领导作用的一种路径尝试。2021 年 5 月 18 日，德国外交部首次推出《多边主义白皮书》，阐述德国多年来在坚持和维护全球多边主义秩序的努力。时任德国外交部国务秘书尼尔斯·安南在介绍《多边主义白皮书》时指出，"自德意志联邦共和国成立以来，德国的繁荣、安全及其在外交政策中采取行动的能力，均取决于德国所融入的联盟、多边组织和国际协定"。德国自身力量有限，必须依靠"国际法赋予全球秩序的一套具有约束力的规则”。① 在德国看来，这套规则不仅针对所谓的“非民主国家”，对于盟友也是如此。也正因此，在特朗普上任后对跨大西洋关系造成严重损害的背景下，德国首次倡议建立一个“多边主义联盟”来弥补西方价值观上的缺失。

2018 年 7 月，在日本访问的时任德国外交部长马斯提议与日本及其他“志同道合的伙伴”共同建立一个“多边主义联盟”，一道维护“现行国际秩序”，抵制日益突出的单边主义倾向。马斯明确批评特朗普“破坏数十年才建立起来的国际联盟”，也批评俄罗斯在乌克兰的所作所为。因此他主张德国联合日本、韩国、加拿大、南非等分享“共同价值观”的伙伴国，“集中优势，做国际秩序的塑造者和推动者”。② 这也是成为“多边主义联盟”最初的由来。随后，加拿大、法国、日本等国外长亦在多个场合对这一倡议表示了支持。

2019 年 9 月召开的第 74 届联合国大会上，德国与法国共同提出这一倡议，并与加拿大、墨西哥、新加坡、智利、加纳共同主办了首次联盟部长级会议，此后不断有国家加入其中，截至 2021 年 7 月，该联盟已有 88 个成员国。当然，这一联盟并不是一个正式的国际机构，也没有对成员国的约束力，而是一个网络，允许参与方围绕具体议题进行灵活讨论。该联盟的宗旨在于“维护以规则为基础的国际秩序”，建立“普遍而有效的多边主义秩序”。该联盟先期提出七大行动领域，包括保护人权、维护国际法和基于“普世规则”的国际秩序、推动裁军与军控、维护太空规则、促进国际公共产品的生产和分配、应对气候变化、维护国际机构权威。在每一领域中都分别提出了具体行动倡议，例如在人权领域倡议建立“信息与民主国际伙伴关系”，共同维护“自由、多元、真实的舆论环境”，反对“操纵假信息破坏民主”。该联盟在抗击新冠疫情方面行动最为积极。2020 年 4 月 16 日、6 月 26 日两次召开部长级会议并发表共同声明，呼吁加强

① Niels Annen，“Ein Weißbuch Multilateralismus”，9. September 2020，https：//peacelab. blog/2020/09/ein - weissbuch - multilateralismus#：~：text = Multilateralismus%20ist%20ein%20Gesamtansatz%20der%20Bundesregierung%20In%20der，die%20globale%20Ordnung%20entsprechend%20unserer%20Kr%C3%A4fte%20aktiv%20mitzugestalten.

② Heiko Maas，“Speech by Minister for Foreign Affairs，Heiko Maas at the National Graduate Institute for Policy Studies in Tokyo，Japan”，*auswärtiges Amt*，25. Juli 2018，https：//www. auswaertiges - amt. de/en/newsroom/news/maas - japan/2121846.

全球多边卫生架构，并将多边合作视为应对疫情的唯一手段。作为主要成员国，德国主导并促使欧盟积极推动建立全球疫苗分配平台“新冠疫苗实施计划”以及“获取新冠工具加速计划”，积极捐助并协调各国一道参与。

从数十年来的外交实践来看，德国在全球外交领域主动倡导成立国际组织或联合体非常罕见，“多边主义联盟”可以说是一次突破性的尝试，目前虽尚未形成巨大的全球影响力，但依然显示德国外交风格的转变，既是其在全球层面发挥影响力的一个有益尝试，即以“德国思维”联合伙伴共同塑造国际秩序；也是其外交姿态转向积极有为的重要步骤，其对全球战略结构有了一些开创性的思考。

德国倡导“多边主义联盟”的背后，有两个问题值得关注。

其一，德国外交虽然长期以欧洲一体化和跨大西洋关系为两大支柱，但也并非单纯只依赖这两大支柱，而是尽可能在多方之间维持平衡，最理想的就是追求“均势”。从历史上看，“均势”是德国的外交传统，著名的“铁血宰相”俾斯麦就是维持“均势”的高手，他纵横捭阖，先是联合奥地利攻打丹麦，又联合了意大利和法国攻打奥地利，之后迅速修复与奥地利的关系，与俄罗斯、奥地利协作，发动了对法战争。通过这种“联合一方，打击一方”的决策指引，德国实现了三次外战胜利，最终实现了统一。这一传统时至今日依然奏效。默克尔时代，德国仍然是以追求多方联合、反对霸权为首要外交理念。在德国看来，美国政府日益走向单边，即使在特朗普离任后，以“美国优先”为代表的“特朗普主义”幽灵依然徘徊在美国社会；美国不断“退群废约”，即使对同为民主国家的德国而言也是一种威胁。这一包含88个国家的联盟未能吸纳美国加入，实属罕见，对外明确地释放出德国的不满情绪，显示在有限的范围和必要的领域内，其有必要尝试“另立门户”，维护自身利益。

其二，德国所谓的“多边主义”，依然是一种“有限多边主义”，是一种“德国眼中的多边主义”，并不具有全球普遍性。虽然“多边主义联盟”一再强调其开放性，但所谓开放，只是向赞同“西方规则”的国家开放。该联盟所坚持的原则：一是“拯救处于压力或濒临危机的国际规则、共识和机构”；二是强调“面对挑战共同行动”；三是“在关键原则和价值观方面不妥协，在此基础上推动改革，构建包容、有效的联盟”。① 从这些原则

① “What is the Alliance for Multilateralism?”, https://multilateralism.org/the-alliance/.

中可以看出，德国对加入这一联盟的成员国实际上是设定了标准的，即必须认可德国所遵循的价值观，还要遵循西方所设定的一套国际规则。德国所倡导的仍然是西方内部的多边主义，或者至少是以西方为首的多边主义，实际上是有针对性地“塑造”某一些对象。

“多边主义联盟”在反对单边和霸权方面有其积极意义，并形成了一定号召力，众多国家参与和支持，德国所代表的价值观受到不少国家认可，其领导作用有所增强，也确实可以通过联合更多的所谓“民主国家”在全球层面上共同推动一些进程。但同时，该联盟也从一开始就是“跛足”的。价值观色彩较为浓重是一个限制性因素，缺乏中美两大力量参与的“多边主义联盟”，实际上也很难在国际事务中发挥决定性的作用。因此，这一案例也能够从一个侧面显示，德国在外交上还欠缺一些战略性设计，其欲在“价值观同盟”内部发挥更大作用，仍需大力提升自身的战略本领。

第四章　在国际事务上发挥“塑造性作用”

考察默克尔时代德国外交的另一个平台是全球舞台。默克尔时代，德国外交转向积极有为是有目共睹的，其在欧盟内话语权不断上升，成为“事实上的领导者”。在全球层面，德国也同样试图有所作为。纵向比较，其参与国际事务的广度和深度都有明显增加。不过与在欧盟内不同，在全球层面德国将更多面对大国博弈、地缘争斗、全球治理赤字等挑战，加上其本身定位为“中等大国”，在很多方面虽欲积极有为，但亦力有不逮，所以其所尝试的“领导”并不同于在欧盟内部的“领导”。德国秉持其传统理念，更希望将自身的价值观、规则观和治理理念推广到全球层面，发挥软实力作用，以此参与并尽可能主导“塑造”全球秩序。因此，“塑造”成为德国在全球层面发挥外交“主动性”和所谓“领导作用”的独特方式。

第一节　营造安全稳定的周边环境

对于任何国家的外交政策而言，其核心目标首先是要维护自身安全，而周边与大国是两个不可或缺的维度。维护周边安全既是德国外交政策不可推卸的重要责任，也是德国参与塑造和平稳定国际秩序的关键一环。德国面临的周边地缘形势异常复杂，东有俄罗斯的长期战略挑战，乌克兰危机、纳卡冲突、白俄罗斯“民主化倒退”加剧德国不安；南有中东乱局，不断输出难民和恐怖主义威胁，西巴尔干未入盟国家长期经济发展滞后，加之大国争夺加剧，德国“后花园”不保。这些都是默克尔时代德国重要的安全担忧事件，其主要采取协调斡旋的手段，积极塑造安全稳定的周边秩序。

一、与俄斗而不破

德俄之间自古以来双边关系就异常复杂。一方面，德国1871年统一以来，为了避免“腹背受敌”，多次与俄国以及后来的苏联结盟，对付来自西部的威胁；另一方面，德俄也多次刀兵相见，纳粹德国对苏联的侵略至今仍是德俄关系的一道伤疤。默克尔时代，德俄关系的两面性依然十分突出：德国对俄罗斯经贸和能源上的依赖决定了德国有对俄合作的必要；但两国“三观不同”，看待许多全球问题的思维模式完全不相“兼容”，在地缘上也相互敌视，对抗性又十分突出。德国力求在两方面之间维持平衡，努力在确保对俄关系不脱轨的前提下，规范俄罗斯的国际行为。

德俄关系在施罗德任德国总理时期就不断向好。默克尔时代，德俄乃至整个西方与俄罗斯并未发生重大不可逆转的直接冲突，在默克尔主导下，德俄关系亦保持了稳定。维系德俄关系稳定最重要的因素源于德国对俄罗斯能源和原材料上的需求。德国能源十分贫乏，从俄罗斯获取石油、天然气是最为便捷、经济的方式，俄罗斯遂成为长期、稳定的对德能源供应来源国。德国约1/3的石油、40%的天然气、20%的煤炭供应需要依赖俄罗斯，镍、钛等重要稀有金属对俄依赖度也高达40%以上。2020年德国从俄罗斯进口215亿欧元货物，油气、化工制品、稀有金属占80%以上。

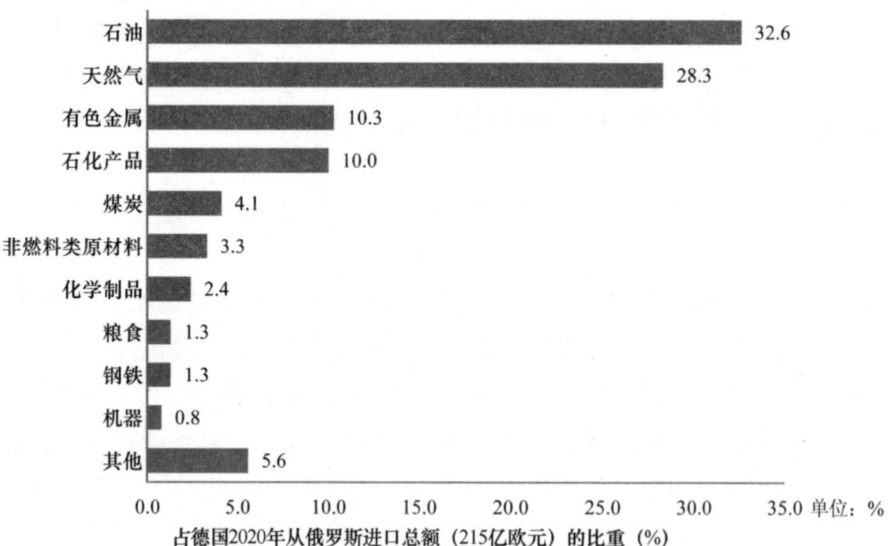

图4-1 德国2020年从俄罗斯进口商品结构①

---

① Florian Diekmann, Claus Hecking, Maria Marquart, “Wie sehr braucht die deutsche Wirtschaft Russland?”, *Der Spiegel*, 2. März 2022, https://www.spiegel.de/wirtschaft/sanktionen-wie-sehr-braucht-die-deutsche-wirtschaft-russland-a-7d8144bb-feaf-4697-83b1-5ab0f92c5113.

2014 年爆发的乌克兰危机严重影响俄罗斯与西方国家的贸易，但德俄之间的油气贸易量并未减少。2014 年，德国从俄罗斯进口石油 3003 万吨，进口天然气约 453 亿立方米；2021 年，新一轮乌克兰危机爆发前，德国从俄罗斯进口石油仍保持 2774 万吨，天然气增长至 563 亿立方米。因此我们看到，默克尔政府在能源方面始终保持对俄依赖。2005 年施罗德卸任前，德俄政府达成修建一条通过波罗的海的天然气管道的协议，这条名为“北溪－2”的天然气管道在默克尔时代得到实质性推动和建设。虽屡遭美国及波兰等部分“恐俄”强烈的中东欧国家反对，但德国一直保持强硬的态度，并将其视为主要国家利益予以维护，该天然气管道在默克尔卸任前基本完工。特朗普曾因此抨击德国“甘当俄罗斯俘虏”,① 由此可见能源依赖在德俄关系中发挥的重要作用。

俄罗斯对德国周边地缘形势的重大影响力，也是德国重视维持与俄罗斯稳定关系的重要因素之一。对于欧盟而言，维护周边安全始终是其面临的重大难题：中东地区长期动荡，伊斯兰恐怖主义猖獗；白俄罗斯、乌克兰等国在欧俄夹缝间生存，常常成为引发地缘冲突的导火索；巴尔干诸国也是各方争夺的地缘焦点。在这些重大问题上，俄罗斯无可回避地发挥着关键性作用。俄罗斯长期介入叙利亚问题，2018 年 8 月，俄罗斯协助叙利亚政府军对叙利亚北部伊德利卜省发起攻势，令德国等欧盟国家颇为紧张，担心难民潮再起。德国深知，若俄罗斯在欧盟周边问题上“略施手脚”，就可轻易搅动乱局，威胁欧洲和平安全。以默克尔为首的务实派虽认定俄罗斯对欧洲始终存在重大威胁，但俄罗斯是“难以回避的强邻”，对俄关系一旦失控，后果不堪设想。因此对俄政策始终是“对话优于对抗”，建立可预期、更稳定的双边关系更符合德欧利益。这也成为德国长期以来对俄政策的基本出发点。

普京执政后，最初心怀“融入欧洲”的美好愿望，期待欧盟国家能以更广阔的视野推进“大欧洲一体化”。在俄罗斯精英的眼中，俄罗斯虽然地跨欧亚，但仍是一个拥有欧洲文明的国家，仍具有广泛的“欧洲认同”。② “9·11”事件后，俄罗斯很快与西方站在一起，支持联合反恐；

---

① Jeremy Diamond, “NATO summit: Trump accuses Germany of being a ‘captive of Russia’”, *CNN*, July 11, 2018, https://edition.cnn.com/2018/07/11/politics/trump-germany-russia-captive-nato/index.html.

② 罗英杰：《利益与矛盾——冷战后俄罗斯与欧盟关系研究》，北京：世界知识出版社，2009 年版，第 23 页。

俄罗斯还放下身段，表示可以加入欧盟、北约。但这一示好行为并未获得西方认可，俄罗斯的利益还不断受到侵蚀。随着美国策动格鲁吉亚和乌克兰“颜色革命”、欧洲部署反导系统、北约持续东扩、欧盟推进与乌克兰等国的联系国协定等，最终刺激俄罗斯全面改变外交政策。2007 年，俄罗斯总统普京在慕尼黑安全会议上严辞抨击美国建立单极世界，危害全球安全，与民主背道而驰，正式标志着俄罗斯与西方重新陷入对立。① 俄罗斯与西方国家对抗以 2014 年爆发的乌克兰危机为高潮。乌克兰危机后，德国等欧洲媒体也一再反思，对俄关系之所以走向冲突对抗的老路，很大程度上缘于西方国家对俄罗斯错误的认知以及长期的挤压。德国《明镜周刊》专栏作家雅各布·奥格施泰因就认为，欧盟不断东扩，对俄罗斯步步紧逼，令俄罗斯深感被包围，“俄在乌克兰事件上的强烈反弹只不过是多年来被西方不断挤压战略空间的最终爆发而已”。②

准确地讲，德国对俄罗斯的总体看法十分负面，以默克尔为首的德国政要从内心深处认为俄罗斯是“不可信的”，其缺乏民主观念、以权力的语言对外说话，这都不符合德国的价值观体系。德国多年来也在尝试促推俄罗斯的“价值观改造”，2006 年德国政府提出“交融促变革”，2008 年又提出“德俄多维度现代化伙伴关系”，显示除经贸外，政治民主化亦是推动俄罗斯实现“现代化”的一大关键。③ 与此同时，德国也没有放弃惯用的“贸易促变革”手段，只不过与俄贸易更多集中在能源方面，可以说是“以能源促变革”。德国修建“北溪－2”天然气管道，除了确保自身能源安全的初衷外，很重要的就是希望通过能源贸易加强与俄罗斯的捆绑，推动普京政府向西方国家靠拢，达到改造其“独裁倾向”的目的。④ 当然这一目标未能实现，乌克兰危机的爆发也再次打破了德国从价值观上改造俄罗斯的幻想，转而一方面采用制裁等更加强硬的外交手段施压，另一方面更积极地利用对话、斡旋等传统手段稳定与俄罗斯关系。相比其他欧盟

---

① Rob Watson, “Putin’s speech: Back to cold war?”, *BBC*, February 10, 2007, http: //news. bbc. co. uk/1/hi/world/europe/6350847. stm.

② Jakob Augstein, “Putin und die Ukraine – Krise: Das falsche Feindbild ”, *Der Spiegel*, 24. März 2014, http: //www. spiegel. de/politik/ausland/augstein – kolumne – putin – und – der – westen – in – der – krim – krise – a – 960354. html.

③ Susan Stewart, *Prämissen hinterfragen: Plädoyer für eine Neugestaltung der deutschen Russlandpolitik*, SWP – Aktuell, August 2012.

④ Wolfram Hilz, *Deutsche Außenpolitik*, S. 147.

国家，德国对俄政策的灵活性和韧性都更为突出。

默克尔时代，德国对俄罗斯政策虽有起伏，但若将时间段拉长，可以看出整体体现“平衡”二字。简单来讲，默克尔政府的对俄政策就是“塑造平衡的对俄关系”，这不仅适用于德国，对整个欧盟乃至西方联盟，德国都希望能够如此。得益于默克尔与普京总体顺畅的沟通渠道，德国对俄政策在欧盟内总是起“先行者”和“标杆”作用。德国对俄“平衡”政策在2008年俄格冲突期间展现得异常鲜明：由于经济上的相互依赖性，德国并不想孤立俄罗斯或对其施加制裁，于是默克尔一方面严厉批评俄罗斯政府的军事行动，另一方面又让外交部长施泰因迈尔与之配合，批评格鲁吉亚总统米哈伊尔·萨卡什维利。① 既在公开场合表态支持格鲁吉亚加入北约，以此向俄施压，又在幕后实际行动上反对北约接纳格鲁吉亚，使得2008年底的北约外长会未能通过“成员国行动计划”。

2014年乌克兰危机爆发，正值默克尔第三任期伊始，“慕尼黑共识”公之于众仅一个月，正好成为德国“有为外交”的试验场。德国在乌克兰危机爆发后的表现，对其外交政策趋向积极做了注脚，改变了过去面对外部危机时克制、低调的做法，同时彰显着平衡有度的特点。德国的表现有两个维度：

一是坚持做好其一贯擅长的协调、斡旋工作。在乌克兰危机爆发的当年，默克尔与普京通过电话或面谈30余次，有时隔一两天就会通一次电话，在欧洲大国领导人中绝无仅有；最初在美国等国主张将俄罗斯驱逐出八国集团时，默克尔表示反对，认为这是为数不多的可以与普京进行直接沟通的平台，西方主动废弃能与俄罗斯直接对话的八国集团是一项战略失误，德国也会因此失去作为俄美斡旋者的一个重要工具。② 时任德国外交部长施泰因迈尔两度赴乌克兰调停，与法国、波兰一道促成乌克兰政府与反对派签署协议，避免乌克兰陷入内战；多次邀请美国、法国、俄罗斯、乌克兰外长赴柏林会晤，就停火谈判与和平路线图展开磋商。德国还在西方各国中最早提出在欧洲安全与合作组织（以下简称欧安组织）领导下设立国际联络小组，促成欧安组织在后续的协调行动中发挥重要作用。在德

---

① 孙芳：《西方“恐俄症”：从历史心理到政治心理》，《俄罗斯东欧中亚研究》，2020年第4期，第35—55页。

② Stephan Bierling, *Vormacht wider Willen: Deutsche Außenpolitik von der Wiedervereinigung bis zur Gegenwart*, München: C. H. Beck, 2014, S. 244.

国的直接参与和支持下，2015 年 2 月，德国、法国、俄罗斯、乌克兰四国在白俄罗斯首都明斯克签署了《明斯克协议》，就乌克兰东部和平问题达成一系列共识，构成后续解决乌克兰危机的政治基础。

二是适度强硬，该制裁则制裁。2014 年 3 月 6 日，建立国际联络小组的努力暂时夭折后，德国同欧盟多国一道对俄罗斯实施了初步制裁，称如果俄罗斯不为稳定乌克兰局势努力，德国将放弃经济利益，加大对俄罗斯制裁。进入 7 月，乌克兰政府军与亲俄反对派冲突加剧，德国对俄态度也随之趋硬，默克尔甚至一度支持尽快加大对俄制裁力度。当然我们看到，德国的促和努力并没有发挥充分效果，乌克兰东部局势仍不时恶化，特别是《明斯克协议》签署后，德国认为俄罗斯没有全面贯彻协议，遂在欧盟内坚定支持对俄罗斯实施制裁。甚至后续欧盟对俄罗斯加码制裁，也都有德国牵头协调的影子。①

德国对俄罗斯、乌克兰问题的塑造作用，还体现在经济方面的支持上，这是发挥塑造力很重要的一个外交手段。德国是欧盟内对乌克兰经济援助最多的国家，2014—2021 年，德国在乌克兰投资 20 亿欧元，联邦政府授信的信用担保 5 亿欧元；对乌克兰发展援助金额超过 10 亿欧元，人道主义捐助约 1.86 亿欧元；为乌克兰社会建设提供 4440 万欧元，包括冲突监测、民间社会冲突管理、促进民族和解与对话、保护平民、促进法治等领域；新冠疫情期间，德国还支持乌克兰抗疫，提供了超过 2400 万欧元的资金和价值 6300 万欧元的医疗设备和疫苗。对于军事而言，德国一般情况下反对激化冲突，特别反对提供杀伤性武器等，但在军事训练和军事经验交流方面德国有所作为，让超过 500 名乌克兰士兵在德国完成了培训。②

围绕“北溪 -2”天然气管道项目而展开的博弈，最能体现默克尔对俄平衡政策。尽管该工程所包含的地缘政治不言而喻，但在从启动到建设的不同阶段，德国政要面临美国、中东欧、部分北约盟友的指责，一再将其标记为“纯经济的项目”。德国对其中所涉及的现实利益心知肚明：第一，德国对俄罗斯的天然气依赖不因该项目成败而减少，取消项目将增加天然气的陆路进口，使得能源供应更不安全；第二，美国提供页岩气在成

① 关于德国在乌克兰危机中发挥的积极作用，详见笔者前期研究成果。李超：《德国政府“积极外交政策”评析》，《现代国际关系》，2014 年第 9 期，第 41—47 页。

② “Unterstützung für die Ukraine in einer herausfordernden Zeit”, 22. Februar 2022, https: //www. bundeskanzler. de/bk - de/aktuelles/unterstuetzung - ukraine - 2003926.

本和供应量上均难以取代俄罗斯的供应；第三，这项工程本身也被德国视为向俄施压的一个工具，放弃将减少德国对俄工具箱中的政策工具。我们看到，每当俄乌冲突有所激化，或德国围绕俄罗斯反对派斯克里帕尔、纳瓦利内“中毒事件”向俄发难时，制裁或搁置“北溪-2”天然气管道项目都成为常见工具选项，但在默克尔时代，德国从未流露过使该项目流产的任何意图。

通盘来看，默克尔时代德国对俄罗斯态度较此前更加强硬，但仍应看到，德国对俄政策的最终目的不是冲突对抗。经历了多轮制裁，德国意识到，在克里米亚问题既成事实的大背景下，必须在困难中寻求妥协和平衡。因此德国一边维持制裁和压力，一边寻求稳定，促进必要的合作。德俄关系因此在波动中不时出现好转的契机，例如，2018 年，为应对叙利亚、乌克兰危机共振及美国单边主义回潮，默克尔就积极尝试稳定与俄关系。同年 5 月，默克尔访问俄度假胜地索契，会见普京；同年 7 月，默克尔会见了到访的俄罗斯外交部长拉夫罗夫及受欧盟制裁的俄罗斯武装部队总参谋长格拉西莫夫；同年 8 月，普京在乌克兰危机后首度专访德国，双方达成了一些共识。2020 年以来，德国更联合法国多次释放与俄罗斯对话的信号，默克尔一再强调即使在冷战时期西方也保持与俄对话渠道畅通，当前形势远没有冷战紧张，更没有拒绝对话的理由。① 2021 年 6 月，德法协调共拟草案，建议采用包括“欧俄领导人峰会”等形式，寻求与俄在气候、环境、北极、反恐、叙利亚、伊朗等议题上合作。建议虽被以波罗的海三国、波兰等为代表的反俄派所否决，但能反映出德国对俄罗斯所坚持采取的平衡政策。默克尔还竭力避免任何一方采取加剧局势紧张的动作。2021 年 5 月，默克尔曾在北约内部行使否决权，阻止了北约向乌克兰提供美国布雷特步枪和立陶宛无人机反制枪；同年 8 月，默克尔任内最后一次访问乌克兰，当面拒绝了乌克兰总统泽连斯基解除武器禁运的请求。

总的来看，默克尔对俄政策最大的特点是“冷静而务实、有矛盾也有合作”,② 斗而不破。当然受三方面因素约束，德俄关系未来也很难恢复到

---

① Thomas Gutschker, “Selbst im Kalten Krieg wäre Gesprächskanäle da”, *Frankfurter Allgemeine Zeitung*, 25. Juni 2021, http://www.faz.net/aktuell/politik/ausland/eu-gipfel-mit-putin-merkel-macron-vorstoss-gescheitert-17408140.html.

② 李微：《德国欧洲和平秩序观视角下的德俄安全关系研究》，北京：对外经济贸易大学出版社，2020 年版，第 107 页。

施罗德时期的“特殊关系”。一是受美国掣肘。基于战略考量，德国仍将跨大西洋关系视为外交优先项，美国一直对欧俄加强接触保持相当警惕，德国很难为改善对俄关系而置美国关切于不顾。二是德俄之间根本分歧难消。从德国惯于推行“价值观外交”的传统来看，其不可能与俄罗斯在重大国际问题上达成广泛一致，德国对俄“价值观改造”的尝试虽不成功，观念上却不会改变，在乌克兰、叙利亚等问题上，德俄合作基础相当薄弱。德国主张对俄罗斯强硬的声音也一直存在，特别是反对俄罗斯“利用美国留下的权力真空向欧展示‘肌肉’”。三是欧盟内部存在不同声音。不少中东欧国家始终将俄罗斯视作重大安全威胁，主张加强防范和遏制。欧盟各成员国分歧矛盾多，维护团结亦为德国外交战略重点，其有必要顾及中东欧国家的对俄立场。总之，作为欧盟外交最主要的运筹者，默克尔一直坚持在欧盟、美国、俄罗斯等大国与叙利亚、乌克兰、中东欧等小国间谨慎运筹，尽可能协调各方利益，实现各方博弈的基本平衡。

二、介入中东乱局

德国和欧盟是中东乱局的直接受害者。其一，中东是欧盟“近邻”，每次中东发生冲突，都会刺激大量难民前往欧盟国家，加剧欧盟各国负担。其二，中东是极端伊斯兰恐怖分子最为集中的“源头”之一，中东动荡不安将加剧欧盟恐患。其三，中东历来是大国权力的“角斗场”，美俄等大国介入中东局势，同样会威胁欧盟的稳定与发展。其四，欧盟1/3以上的石油和天然气依靠中东供应，中东局势生变将威胁欧盟的能源安全。在欧盟中，德国更因一些历史问题而与中东有着分不开的联系，其与以色列有着唯一可以称得上的“特殊关系”，其在施罗德执政时期“背离”盟友，坚决反对北约发动伊拉克战争……默克尔时代，德国依然将中东和平稳定视为外交重要目标，在延续施罗德时期“小心谨慎、积极斡旋”中东政策方针的同时，也注重突出主动塑造，虽然不是中东乱局的决定性力量，但常常发挥出不可替代的独特作用。

德国中东政策的基本原则依然是“和平对话”与“克制政策”。默克尔执政前期基本维持低调的作风，主要是发挥一些调解、斡旋的作用，并且坚决反对动用武力。默克尔上任后就积极协调各方在巴以问题上的立场，推动重启“四方会谈”（美国、俄罗斯、欧盟、联合国），努力提升欧盟在中东特别是巴以问题上的作用，得到了一些认可。① 2011 年 3 月，联合国安理会就在利比亚设立禁飞区的决议进行表决，德国罕见地与中国、俄罗斯、印度、巴西一道投了弃权票，在重大问题上与盟国相悖。这一做法虽贯彻了德国一贯坚持的“和平主义”方针，但其官方表态称，对利比亚采取军事行动后果难以预料，甚至还会引发“一系列反作用”，为避免成为“战争乱局”中的一方，德国拒绝参与此次军事行动。② 显示德国有一定的“鸵鸟心态”，积极性不足。此后的几年中，在中东问题上，德国坚守反战方针，即使支持叙利亚反对派，也不向其提供武器，并反对欧盟取消对叙武器禁运；与美英保持距离，不参加对叙军事行动。当然，德国政府僵守这种“克制文化”，没有充分利用自身行动余地和潜在影响力，受到了不少批评。③ 这也成为德国宣布外交战略变革的一个重要因素。

以 2014 年为界限，德国的中东政策有了较明显的变化，积极性明显提升，其原则虽仍是促和、促谈，但更多是将自身嵌入和谈进程中，尽可能扩大自身外交影响力。德国在中东乱局中多次与联合国安理会“五常”一道，充当起了“第六常”。自 2011 年卡扎菲政权被推翻后，利比亚一直陷入动荡，法国、意大利等国在中东地区存在历史上的利益关系，各自支持相应的政治势力，而德国则保持中立立场，一直致力于通过斡旋避免战乱。2020 年 1 月 19 日，德国协调 12 个国家及联合国等 4 个国际组织的领导人赴柏林参加利比亚问题柏林峰会，推动解决利比亚冲突迈出“积极一步”。2021 年 6 月 23 日，德国再次主持召开第二次利比亚问题国际会议，强调“利比亚人民决定自己的未来”“努力推动所有外部势力离开利比亚”，④ 为 2021 年年底举行的利比亚选举创造稳定环境。叙利亚危机持续时间长，而德国是难民输出的最大受害国，因而在促和问题上最为积极。2014 年 12 月，德国主办了当年的叙利亚问题国际会议，时任外交部长施泰因迈尔急切地表示，“我们不得不月复一月地要求国际社会作出贡献”

---

① 殷桐生主编：《德国外交通论》，北京：外语教学与研究出版社，2010 年版，第 297 页。

② “Pressestatement Bundeskanzlerin Merkel beim Libyen – Gipfel in Paris”, 18. März 2011, http: //www. bundesregierung. de/nn _ 774/Content/DE/Mitschrift/Pressekonferenzen/2011/03/2011 – 03 – 19 – libyen – gipfel. html.

③ 郑春荣：《德国外交政策的新动向》，《欧洲研究》，2014 年第 2 期，第 3 页。

④ 张远：《利比亚问题国际会议在德国柏林举行》，新华网，2021 年 6 月 24 日，http: //www. xinhuanet. com/world/2021 – 06/24/c_1127592373. htm。

“国际援助是应对这个时代最大的人道主义悲剧的唯一办法”。① 在这方面，德国表现十分突出，其在历次叙利亚问题国际捐助者会议上都认捐较高份额。2012—2020 年，德国对叙利亚人道主义援助总计高达 36 亿欧元；② 2021 年，德国承诺援助 17 亿欧元，为历年之最。在伊朗核问题上，2003 年，德国就作为伊核谈判的首倡者推动谈判开启。默克尔上任后，继续促推美国、联合国等相关方加入谈判，2006 年起，“联合国安理会常任理事国 + 德国”（P5 +1）的伊核谈判模式正式启动，最终推动伊核协议的签署。在这一过程中，尽管德国难以发挥决定性作用（关键取决于伊朗和美国），但作为平台搭建者，并将世界主要大国笼络到这一问题上，特别是在欧盟内有较高话语权，德国已经突破性地完成了其在伊核问题上的外交目标。③ 当然伊核协议的贯彻难度不小，特朗普时期美国退出伊核协议再令伊朗局势生变，此时德国又引领欧盟坚决捍卫协议，一边试图说服美国回归谈判桌，一边敦促伊朗遵守协议约定，并与法英一道推出“贸易便利化工具”，破除与伊朗开展贸易的美元障碍。

当然面对中东持续不断的冲突，德国也适时采取强硬手段加以应对。一是经济制裁。2011 年西亚北非局势动荡后，德国虽反对对利比亚展开军事行动，但坚决支持经济制裁，在联合国表决“禁飞区”前三周，时任德国外交部长吉多·韦斯特韦勒就已呼吁“禁止卡扎菲家族人员出境，冻结其海外资产”；德国投弃权票后，默克尔又建议对利比亚实施全面石油禁运和大规模贸易限制。对叙利亚也是同样，初期德国坚决支持欧盟对叙利亚实施制裁，2013 年后，德国对叙利亚各项制裁又显著升级，包括禁止向叙利亚出口任何与石油、天然气相关的设备及技术，禁止对叙利亚投资等，旨在“切断叙利亚政府的资金流”，促其内部生变。④ 对伊朗同样是制

---

① Christian Böhme, “Die größte Tragödie unserer Zeit”, *Tagesspiegel*, 18. Dezember 2014, https: //www. tagesspiegel. de/politik/syrien – konferenz – in – berlin – die – groesste – tragoedie – unserer – zeit/11140438. html.

② “Factsheet – Hilfe für Syrien”, *auswärtiges Amt*, https: //www. auswaertiges – amt. de/blob/1897876/bc1b072256387f684e26a97aae0b903e/factsheet – deutsche – hilfe – syrien – data. pdf.

③ Rolf Borchard, “Atomstreit mit Iran: Deutschland als Mittler und Anschubser”, 7. Juli 2015, https: //www. deutschlandfunkkultur. de/atomstreit – mit – iran – deutschland – als – mittler – und – anschubser. 2165. de. html? dram: article_id = 324759.

④ 陈双庆：《叙利亚局势及其未来走向》，《现代国际关系》，2012 年第 1 期，第 43—48 页。

裁与谈判并举，支持西方国家对伊朗必要的威慑。二是军事手段。虽慎用武力，但在打击恐怖主义的问题上，德国与盟国站在了一起，破例支持盟国采用军事手段。2014 年 8 月，德国打破不向战乱地区提供武器的惯例，宣布向伊拉克北部库尔德人提供武器支持，助其打击“伊斯兰国”恐怖分子。2015 年 11 月，巴黎恐怖袭击发生后，德国联邦议院以绝对优势通过议案，派遣 1200 名联邦国防军士兵赴中东协助法国参与打击“伊斯兰国”行动。这是德国战后最大规模的单次海外军事行动。

此外，值得一提的是，德国在中东相关问题上的自主性逐渐增强，历史约束的痕迹将慢慢淡化。这突出体现在对以色列的政策上。保证以色列存在权是德国外交基本方针之一，默克尔多次强调，德国将“无条件支持以色列国家安全”，称以色列国家安全为“德国国家利益”。但以德国“有为外交”出台为线，其前后对以色列态度还是有一些变化。前期，德国持无条件支持态度，德国自 1957 年阿登纳政府时期开始向以色列出口武器，间接保护以色列安全。默克尔时代，德国进一步扩大对以色列军火交易，甚至自己出资为以色列建造潜艇等先进武器。由于部分设备敏感性较高，德国多保持低调，避免被外界质疑。2012 年，德国政府扩大了武器出口合作，有媒体披露称，以色列在德国提供的潜艇上部署了装备核弹头的巡航导弹，外界虽多有批评，但德国对此不予置评。德国政府一直支持巴勒斯坦建国，但出于照顾以色列，对巴勒斯坦态度谨慎。2012 年 11 月，德国在联合国全体大会上对巴勒斯坦申请成为“观察员国”的提案投了弃权票。德国不赞成以色列占领约旦河西岸、进攻加沙地带及建立犹太人定居点等行为，但不同于欧洲其他国家领导，默克尔执政前期几乎未因上述问题向以色列公开发出责难。

而 2014 年宣布“有为外交”之后，德国虽依然亲以，但在部分问题上更敢于坚持自己的认知。2014 年 7 月，德国政府罕见发表声明，强烈谴责以色列向加沙地带发射火箭弹造成平民伤亡。2021 年 5 月，巴以再度爆发新一轮军事冲突，德国政要公开表示“与以色列站在一起”，但也多次强调双方都要为停火而努力。德国国际政治与安全研究所刊登评论指出，内塔尼亚胡领导的以色列政府持续在约旦河西岸建造并巩固定居点，巴勒斯坦民众日益流离失所，这是造成巴以冲突不时升级的重要原因。报告建议应避免“单向指责任何一方”，应“认真对待两国人民的民族情感和安全需求，谴责暴力”，长期看要促使以色列停建定居点、改变高压政策，制定冲突处置规则。① 该所另一名研究员马库斯·凯姆也认为，尽管德国承诺维护以色列安全利益，但以方坚持修建定居点及拒绝“两国方案”，限制了德国外交行动的空间。② 德国对以色列在巴以冲突中应当承担的责任有自己的认识，其反对冲突、促进和谈的总方针同样适用于巴以。随着历史问题的逐渐淡化，德国对以色列的态度可能更趋“正常化”。

总体而言，从德国“文明国家”的外交定位来看，其乐于且善于发挥协调作用，特别是善于依托自身经济实力通过经济杠杆达到促和目的。2014 年外交战略转变后，德国在反恐等必要问题上也适度增大了军事行动的尺度。但中东乱源和主要决定者并不是德国以及其他欧盟国家，我们不能夸大或过高期待德国在解决中东乱局中的作用。客观地看，默克尔时代特别是中后期，德国能积极地参与到中东乱局中，采取符合自身能力、外交传统的手段，发挥好协调者、斡旋者的作用，对地区稳定作出了积极贡献，已经较好地诠释了其“有为外交”的内涵，这也与其外交上“有限的领导作用”相适应、相匹配。

三、拉住西巴尔干国家

巴尔干半岛素有“欧洲火药桶”之称，可见其对德国及欧盟的发展与稳定影响巨大。未加入欧盟的西巴尔干国家经济发展更为落后，人均国内生产总值不到欧盟老成员国的 30%，族群冲突频发，动荡不安。③ 2015 年欧盟遭遇难民危机，其中很大一部分难民就是来自西巴尔干国家的“经济难民”，他们借乱混入难民群体之中，前往德国等西欧国家寻求改善生活。同时，这些国家也是中国、美国、俄罗斯等域外大国地缘争夺的对象，德国和欧盟在该地区的影响力式微。鉴于此，德国长期以来十分重视该地区，采取各类手段促进稳定和发展，避免成为欧盟的又一“乱源”。

德国对西巴尔干地区的政策主要以“稳定局势”为目标，为此若能将

---

① Muriel Asseburg, Peter Lintl, “Gefährliche Eskalation um Jerusalem: Deutschland und die EU müssen handeln”, *SWP*, 17. Mai 2021, https://www.swp-berlin.org/publikation/gefaehrliche-eskalation-um-jerusalem-deutschland-und-die-eu-muessen-handeln.

② Markus Keim, “Israels Sicherheit als deutsche Staatsräson: Was bedeutet das konkret?”, *Aus Politik und Zeitgeschichte*, 2015, 65 (6), S. 8-13.

③ 中国现代国际关系研究院：《国际战略与安全形势评估（2018—2019）》，北京：时事出版社，2019 年版，第 132—133 页。

该地区国家纳入欧盟当中，以欧盟这个“和平工程”加以捆绑，将是治本之策。2006 年默克尔就曾表示，西巴尔干国家最终加入欧盟“已不成为问题”，强调欧盟加强与西巴尔干国家的联系将对地区和平稳定起到重要作用。不过德国在西巴尔干国家入盟问题上也有顾虑，一方面担心被翻历史旧账，若其太过积极，或将被指责为“想重新恢复在巴尔干地区的势力范围”；[①] 另一方面也担心该地区国家发展状况达不到欧盟标准，拖累整个欧盟。特别是欧债危机之后，德国上下都在反思欧洲一体化进程，默克尔奉行“进两步、退一步”的方针，态度更趋谨慎。

从长期政策上看，德国支持西巴尔干国家加入欧盟的态度是肯定的，始终许给西巴尔干国家入盟的前景，与此同时加大与该地区的经贸往来，通过经济手段拉住这些国家。2014 年，德国主导欧盟启动了与西巴尔干国家发展关系的“柏林进程”，旨在推动西巴尔干国家经济发展，强化欧盟与该地区国家的基础设施和经贸联系。在当年 8 月于柏林召开的首届欧盟—西巴尔干峰会上，欧盟重申了西巴尔干国家的入盟前景，承诺加强援助并促进地区合作，标志着欧盟对介入西巴尔干的“觉醒”。2015 年 7 月，默克尔特意对塞尔维亚、阿尔巴尼亚、波黑三国进行访问，表示对该地区入盟不会有“人为延误”，给三国吃定心丸。“柏林进程”实施若干年来，取得了不少积极成果，已成为关涉西巴尔干地区最有影响力的区域合作机制之一。[②] 该机制议题涉猎广泛，从互联互通、数字经济到可持续发展、应对气候变化，从法治建设、反极端化到公民社会与青年议题，几乎囊括了所有对西巴尔干国家关心的领域。在每年召开的西巴尔干会议上，欧盟都会为西巴尔干国家“鼓气”，坚定各国入盟决心，默克尔则每次都借机赞扬西巴尔干国家在民主改革方面取得的“成绩”。在德国支持下，欧盟还会不时出台各类支持计划，2017 年欧盟与西巴尔干国家达成建立共同市场的共识，包括推进地区互联互通、经济一体化、私营企业发展与人文交流等。2018 年，欧盟出台对西巴尔干国家新战略，从经济社会发展、法治安全、互联互通等多领域出台支持计划。当年 5 月的西巴尔干会议上，欧盟还首次提出黑山与塞尔维亚最早可能于 2025 年入盟。在 2021 年的西巴

---

① 殷桐生主编：《德国外交通论》，北京：外语教学与研究出版社，2010 年版，第 281 页。

② 徐刚：《西巴尔干“柏林进程”的进展及其前景述评》，《欧亚经济》，2020 年第 4 期，第 56—70 页。

尔干会议上，欧盟宣布向该地区投资300亿欧元，促进其经济发展。

当然态度积极的背后，德国也有自己的难言之隐，其政策积极性还有待提高，策略上也有改善空间。

首先，德国对于西巴尔干国家具体何时能够入盟始终没有明确的时间表。从德国经历欧债危机后的行事理念来看，必须要将规则挺在前头，不会轻易“放水”，防止一旦出现问题将加重自身“救助”负担。从近年德国政府内部评估来看，容克担任欧盟委员会主席时设定的西巴尔干国家2025年入盟目标可能过于“心切”，实现难度很大。鉴于英国脱欧暴露出的欧洲一体化漏洞和困难，德国等国都在反思欧洲一体化步伐是否太快。德国主张西巴尔干国家应优先做好自己的功课，再谈入盟问题。况且入盟面临的诸多技术障碍解决起来也将非常耗时，柏林欧洲科学院院长德斯珀特甚至认为，西巴尔干国家入盟尚未纳入欧盟政治视野，仅作为技术问题讨论，很难有实质成果。①

其次，协调欧盟立场困难重重。在紧急情况下对西巴尔干地区的支持上，德国、欧盟明显缺位。2020年新冠疫情暴发后，欧盟对西巴尔干国家抗疫援助远远不足，以至于塞尔维亚总统武契奇在接收到中国提供的首批疫苗后，感叹“欧洲团结并不存在，只是写在纸上的童话”。② 尽管默克尔一直支持尽早启动阿尔巴尼亚、北马其顿的入盟谈判，以“谈判”促“改革”，但法国总统马克龙因对两国民主化改革和反腐成效不满，实际上是不甘在西巴尔干问题上屈居德国身后，曾两度阻止了两国入盟谈判。这种欧盟大国的不统一已给西巴尔干待入盟国家造成负面印象。欧盟内部文件也承认，“西巴尔干地区的普遍看法是，加入欧盟的前景正在衰退；在一系列复杂的条件和程序下，欧盟带来的激励效应正在消失”。③ 鉴于长期得不到正向反馈，且欧盟对于扩大问题附加了较为严格的改革和社会转型条件，西巴尔干国家失望情绪越来越高。2021年9月，武契奇公开表示“塞

---

① 上述观点部分来源于笔者2018年4月赴德调研时，与联邦总理府欧洲司官员以及柏林欧洲科学院专家座谈获悉。

② Julija Simic, “Serbia turns to China due to ‘lack of EU solidarity’ on coronavirus”, March 18, 2020, http: //www. euractiv. com/section/china/news/serbia - turns - to - china - due - to - lack - of - EU - solidarity - on - coronavirus/.

③ 《疫苗姗姗来迟，西巴尔干国家对欧盟倍感失望》，德国之声，2021年5月16日，https: //p. dw. com/p/3tJ8p。

尔维亚对于加入欧盟已没有那么多热情”。①

但不管结果如何，默克尔积极推动西巴尔干国家入盟的态度不可否认，其对此也有着独特的战略考量。其一，正因事实上推动西巴尔干国家入盟难度很大，德国才需要以“柏林进程”这样相对较容易的经济手段拉住相关国家，弥补入盟进程的拖延，避免西巴尔干国家脱离欧盟轨道。其二，德国自历史上就在西巴尔干地区有其政治经济影响力，南联盟解体后，德国率先承认克罗地亚和斯洛文尼亚独立，2006 年又率先承认科索沃独立。其也与这些国家有着密切的经济贸易往来，是这些国家主要的出口对象。德国主导和推进“柏林进程”既有自身的利益算盘，也体现欧盟“老大”的责任担当。② 其三，西巴尔干地区日益成为大国争夺的焦点，中国、美国、俄罗斯等域外大国纷纷介入，中国开启了与中东欧国家合作机制，美国亦加大介入力度。2020 年 6 月，美国未与欧盟商议就邀请塞尔维亚和科索沃领导人赴美商谈和解，令欧盟深感“受伤”。默克尔在 2021 年的西巴尔干会议上直言，“出于地缘利益的因素，西巴尔干国家也终将成为欧盟成员国”。③ 鉴于此，可以预见，德国深知西巴尔干国家入盟进程是长期项目，但仍会不遗余力地加以推动，在不断推进的动态过程中体现其独特领导力。

第二节　从“亚太”走向“印太”

德国对亚太的关注始于 20 世纪 70 年代中期，特别是 1980 年，经德国提议，欧盟决定与东盟加强对话，德国也扩大了与一些亚洲国家的双边关系。20 世纪 90 年代，苏联解体和冷战结束拉近了原本疏远的德国与亚洲国家的关系，同时德国也看到了亚洲蕴含的巨大经济利益。1993 年，科尔政府制定了首份亚洲政策文件，提出“把加强与世界最大增长地区的经济

① Jan Bratanic, Jasmina Kuzmanovic, “Serbia is now less enthusiastic about joining the EU, Vucic says”, *Bloomberg*, Spetember 1, 2021, https://www.bloomberg.com/news/articles/2021-09-01/serbia-is-now-less-enthusiastic-about-joining-the-eu-vucic-says.

② 徐刚：《西巴尔干“柏林进程”的进展及其前景述评》，《欧亚经济》，2020 年第 4 期，第 56—70 页。

③ “Merkel: ‘Geographisches Interesse’ an Westbalkan”, 5. Juli 2021, http://orf.at/stories/3219936.

联系作为德国亚洲政策的中心”。[①] 进入21世纪，特别是“9·11”事件之后，德国更深度地与亚洲国家开展往来，并参与地区安全事务，如长期在阿富汗驻军。2002年，施罗德政府制定了新版亚洲战略，进一步丰富和拓展了合作领域。默克尔时代，德国亚太政策同样经历了几重变革，总的趋势是对亚太的重视程度不断上升，并将合作范围由“亚太”拓展到了“印太”。其中对华政策是重中之重，甚至成为默克尔最重要的外交遗产，德国也当之无愧是中欧关系的引擎。

一、默克尔对华政策及其影响

对华政策一直是德国亚太政策的核心。默克尔时代对华政策体现出鲜明的时代烙印、德国风格以及默克尔个人特色，在欧盟内发挥着重要的引领作用。默克尔时代的中德关系是中欧关系的典范，深刻地塑造和影响着欧盟及其他成员国的对华关系。

（一）默克尔对华政策的三个阶段

1. 第一阶段：2005—2008年

这一阶段，默克尔刚刚就任德国总理，整体对外政策还处在探索、磨合期，在对华政策上也处于不适应的状态，像大多数刚上任的西方国家领导人一样，默克尔也奉行对华“价值观外交”，造成中德关系进入长达近半年的冷冻期。她还反对欧盟解除对华军售禁令，支持欧盟2006年出台措辞强硬的对华政策文件，对待中资企业的态度最初也不甚积极。与科尔和施罗德时期的友华态度相比，默克尔上任之初似乎出现了政策转变。但事实上是可以理解的。一是包括德国在内的西方国家在意识形态上对中国长期存在偏见，新任总理为巩固民意基础，要做出“必要的”外交姿态，英法等国多位政府首脑刚刚就任时皆是如此。二是当时默克尔作为年轻的西方国家领袖，尚不能全面深入地看待中国，童年时代的“东德记忆”仍主导着她的对华观感。这一时期，德国国内对华舆论环境不太好，联盟党2007年制定的亚洲政策文件，着重渲染了中国对德国、欧盟的挑战，还主张德国将亚洲政策的重点转移到印度、日本等国。2008年，德国总理和外交部长均未出席北京奥运会开幕式。

---

① Thomas Bärthlein, “Deutsche Asienpolitik im Wandel”, *deutsche Welle*, 26. Oktober 2001, https://www.dw.com/de/deutsche-asienpolitik-im-wandel/a-370780-0.

2. 第二阶段：2008—2018 年

在第一阶段，以时任副总理兼外交部长施泰因迈尔为代表的一批政治家并不赞同默克尔的对华政策，称之为“为博眼球的‘橱窗外交政策’”。[①] 2008 年，在施泰因迈尔的多方协调，并以外交部内部换文方式纠正了德国的错误立场和做法后，[②] 中德关系快速解冻并步入第二阶段，即德国重新认识中国、中德重新走近的时期，大致从 2008 年延续至 2018 年，中德关系经历了大约十年的“黄金时期”，实现了全领域的快速发展，甚至在 2012 年前后，中德媒体盛传两国之间存在某种“特殊关系”。虽然研究德国问题的专家并不一定认可这一说法，甚至认为这种说法“难有可能，且有负面作用”，[③] 但至少反映出这一阶段中德关系的积极面。虽然价值观问题仍不时干扰双边关系，但总体看，默克尔对华“务实”的一面体现得淋漓尽致，德国外交基因当中的“文明力量”元素也在对华政策当中贯彻得十分明晰。我们可以从以下三个层面进行观察。

一是建立对话机制，强化政治关系。默克尔意识到政治问题常涉及双边关系底线问题，为避免冲突，必须通过沟通交流增进互信，进而推动具体的合作事宜。这实际上奠定了默克尔时代德国对华政策的制度性基础。2010 年 7 月，默克尔访华期间，双方发表了《中德关于全面推进战略伙伴关系的联合公报》，宣布正式建立战略伙伴关系，设置了总理年度会晤、高层定期会晤、部长级战略对话的磋商机制，推动双边关系步入快车道。这些机制不断提质升级：2011 年 6 月，中德首次召开“政府磋商”会议，这是德国政府特有的、最高层级的磋商机制，由总理率一半以上内阁部长参与，覆盖议题广，成效高。此时德国仅与 8 个国家建有该机制，欧洲（包含俄罗斯）以外只有以色列、印度和中国，足见其对中国重视的提升。这十年间，德国与中国建立了战略、安全、财金、人文四大高级别对话机制，中方均由副总理或国务委员作为牵头人，还建立了包括人权、法治国家等在内的近 80 个一般性对话机制，交流范围广泛而深入。德国常以此为傲，认为其是欧盟内为数不多可以与中国通过官方渠道公开讨论分歧的国家，拥有“塑造中国”的官方渠道。

---

① “Steinmeier kritisiert Bundeskanzlerin Merkel”, *Die Welt*, 29. Oktober 2007.

② 梅兆荣：《中德关系回顾、剖析和展望》，载顾俊礼主编《中德建交 40 周年回顾与展望》，北京：社会科学文献出版社，2012 年版，第 50 页。

③ 梅兆荣：《关于德国和中德关系值得商榷和应当正确看待的五个问题》，国务院发展研究中心世界发展研究所：世界发展研究报告系列 2014 - 13，第 4 页。

二是夯实经贸合作，收获中国改革开放红利。所谓“务实”，最主要体现在实现德国“贸易国家”利益方面，故默克尔一直推动经贸成为中德关系的“稳定锚”，为此不惜隐藏一部分价值观诉求，避免让价值观问题影响经贸合作。在政府和企业的务实推动下，中德贸易额高速增长，16 年间翻了两番，从 2005 年的 620.8 亿欧元增长到 2021 年的 2453 亿欧元。从 2016 年起，中国就成为德国最大贸易伙伴，至 2021 年已连续 6 年。德国也是欧盟内对中国技术转让最多的国家，截至 2017 年 4 月，累计转让 2.3 万个项目。双向投资不断增长，截至 2019 年 9 月，德国企业累积在华投资项目 10689 个；2014 年以来，中国是连续多年在德国投资项目数最多的国家。2020 年，受疫情影响，中国对欧盟投资项目数缩减了 16%，但对德国投资项目数反而增长了 17%，位列第二。① 默克尔政府多年对华经贸上的经营也有收获，与其他欧美大国相比，德国的汽车、机械制造等优势行业成为享受中国开放红利的主要对象，2018 年，华晨宝马成为首例放宽股比限制的合资企业，宝马集团的持股升至 75%；巴斯夫集团成为首个获准在华设立独资石化综合项目的外资企业；安联集团成为中国首家外商独资保险控股公司。

三是开始尝试拓展全新领域的合作。在政治和经贸关系双稳健的大背景下，默克尔也考虑为中德关系做乘法。2014 年习近平主席访德期间，中德达成建立“创新伙伴关系”的共识；李克强总理同年访德，两国政府制定了《中德合作行动纲要：共塑创新》，提出了 4 大类 110 条合作规划，包含面极广，除包含经贸、科技创新外，还涉及社会治理、全新的福利和保障体系，以及构成创新基础的教育体系等多方面。德国将社会治理等诸多问题亦纳入“创新合作”当中，欲以“德国之道”影响和塑造中国。此外，全球治理为中德合作提供了新的空间。中德同是全球化和自由贸易的受益者，坚定支持维持世界贸易体系，在贸易问题上同样面临美国压力，有必要共同发声，支持自贸，反对贸易保护主义和单边主义；中德均秉持“和平主义”立场，主张通过对话和外交手段解决地区冲突；在防扩散、应对气候变化、协助非洲发展等方面亦有广泛合作空间。

3. 第三阶段：2018—2021 年

默克尔的务实对华政策虽为德国带来了诸多实利，但随着她 2018 年之

---

① Nina Jerzy，“Diese Länder investieren am meisten in Deutschland”，9. September 2021，https：//www. capital. de/wirtschaft – politik/diese – laender – investieren – am – meisten – in – deutschland.

后执政步入末期，个人威望有所下降，国内对华疑虑的声音显著增强。特别在中美博弈加剧的大背景下，德国国内的相当一批“大西洋派”附和美国，对中国强硬的声音有所增加，德国对华政策进入第三阶段。2019年1月，德国工业联合会在欧盟内最先发布一份有影响力的政策报告，将中国定义为“制度竞争者”，对中国的经济发展模式表达了担忧，呼吁欧盟加以应对。① 这实际上拉开了欧盟公开与中国开展“制度竞争”的序幕。这一阶段德国对华政策的两面性更为突出。

以默克尔为首的“务实派”仍主张与中国对话、合作。默克尔坚持推动欧盟与中国完成投资协定谈判，并一直支持欧盟完成审批，正是看到了协定对促进德企进入中国市场的重要意义。在政治定位上，默克尔在公开场合并不将中国称为“对手”，至多仅以“竞争者”代替，削弱了与中国对抗的意味。新冠疫情暴发后，默克尔每年访华的计划无法成行，但仍通过电话、线上会晤等方式与中方保持频密沟通，希望在卸任前稳住中德关系并打牢双方合作的制度基础。但以时任德国国防部长安妮格雷特·克兰普－卡伦鲍尔、联邦议会外委会主席吕特根等为代表的一批人对华态度的地缘政治色彩就比较突出。默克尔卸任前，联盟党新的竞选纲领对华措辞也变得强硬了一些。德国对中国科技和制造能力提升也越来越担忧，不断收紧外资审查机制，限制中资对德国高科技企业的收购潮。

综合来看，这一阶段，在内外压力下，默克尔及其政府一方面仍坚持对华接触，但程度和方向有一些改变，中国学者熊炜称之为“由‘建设性接触’向‘现实性接触’转变”，其关键区别在于，两国不再是“合作互补的关系”，两国关系的基础是“竞争”，在此背景下寻求对话与合作。② 因此，德国不再单纯以贸易促变革，而是趋于以较强硬的手段来“塑造”中国。

从上述分析来看，默克尔对华政策经历了短暂的“价值观外交”适应期后，很快进入到对华接触与全面合作的成熟期；但在即将卸任时，因受自身及欧盟发展遇阻、跨大西洋关系质变等因素影响，其务实政策受到制约，两面性更为突出。但值得肯定的是，默克尔一直努力将稳定务实的中

---

① *China – Partner und systemischer Wettbewerber*: *Wie gehen wir mit Chinas staatlich gelenkter Volkswirtschaft um?* BDI Grundsatz Papier, 10. Januar 2019, S. 2 – 3.

② 熊炜：《德国对华政策转变与默克尔的“外交遗产”》，《欧洲研究》，2020年第6期，第3页。

德、中欧关系打造成一个主要外交遗产，交给后一届政府。

（二）德国对塑造中欧关系的作用

中央外事工作委员会办公室主任、外交部长王毅曾表示："法国、德国是欧盟的领头羊，也是对华关系引领者。"① 又因默克尔执政时间长，德国对华政策比法国更具连贯性，其所能发挥的示范效应更大。对于中德关系是中欧关系引擎的判断，有几个客观因素予以支撑。第一，在默克尔时代的不同时期，中德贸易额都始终约占据中欧贸易额 1/3，超过中国与英国、法国、意大利三国的贸易总和。正因利益交融深，中德在对方外交战略中的层级就相对较高。第二，事实证明，默克尔务实的对华政策效果好，特别是其低调谈分歧的做法符合中国的处事哲学，其提出的建议或主张在中国的接受度更高。第三，德国是欧盟"事实上的领导者"，在塑造欧盟内外政策方面作用十分突出，不仅在对华问题上，在其他领域德国同样具有较高的话语权。

默克尔本人的中国观变迁对中德关系和中欧关系发展起到了最主要的推动作用。有一点我们必须承认，默克尔成长经历决定了她是坚定的"大西洋主义者"，她公开表示，"欧洲从不是中立的，欧盟是政治西方的一部分"。② 但在默克尔的性格特点中，不走极端、平衡与稳健更为突出，她擅于从多个角度观察和理解事务。她任职 16 年，共访华 12 次，是西方大国中访华最多的政府首脑，除首都北京外，她每次访问都安排参访地方城市。正因交往多，切身感触多，默克尔形成了较为全面的中国观。对默克尔而言，第一，中国两千年来一直是全世界的领导者，"中国崛起是回归

---

① 《铺设友谊、理解、合作的桥梁——外交部长王毅谈习近平主席出席荷兰核安全峰会并访问欧洲四国和联合国教科文组织总部、欧盟总部》，外交部网站，2014 年 4 月 2 日，https：//www. fmprc. gov. cn/web/wjb _ 673085/zzjg _ 673183/xybfs _ 673327/dqzzhzjz_673331/zgalb_673389/xgxw_673395/201404/t20140402_7495250. shtml。

② Angela Merkel，"Rede von Bundeskanzlerin Merkel im Rahmen der Veranstaltung 'Außen – und Sicherheitspolitik in der deutschen EU – Ratspräsidentschaft' der Konrad – Adenauer – Stiftung am 27. Mai 2020"，27. Mai 2020，https：//www. bundeskanzler. de/bk – de/aktuelles/rede – von – bundeskanzlerin – merkel – im – rahmen – der – veranstaltung – aussen – und – sicherheitspolitik – in – der – deutschen – eu – ratspraesidentschaft – der – konrad – adenauer – stiftung – am – 27 – mai – 2020 – 1755884.

历史常态，不要因为中国的经济成功就视中国为威胁”。[1] 第二，德国虽与中国有一些分歧，但默克尔承认中国经济上的成功，要求“建设性看待之”并反对与中国“脱钩”。第三，默克尔坚持“贸易促变革”的方针，并结合新时代发展提出“纳入才能改变”，认为“两极对抗”并不可取，如果不接触中国，更不可能改变中国。也因此，后来在处理价值观分歧上，她一贯都注重“幕后协商”，这种方式显然帮助维护了中德、中欧关系的稳定可持续发展。

从中国的视角来看，德国对中欧关系的引领塑造作用有两个方面：一方面是将中德良好的经贸合作关系与德国在欧盟内的领导作用相结合，影响欧盟对华决策。典型例证是 2015 年中欧发生光伏产品反倾销争端，德国出于保护自身经贸利益，一面警告欧盟避免贸易战，一面推动双方通过对话最终达成和解。类似案例甚多，例如没有默克尔的大力推动，中欧就不可能完成投资协定谈判。而德国态度积极，主要原因是德企能够成为协定的最大受益方；相比而言，法国企业进入中国市场的需求就没有德国那么迫切。另一个方面也值得重视，即德国也有可能在负面问题上成为欧盟对华政策的“引领者”。在默克尔的第四个任期，欧盟不少对华强硬的政策均由德国最先发起，例如，2016 年 10 月底，德国一周三次叫停中企对德国高科技企业的收购案，后来又两度抬高外资审查门槛，较早地在欧盟内增强了对中资企业的防范。对中国与中东欧国家合作，德国也是欧盟内主要的质疑者。因此德国对中欧关系两方面都有引领和示范作用。

而从德国和欧盟的角度看，德国对中欧关系的领导作用则相对有限。德国本身更愿意充当“幕后领导”，特别在对华关系上，若表现太过突出，易受盟友指责。其在发挥影响力时，往往进行一定包装，例如，与法国及欧盟领导人一同与中国对话。2020—2021 年，中法德、中德欧多次以领导人视频峰会为形式进行对话。同时，考虑到欧盟机制及整体利益，在很多问题上德国表现得并不积极，例如，推动欧盟承认中国市场经济地位、推动欧盟药监局认证中国的新冠疫苗等，在这些问题上德国往往“口惠而实不至”，将责任推给欧盟。中国学者郑春荣就指出：“德国在中欧关系中扮

---

① Lionel Barber, “Transcript: ‘Europe is no longer at the centre of world events’”, *Financial Times*, January 16, 2020, http: //www. ft. com/content/00f9135c – 3840 – 11ea – a6d3 – 9a26f8c3cba4.

演着有限领导的角色，也可以说德国是有选择地发挥领导力。"①

（三）默克尔对华政策的效果

默克尔时代的对华政策在多个层面实现了"平衡"，这是这一时期中德关系稳定向好的重要原因。

一是维护贸易与维护价值观的平衡。从中德关系的实际来看，主要影响德国对华决策是两个因素的互动：一是贸易；二是价值观。默克尔时代，德国对华出口始终稳定在总出口的8%左右，大众等车企1/3的销量来自中国市场，工业制成品的不少关键性原材料和零部件靠中国供应。德国外向型经济结构决定了中国市场对德国而言具有重要依赖作用，而且难以在中短期内进行调整，因此保持这样的相互交融对德国而言可以实现利益最大化。与此同时，德国外交也一直包含塑造其他国家的规则与模式的目标，在其中渗透一些德式价值观。我们耳熟能详的"以贸易促变革"，实际上就是以经促政，通过贸易带动价值观，实现"对外塑造"的目标。当然，这两者并不一定绝对相容，后者常常对前者容易起到"刹车"的作用，因此对于西方国家而言并非一定有效。但在默克尔时代，德国很好地掌控了这两个因素的互动，实现了相互平衡，因而促进中德关系良性发展。维护好贸易与价值观的平衡，也一直是默克尔领导下的德国政府所追求的对华政策核心。

二是维持合作与竞争的平衡。从国际体系层面来看，中德实力对比深刻影响德国对华政策。冷战后的这一代德国人，实实在在目睹着中国实力的快速增长，看待中国的视角、思维都在不断发生变化。中国实力的上升，一方面带来了市场扩大和消费升级，这对以高端制造见长的德国企业无疑是难以割舍的现实利益；另一方面造成中德互补性下降，竞争性上升，必然增加德国的焦虑感。同时，由于德国经历欧债危机后，成长为西方世界重要的"领导者"，大大拓展了在全球的战略利益，外交上的积极有为更增加了德国从地缘政治视角审视外部世界的兴趣，与中国在全球议题上的交集增多，既有合作的必要，也有不同立场和主张的碰撞。因此，中德合作或是竞争，取决于上述两方面的动态平衡。中国经济总量2007年就超过了德国，从那时起，德国就开始关注和研究与中国竞争的问题，特别是中国高端制造能力的提升，可能抢占德国在该领域的全球领先地位，

---

① 郑春荣：《德国在中欧关系中的角色》，《欧洲研究》，2015年第3期，第1—14页。

不可避免地引起德国自我保护意识的增强。因此，德国经济界常在中德关系中扮演“两面派”角色，既支持与中国的接触、合作，获取中国市场，又担心丧失竞争优势，对高科技领域的“创新合作”态度审慎，抱怨高新技术合作缺乏必要保障。默克尔在其任期内，一个重要的成就是维持了中德合作与竞争的平衡，并尽可能做大合作面，管控住分歧。

三是维持对美与对华的平衡。2017 年特朗普就任美国总统后，美国的对外政策发生了很大改变，欧美特别是德美之间的分歧也更加突出。德国一向不乐见大国争斗，希望保持必要的外交平衡，使自身利益最大化。这对德国的对华政策产生两方面影响。一方面，德国与中国不存在地缘政治之争，德国也没有维护霸权的需要，其推动欧盟“战略自主”，对华决策突出“欧盟利益”和“德国利益”，该合作就合作。正因此，在德美发生分歧的领域，中德合作反而更加有力。例如在对待华为的问题上，德国不愿将经济问题政治化，时任德国经济部长彼得·阿尔特迈尔就举美国的例子作对比，他说：“即使遭遇美国监听，德国也没有禁止美国的电信设备。”① 另一方面，德国也难免有与美国站在一边的时候，特别是拜登政府高呼“美国回归”后，德国深感“西方缺失”，必须要重整大西方，在部分领域如高新技术、价值观等问题上，与美国加强协调。既要维护西方国家的利益，又要与中国保持稳定的合作关系，这对默克尔而言并不是一项简单的任务。但在其务实外交推动下，德国实现了自身作为“东西方重要桥梁”的角色，在默克尔时代的绝大多数时间里，德国与中国、美国均实现了良性互动。

谈到默克尔时代的德国对华政策，人们往往会将其简单化，尝试追问其到底“好”或“不好”。特别是默克尔第四任期，德国上下对华负面的声音有所增加，是否意味着德国对华政策发生逆转？这个问题其实很难简单以是非作答。若横向比较，默克尔时代的德国在西欧大国中，始终算是相对务实、积极的对华合作者，且延续性较强，不因一时一事而发生大的转变。由于与中德经贸利益的融合度明显高于英法等国，德国对华政策的务实一面明显更高。例如在对待华为 5G 设备的问题上，德国从始至终都持“不排除特定公司”的立场，尽管修订了《信息技术安全法》，设置了

---

① “Wirtschaftsminister Altmaier lässt Tür für Huawei offen”, 25. November 2019, https://www.rtl.de/cms/5g-diskussion-bei-anne-will-peter-altmaier-laesst-tuer-fuer-huawei-offen-4442845.html.

技术审查、政治审查等机制，但总体还是按照尊重规则的原则，相较英国、法国政府要求企业分别于 2027 年、2025 年前拆除华为设备行为，德国的立场更为客观务实。从纵向来看，前文已述，默克尔时代中德关系经历了低开高走，又部分遭遇困难的“倒 U 型”态势。由于默克尔执政时间跨度长，与其前任施罗德主政时期相比，中德关系经历了更多的起伏波折，其复杂性也相对更高，但总体而言一直保持着相对稳定和积极的态势。

默克尔时代，德国对华的合作面和竞争面在同步上升，也正因此使得德国政府对待中国的态度存在多面性和多重手段。一个不容否认的事实是，中德合作的总盘子在不断扩大。假设我们用“100”来表示默克尔执政前期中德合作的总量，那么到她卸任时，中德合作的总量拓展至“150”，因为双方不仅是货物贸易翻两番，由 2005 年的 620. 8 亿欧元增长至 2021 年的 2453 亿欧元，① 还拓展了全新领域的合作，如全球治理，包括气候变化、安全合作（如联合培训阿富汗警察）、在非洲的三方合作（如中德共同在安哥拉修建水电站）等，双边关系所涉及的领域已远远超出十几年前的状况。假设最初中德关系中的合作面与竞争面分别是“70”与“30”，那么后期合作面很可能增长到“90”，竞争面增长到“60”。为什么竞争面比合作面增长得多一些呢？因为新的合作领域没有先例可循，复杂性也高于经贸合作，需要进行新的沟通、磨合；而我们往往对合作当中的积极面感到“理所当然”，对原先不存在的负面因素十分敏感，感官上会觉得中德关系的挑战在增多。事实上，默克尔时代的中德关系始终向着更广泛利益交融的方向发展，中德合作始终可以算作默克尔外交的一大积极成果。

二、完善印太伙伴关系体系

亚洲与德国地理距离较为遥远，也无过多地缘政治纠葛。除中国外，即使日本这样的全球第三大经济体，与德国的贸易往来也不算频密，加上德国传统上外交风格偏于保守，所以亚洲始终不在德国外交政策的主要位置。就连德国外交部内，长期也都没有专门负责亚洲事务的司局级单位，而是与非洲等区域事务一样，统一由“第三政治司”负责。直至默克尔第三任期提出“有为外交”之后，2017 年其外交部才新设立了一个亚太司，

---

① “China 2021 im sechsten Jahr in Folge Deutschlands wichtigster Handelspartner”, *statistisches Bundesamt*, 18. Februar 2022, https://www. destatis. de/DE/Presse/Pressemitteilungen/2022/02/PD22_068_51. html.

将相关事务独立出来。事实上，长期以来德国都鲜有使用“亚太”这一地缘政治概念，而是多次使用“亚洲政策”来替代，而且因为与中国的贸易往来密切，德国所谓的“亚洲政策”很大程度约等于“中国政策”。如果我们在谷歌搜索“默克尔亚洲政策”，得到的内容也大部分与中国相关。可以说，默克尔的亚太政策始终以对华政策为中心展开，无论是接近中国还是调整与中国的距离，都离不开对中国的考量。

默克尔就任总理后，德国很长时间都没有以政府名义出台正式的亚洲政策文件，而是“党团先行”，在执政党联盟党内部多次讨论亚洲问题，成为观察政府亚洲政策走向的窗口。首份较为完善的亚洲政策文件是2007年联盟党党团的亚洲战略，题为《亚洲——德国与欧洲的战略挑战和机遇》。这份文件的主旨与默克尔当时奉行的“价值观外交”一脉相承，戴着“有色眼镜”看待中国，且措辞较为强硬，提出德国要调整过去“专注中国”的亚洲政策，加强关注印度、日本等域内大国。①

这份文件其实并未转化为政策实践，默克尔很快转变了对华态度，在随后十年的亚洲政策中不断增大中国的权重，印度、日本在德国外交政策却始终不温不火。就以日本来说，默克尔就任总理16年，总计访日4次，其中2次是参加八国集团（七国集团）峰会，只有2次专访。两国相距遥远，均算不上“对世界格局有重大影响的政治大国”，两国政治上最大的交集在于在联合国抱团“争常”；虽经济体量大，但彼此贸易额并不高，2019年仅为447亿欧元，2020年受疫情影响降至388亿欧元，只约占中德贸易额的1/5。德日两国在汽车等制造行业还存在激烈竞争，因此2013年启动的“欧日经济伙伴关系协定”初期谈判十分困难，日方要求降低汽车关税，德国最为反对，直至特朗普任美国总统后，才刺激欧日加速谈判进程。在历史问题上，默克尔并不赞同日本的做法，她在2015年3月访日前夕，专门表态称“德国有意愿实事求是地面对历史”“正视历史是与邻国和解的基础”,② 同因历史问题而形象不佳的日本作出“切割”。对待印度方面，德国态度稍显积极，主要是考虑到与中国相比，印度出口占国内生产总值比重低，重点依靠内需拉动，与德国竞争小，而且认为印度更符合

---

① *Asien als strategische Herausforderung und Chance für Deutschland und Europa*, Berlin: CUD/CSU Bundesfraktion, 2007.

② AP, “China media urge Japan to learn from Merkel's ‘history lecture’”, *BBC*, March 10, 2015, https://www.bbc.com/news/world-asia-china-31811210.

西方民主政治制度。2006 年德印签署声明深化“战略伙伴关系”，2007 年又扩展成“全球伙伴关系”。2011 年 5 月，德印建立了政府磋商机制，比中德政府磋商还早一个月，默克尔盛赞德印关系取得“质的突破”。不过如果综合看待后期德印政府磋商的内容和成果，就会发现无法与中德政府磋商相提并论，毕竟双方贸易额相对较低，共同利益有限，较难开展实质性的全球合作。

随着形势快速变化，2012 年 6 月，联盟党议会党团第二次出台亚洲政策文件，题为《普世价值、可持续增长、稳定的世界秩序》。此份文件一改五年前强调亚洲“威胁”的论调，重点聚焦“机遇”，特别是看重经济利益，因此提升了中国对德国的重要性。在该文件中，日本只被视为高技术国家，关注度很低，而对中国的评价较之前更加细致多样，既描述困难，也阐释愿景。例如，对中国在数字网络领域的挑战感到紧张，但同时又表示欢迎中国与欧盟共同建立网络行动规则。该文件支持与中国发展战略伙伴关系，称两国有诸多共同利益，经济关系是活跃的伙伴关系的稳定基础，还明确表示德国的对外伙伴体系包含三个层次：盟友（美国等）、战略伙伴（中国等）、共同价值观伙伴（日本、印度、澳大利亚、韩国等）。当然这一阶段，德国也已经逐渐展现出对亚太地区海洋和安全事务的关注，彰显其作为国际秩序“塑造者”的雄心。2014 年 6 月，德国国际政治与安全研究所发布一份重量级报告《艰难穿越：欧洲与南海冲突》，指出亚太地区的航道通畅对欧洲及世界经济具有关键性意义，呼吁在该地区建立有效的、基于规则和多边秩序的安全体系。①

时局发展不断超出德国政府的战略设计内容。2017 年，特朗普主政的美国高调推出“自由开放的印太战略”。“印太”概念随之迅速兴起，大有取代“亚太”作为重要地缘政治概念之势。其不仅包含了原先亚太的全部区域，还将亚太的西部边界由马六甲海峡拓展至了印度次大陆及环印度洋区域，“印太”也成为多国官方话语中“区域外交政策”的一个重要部分。② 这一概念的兴起，实际上也满足德国三方面的需求：一是推进对外伙伴多元化，维护对外贸易安全，避免过分依赖中国，可以更多元化地布

---

① Gerhard Will, *Tough Crossing*: *Europa und die Konflikte im Südchinesischen Meer*, Berlin: SWP – Studie, 2014.

② 顾全：《“印太”的兴起：从概念到政策》，《世界经济与政治论坛》，2018 年第 6 期，第 83 页。

局在整个亚洲的伙伴关系网。二是可与更多国家抱团，在塑造西方规则和秩序上壮大声势，防止有的国家脱离西方主导的国际秩序。三是一定程度迎和美国，展现盟友姿态。2019 年 5 月，法国在欧盟内率先出台了“印太战略”，其中暗含了较为浓厚的军事安全色彩。同样作为欧盟“引擎”的德国政府紧随其后，于同年 9 月正式出台《印太政策指导方针》，提出德国在印太地区的八大利益及坚持多边主义、利用国际规则规范地区秩序、促进公平可持续的自由贸易、打造“价值观同盟”、加强互联互通、应对安全威胁等几大政策规划。① 德国转向“印太”，正好因应了默克尔第四任期后德国对亚太地区政策的转变，即更强调通过“规范”加以“塑造”，强调多渠道增加在广义“亚洲”地区的存在，与伙伴国抱团塑造地区秩序。德国还大力推动欧盟出台统一的“印太战略”，试图引领欧盟“用一个声音对亚洲说话”。

与其他国家相比，德国“贸易国家”的属性十分突出，在地缘争夺不断激化的大背景下，德国“印太政策”的一个重要出发点是实现在亚洲地区的贸易关系多样化。德国认为，东南亚国家联盟（以下简称东盟）是仅次于欧盟的重要一体化区域组织，又位于印太地区的中心，有 5.6 亿人口和相应的经济实力，故更注重从欧盟和双边层面推动与东盟关系。德国尤为重视经贸，在其大力支持，特别是 2020 年担任欧盟轮值主席国期间的推动下，欧盟与越南、新加坡签署了自贸协定，德国力争推动欧盟与东盟整体签署贸易协定。2016 年，德国与东盟建立了发展伙伴关系，是欧盟内首个建立这一伙伴关系的成员国，并力促法国、意大利加入其中。随着印太政策的出台，德国还愈加重视推动构建以东盟为中心的地区安全架构，以此塑造地区安全格局，这也是其推动多边主义的一个途径。2021 年 6 月 30 日，在越南的拉拢下，德越两国共同推动成立了“《联合国海洋法公约》之友小组”，旨在打造“以海洋法为尊”、解决海洋争端的交流平台。这是德国在地缘政治领域对其“印太重要贸易伙伴”越南的一次强有力支持，具有高度象征意义，彰显德国在更广泛领域参与印太事务的意愿。

事实上，德国拓展“亚太”为“印太”后，地缘政治色彩明显增强，政策出台后，德国迅速加强与印太地区国家的军事安全合作。例如，德日两国在贸易相对低迷的背景下，拓展出安全合作新领域：2021 年 3 月，德国与日本签署《情报保护协定》，加强军事情报共享；4 月，德日建立了外

---

① *Leitlinien zum Indo－Pazifik*，Berlin：Auswärtiges Amt，2020.

长、防长“2+2”会谈机制，不仅强化涉国际规则的合作，更重点推动涉海军事合作。德国于8月派“巴伐利亚”号护卫舰前往印太地区，“宣誓在印太的存在”，日本是其主要访问目的国，美国、日本、德国还在日本海域举行了联合军演。2021年6月，德国与澳大利亚召开了两国第二次“2+2”会谈，双方发表声明，宣布将加强在印太地区的合作，共同支持多边主义，声明还强调共同维护《联合国海洋法公约》的权威，澳大利亚欢迎德国在印太地区部署军舰。5月26日，德国防长时隔14年访问韩国，就印太地区安全、半岛局势、防务和军工合作进行会谈。2021年底，时任德国海军司令舍恩巴赫中将谈到，德国计划每隔一年就派舰前往印太海域巡航，参与巡航的军种还将扩展到空军。① 德国的这些举动，既有参与塑造印太地区安全秩序的意图，也体现出其“平衡大国力量”的全球外交思路。一方面，赴印太巡航决定是在美国等盟国的强烈要求甚至施压下做出的，德国有必要在盟友体系内展现出积极姿态，引领塑造“西方主导的国际和地区秩序”；另一方面，德国也有意避免卷入地缘争夺中，不愿加剧地缘紧张局势，其在参与军演方面也保持低调模糊的态度，还提出访问中国港口的意愿。这些都显示默克尔在参与塑造亚太秩序的过程中也仍秉持“平衡务实”的基本外交原则。

德国的印太政策并非是一项追随美国的进攻性战略，其主旨还是拓展和维护德国在泛亚洲地区的利益。德国的“印太”概念强调印度洋和太平洋沿线国的整体性，视中国为印太地区重要成员，明确反对“遏制”和“脱钩”，提出了推动多边主义及与中国合作的主张。② 从“亚太”到“印太”，虽有因应美国的考虑，但德国同时也突出其一贯主张的“规则主导”“力量平衡”，对美国在印太地区追求“战略争霸”的图谋能产生一定掣肘，有助于地区力量格局保持相对稳定，而稳定平衡正是德国所追求的一种有序状态。当然，凭借德国目前的力量，引领欧盟在印太地区发挥作用尚显不足，因此德国十分强调与法国的协调，德国更重视与印太国家的经贸关系，法国则在印度洋有领土，有相对较多军事考量，这样一文一武，将能推动欧盟出台一项更广泛、全面的印太政策。

---

① Sumathi Bala, “Germany’s head of navy calls China’s naval power buildup ‘explosive’ and a cause of worry”, *CNBC*, December 22, 2021, https://www.cnbc.com/2021/12/22/germanys-vice-adm-kay-achim-schonbach-on-chinas-naval-buildup.html.

② *Leitlinien zum Indo-Pazifik*, Berlin: Auswärtiges Amt, 2020.

第三节 以“新型发展援助”引领对非合作

德国与非洲的关系历史悠久，早在19世纪，德国就在纳米比亚、多哥、喀麦隆、布隆迪、坦桑尼亚等非洲国家建立殖民统治。但在两次世界大战后，作为战败国的德国丧失了在非洲的殖民地，更为洗刷罪孽，在广大非洲国家实现民族独立后，德国长期支持这些国家的发展。总体而言，非洲在德国外交政策中优先度不高，加之德国本身在全球舞台就自我限制，与非洲的关系一直不温不火。但在默克尔时代，随着全球地缘政治格局发生巨大变化，德国对其对外关系进行了全新梳理，对其外交优先事项进行了新的排列组合，非洲遂进入德国外交的视野，成为其参与全球事务、塑造国际秩序的一个重要抓手。客观来看，非洲地域广阔，约占世界陆地面积的20%，自然资源十分丰富；拥有超过10亿人口，亦是全球“最年轻的大洲”，人力资源丰富，同时各领域发展需求大；在百年未有之大变局下，非洲的地缘政治意义日益凸显，成为中国、美国、俄罗斯等大国争相拉拢的对象。而且非洲本身也存在诸多难解的问题，如极端贫困、种族冲突、恐怖主义等，对全球可持续发展都产生重要影响。鉴于非洲自身能力有限，这些问题有待外部力量协助加以解决。默克尔时代德国对非政策明显趋于积极，且呈现出鲜明的时代特色。

一、默克尔对非政策调整

默克尔时代的德国对非政策经历了明显的转变，特别能够体现德国外交政策对外发挥塑造作用的一面。虽然难以与法国等在非传统大国相比，但纵向看，其进取性已较以往的德国政府有了明显提升，甚至在欧盟内发挥了一定程度的示范作用，受到一些非洲国家的好评。事实上，在默克尔的第一个任期中，非洲在德国外交政策中的优先度依然很低，彼时默克尔的执政重点主要是巩固内部改革成果，稳固内政以及延续与传统盟友的关系，构建全面外交并不是其执政重点。作为新任大国领导人，默克尔在非洲还属“生面孔”，她在2007年2月15日访法期间，曾借机参加法非峰会，得以与非洲国家初步建立接触。但进入第二个任期以来，非洲在德国外交中的地位不断提升，日益成为德国塑造自身大国形象、积累外交资本并拓展对外经济合作的重要一环。最直观地，我们可以查阅默克尔就任总理以来出访非洲的情况，以便了解德国对非洲的关注度（见表4－1）。

表4－1　默克尔任内出访非洲国家情况①

出访日期	出访的非洲国家	特定出访目的
2007年10月4—7日	埃塞俄比亚、南非、利比里亚	
2009年1月18日	埃及	参加关于巴以问题的国际会议
2010年7月3日	南非	观看世界杯足球赛德国队比赛
2011年7月12—14日	肯尼亚、安哥拉、尼日利亚	
2016年10月9—11日	马里、尼日尔、埃塞俄比亚	
2017年3月2—3日	埃及、突尼斯	
2018年8月29—31日	塞内加尔、加纳、尼日利亚	
2018年12月9—10日	摩洛哥	参加全球难民契约会议
2019年2月24—25日	埃及	参加欧非峰会
2019年5月1—3日	布基纳法索、马里、尼日尔	
2020年2月5—7日	南非、安哥拉	

从表4－1可以直观看出，默克尔执政前期对非洲关注度并不高，有限的几次访问还包含了商讨特定问题（巴以冲突国际会议）以及礼节性访问（世界杯足球赛）。但在2016年之后，默克尔访非异常频繁，每年都访问一到两次，除国事访问外，商讨议题也与德国、欧盟密切相关。

实际上，默克尔访非频度上升，正是德国政府对非政策调整的一个缩影。2011年6月，德国政府出台《德国与非洲：德国方案》，聚焦全面提升德非合作，承担“对非责任”，深化与非洲的伙伴关系。该方案首次将德非合作集中于六个领域：和平安全、良政法治民主人权、经济、气候与环境、能源与原材料、基于教育科研的可持续发展，由此奠定了默克尔时代德国对非政策的总路径。② 此后，该方案又经两次修改，分别于2014年和2019年形成两版德国《对非政策指导方针》，对其中的内容进行了完善

① 根据德国联邦外交部网站统计自制。

② *Deutschland und Afrika*: *Konzept der Bundesregierung*, Berlin: Auswärtiges Amt, 2011.

与整合，并正式将非洲列为德国外交战略的重点之一。特别是 2019 年版《对非政策指导方针》，进一步将德国对非政策重点概括为五个方面。一是维护和平、安全与稳定。在联合国框架下在非洲地区推动危机预防和冲突管控措施，支持在非洲联盟（以下简称非盟）领导下建立适应非洲形势的和平安全框架，参与部分非洲国家安全力量培训，提升非洲安全部门行政能力建设。二是促进就业和经济可持续发展。鼓励德国企业关注非洲的教育与就业问题，支持二十国集团与非洲国家协调经济合作，促进贸易往来。三是管理移民、难民问题。挖掘非洲移民、难民大量外流的深层次原因，深化与非盟在移民问题上的合作，为移民提供更多选择，规范正常移民渠道。四是与非洲共建“基于规则的国际秩序”。通过多边合作一道应对贫困、饥饿、恐怖主义、有组织犯罪及气候变化等在非洲更加凸显的全球性挑战。五是深化与公民社会的关系。特别注重加强与非政府组织、教育文化公益机构接触，促进双方利益和文化交融。①

在上述一系列文件指引下，德国政府不断加大对非接触，其发挥对非政策的引领作用也日趋清晰。2015 年，德国担任七国集团轮值主席国，依托外长会、领导人峰会等机制，与伙伴国协调、商讨对非政策，并与非洲国家频繁接触、加强沟通。2017 年，德国主持召开二十国集团领导人峰会，首次将非洲发展列为重点议题。在包含全球主要经济体的多边机制框架下探讨非洲发展，这在二十国集团历史上并不多见。德国提出，在二十国集团框架下，出资国可全面进行援助政策协调，并很好地与受援国对接，使国际社会同非洲国家就发展和改革问题平等对话，促进援助行动取得成果。与此同时，部分为非洲国家提供援助的二十国集团成员国也可与非洲国家共同讨论资金使用计划，确保相关国家实施改革的条件下为其提供更多资金支持。会议期间，德国政府还邀请部分非洲国家领导人赴柏林，召开“二十国集团非洲峰会”，推出了一项全新的对非合作倡议“与非洲有约”，这一长期项目的目标是改善宏观经济条件，为德国和欧洲企业在非洲开展私人投资提供便利。此次峰会，12 个非洲国家宣布加入“与非洲有约”倡议，包括科特迪瓦、塞内加尔、卢旺达、突尼斯、摩洛哥、加纳、埃塞俄比亚、贝宁、几内亚和埃及，多哥自 2018 年 4 月起加入，布基纳法索于同年 10 月 10 日加入。这一倡议至今仍在推进之中。

2018 年 10 月，“与非洲有约”倡议提出一周年后，德国再次举办与非

---

① *Afrikapolitische Leitlinien der Bundesregierung*, Berlin: Auswärtiges Amt, 2019.

洲国家的峰会。此次默克尔邀请 12 位非洲国家领导人赴德，举办“投资非洲峰会”，时任奥地利总理塞巴斯蒂安·库尔茨作为欧盟轮值主席国首脑参加了会议，世界银行、国际货币基金组织、非洲开发银行等机构负责人也一并与会。2020 年上半年德国担任欧盟轮值主席国，曾设计召开欧非峰会，将德国理念贯彻到欧盟层面。但受新冠疫情所限，峰会未能按期召开，不过德国在非洲问题上的一些思考已经为欧盟所吸纳。

为更好地规范引领对非合作，2017 年德国政府发布了一份名为“非洲马歇尔计划”的文件，并被一些媒体赞誉为“默克尔计划”。该计划对新时期德国发展与非洲关系进行了框架性的全新制度设计，提出三大支柱：经贸与就业、和平与稳定、民主法治与人权。核心是要变革对非洲合作模式，由原先的单纯发展援助变为拓展“改革伙伴关系”，助力提升非洲国家的治理能力，从根本上解决非洲发展面临的桎梏，同时为合作制定适当的规则，打造制度性基础，并寻求更广阔、可持续的资金支持。[①] 这些新的理念逐渐被欧盟所吸纳，如今已成为欧盟发展对非洲关系的重要原则。

综合来看，传统上的德国对非洲合作主要围绕发展援助展开，形态较为单一，更多是关注经贸议题。而默克尔时代德国结合国际形势的发展，对此进行了较大幅度调整，可谓是升级版的“新型发展援助”。所谓“新型”，主要体现在从能力和架构上援助非洲，提升其自身可持续发展的能力，以“治本”代替“治标”，同时对安全问题给予更多关注。

其一，改变传统发展援助思路，从根本上提升非洲发展潜力。默克尔时代，德国对非洲的发展援助日渐体现出新思路和新模式，这在“非洲马歇尔计划”中已得到较为体系化的论述。其主要逻辑是：贯彻“以他助促自助”的原则，改变原先单项输出援助的模式，一方面重视非洲需求，另一方面通过“改革伙伴关系”促进非洲国家制度和能力建设。在行动上，一是推动非洲民主化进程，支持非洲开展私有化改革，指导非洲按国际劳工组织标准开展劳动力市场改革；为非洲建设“关税同盟”和“非洲大陆自贸区”提供专业政策咨询，推动其经济一体化。支持欧盟同非洲国家建立经济合作伙伴关系，推动欧盟为欠发达国家提供零关税和无配额市场准入。二是大力推动私营企业进入非洲。德国政府逐渐意识到，单纯官方发

---

① *Afrika und Europa – Neue Partnerschaft für Entwicklung, Frieden und Zukunft – Eckpunkt für einen Marshallplan mit Afrika*, Berlin: Bundesministerium für wirtschaftliche Zusammenarbeit und Entwicklung, 2017.

展援助并不能满足非洲发展所需，必须调动私营部门的积极性。2018 年德国主办的"投资非洲峰会"，最主要的目的是为私人投资提供便利。为促进私营企业进入非洲，德国成立了专门基金，用于为企业提供资金担保或优惠贷款等便利。德国私企在政策支持下非洲业务扩展迅速，2018 年半年的国家担保额已超过 2017 年全年担保额。三是促推与非洲的经贸协定。贸易谈判权属欧盟事权，德国在推动欧非贸易协定方面一直在发挥积极影响力。德国认为，欧盟曾长期在非洲实行殖民统治，开展对非贸易无疑仍具优势。在非洲国家不断呼吁建立国际经济新秩序的背景下，欧非签署经贸伙伴关系协定意义重大，可消除欧盟的负面形象，提升非洲国家地位，促进欧非贸易增长。这还有利于打破非洲国家相互间贸易壁垒，助推非洲经济一体化。非洲大陆自贸区已于 2019 年建成，德国也一直支持欧盟与非洲开展投资协定谈判。

其二，大力开展对非安全合作。《对非政策指导方针》已将安全合作置于对非合作的重要位置。在实践中，默克尔 2016 年之后的访非行程中，安全议题已经成为与发展议题并列的重要合作领域。德国从两个层面加强了对非洲安全合作：一个层面是协助非洲构建符合自身特点的安全体系并提升非洲维护自身安全的能力。德国致力于推动非盟与非洲国家集团在打击恐怖主义方面发挥主力作用。2019 年 5 月，默克尔访非期间，出席了"萨赫勒五国集团"领导人特别峰会，敦促该集团在打击非洲区域恐怖主义方面采取更为积极的行动。德国持续推动欧盟提供资金支持，2017 年首期提供 5000 万欧元支持非洲国家反恐，包括部署多边干预部队，打击"博科圣地"等恐怖组织等。德国还在联合国、欧盟框架下协助非洲建立危机预警机制，全力遏制大规模杀伤性武器扩散。为配合联合国反恐行动，德国协助马里、尼日尔等国开展军事培训，并同不同国家开展打击毒品交易、贩卖人口等违法犯罪等行动。另一个层面是直接扩大在非洲的军事行动。2015 年，法国巴黎巴塔克兰剧院遭遇恐怖袭击后，德国突破传统，派出 1200 人的"史上最大海外军事行动团"赴中东北非参与打击"伊斯兰国"的行动。2016 年，德国参加联合国在马里"多层面综合稳定特派团"的士兵从最初的 180 人增至 650 人，2017 年又增至 1000 人。近年来，德国陆续参加了联合国在西撒哈拉、达尔富尔，欧盟在索马里的一系列军事维和行动。德国还宣布与不同国家根据其需求开展特色的专项安全合作，例如同埃塞俄比亚加强警察培训合作，与乍得就军事装备合作展开对话，协助尼日尔打击毒品走私、非法武器交易和贩卖人口的地下网络等。

其三，推动深层次的能源、环保、可持续发展合作。非洲具有丰富的能源与原材料，亦为包括德国在内的欧盟国家所广泛需要，但能源、原材料与欧洲倡导的环保、气候变化密切相关，必须审慎开展相关合作。为此，德国一是加强对非洲能源外交，注重同非洲国家建立能源与原材料伙伴关系，为相关合作制定适当的规则，避免无序开发。目前德国已与南非、尼日利亚、安哥拉、摩洛哥、突尼斯等多个非洲国家建立了这一关系。二是支持非洲新能源体系建设。鼓励非洲在人口稀少、日照时间长、生物能丰富地区建立新型能源体系，特别是鼓励德国企业赴非，与各方一道挖掘可再生能源潜力。2017 年，中国、德国企业共同在安哥拉开展三方合作，修建水电站，受到好评。德国政府还尝试以无附加条件的贷款及长期供应合同推动非洲多余的电力出口到德国和欧盟。

在维护非洲生态环境和促进其可持续发展方面：一是重点应对气候变化，德国与 15 个非洲国家一道，在西部及南部非洲建立气候变化和土地管理中心，与非洲科学家共同开展研究项目。二是注重保护物种多样性。2012 年起，德国每年拨款 5 亿欧元用于非洲森林和其他生态体系的保护，减少对森林的破坏性使用，强调可持续开发。三是研发新技术，保障粮食及饮用水供给。如 2016 年德国向马里、乍得分别追加 3850 万、890 万欧元人道主义援助，用于改进粮食生产技术，实现可持续农田耕作；投入 1800 万欧元，综合治理乍得湖地区严重旱灾；研发环境友好型新技术，应对水供应危机，从根源上解决饮用水和粮食短缺问题。①

二、默克尔对非政策效果

非洲不再是原先的一穷二白的“贫瘠之地”，如今非洲丰富的资源、广阔的市场、无可比拟的地缘战略地位，无一不吸引着世界各国的目光。德国经济合作与发展部前部长格尔特·米勒多次表示，勿再将非洲视作“危机之洲”，要转换视角，从中看到机遇。② 默克尔调整对非政策正当其时，双方互有所需、互相促进。

---

① 李超：《德国对非洲合作的新动向》，《现代国际关系》，2019 年第 8 期，第 37 页。

② Gert Müller：“Afrika ist ein Chancenkontinent”，*ZDF*，17. Februar 2018，https：//www. zdf. de/nachrichten/zdf – morgenmagazin/zdf – morgenmagazin – clip – 13 – 114. html.

第一，满足经贸上的需求。非洲近年来经济发展迅速，一是经济增长快。埃塞俄比亚、肯尼亚、卢旺达等非洲国家多年来坚持推动改革，改善国内经济结构，如今已不再单纯依靠出口原材料维持经济增长，多年来经济增速一直保持在5%以上，大大超出全球平均水平。二是对外资需求高。尽管流入非洲的外资绝对值不算太高，但增速迅猛，除南非、尼日利亚、肯尼亚等较为成熟的市场具有吸引力外，其他非洲新兴国家潜力也在增长，中国、印度已经成为非洲外资的重要来源国。三是享有人口红利。非洲国家生育率高，年轻劳动力充足，既创造了广阔的内部市场，还可以向老龄化严重的欧洲输出劳动力。四是贸易环境趋好。2019 年，非洲大陆自贸区得以成立，尽管目前非洲自贸区的整体水平还无法与欧洲标准相比，但政治意义重大，德国等欧洲国家与非洲开展贸易也将日益便利化，帮助非洲国家开展自贸区建设也成为德非合作的一个重要方面。德国是出口导向性经济体，看重外部市场的拓展，这些有利条件为德国延续和拓展对非经贸合作提供了坚实的基础。

第二，满足维护安全的需求。默克尔对非政策调整的一个主要方向是突出安全合作。如果我们比较默克尔 2011 年和 2016 年两次访非行程，可以深切感受到德国对非洲安全问题关注度的上升态势。2011 年 7 月 11—14 日，默克尔出访肯尼亚、安哥拉和尼日利亚三国，提出要打造德非“平等的经济与能源伙伴关系”。德国在肯尼亚内罗毕设立德国经济办事处，投资港口、高铁和输油管道；启动了“德安经济论坛”，签署了总额近 10 亿欧元的基础设施工业建设项目合同，向安哥拉出售数艘海上巡逻艇；与尼日利亚建立德尼“两国委员会”，启动能源合作计划。德国还重点强化对非农产品开放市场、建立“农业伙伴关系”，提出帮助非洲改善耕地利用状况、提升农产品运输和储存能力，促进非洲农业经济发展。而 2016 年 10 月 9—12 日，默克尔访问马里、尼日尔、埃塞俄比亚三国，主题则是“安全”。在马里，默克尔同德国赴马里参与维和的士兵会面，勉励他们认真履职，承诺帮助马里强化教育和培训，以避免人才流失沦为难民；在尼日尔，着重讨论了移民政策及欧盟与非洲国家移民伙伴关系，德国承诺帮助尼日尔提升北部基础设施、打击非法移民、加强防务合作，双方商讨建立后勤基地，为德国派驻非洲的军事人员服务；在埃塞俄比亚，双方着重讨论民主和公民社会建设相关议题，德国承诺帮助埃塞俄比亚加强民主，在发展援助、军事合作等方面加大力度。

德国政府日益意识到，非洲的问题不仅是发展问题，更多的是和平、安全、稳定的问题。作为非洲近邻，欧洲不断受到非洲安全风险外溢的影响，近年来恐怖主义、难民危机等安全风险都与非洲局势有密切的关系。由于非洲国家普遍经济发展水平较低，且人口众多，不少民众为摆脱贫穷饥饿和社会动荡，把欧洲视为主要投奔地。有不少非洲国家政局不稳，政府执政能力较弱，本身就是制造动乱的源头。例如，尼日尔盛行“蛇头经济”，大量来自西非、中非的难民经过尼日尔前往欧洲；“博科圣地”等恐怖组织在乍得等国肆虐，导致这些国家大量民众流离失所。埃塞俄比亚就接纳了大量索马里、南苏丹等国难民，加剧了本国社会动荡。2011 年西亚北非局势动荡后，乱局长期难解，输出的难民和恐怖主义是德国等欧洲国家面临的最大安全威胁。在这样的背景下，德国通过维和、培训、装备援助、移民协议等多种手段帮助非洲，既塑造了地区安全秩序，也帮助欧盟确保了和平的发展环境。

第三，满足整体外交战略布局的需要。非洲在全球地缘争夺中的重要意义不断上升已毋庸置疑，但德国在非洲的根基很浅，不仅无法与英国、法国等非洲前宗主国相匹敌，而且其对非洲的投入如今也不如中国等新兴经济体大；即使是过去德国最重视的经贸领域，其对非出口也仅占德国总出口的 2% 左右，因此有巨大的提升空间。德国深感自身在非洲竞争力不足，在全球地缘博弈中有所落伍，必须从战略高度予以重视，这也是德国奉行所谓“有为外交”的重要一环。与此同时，在诸如环境保护、传染病防治、消除饥饿贫困等非传统议题上，德国更希望发挥自身独特的软实力作用，而这些问题在非洲又异常突出，正是德国大有作为的领域。在 2021 年 6 月七国集团峰会前夕，默克尔就与时任挪威总理埃尔娜 · 索尔贝格、加拿大总理贾斯廷 · 特鲁多一同在《金融时报》撰文，呼吁七国集团国家共同为非洲等不发达地区提供抗疫资金援助总额的 55%，二十国集团国家共同捐助 85%。① 此外，特别值得一提的是能源和原材料问题。德国是资源非常贫乏的国家，不仅油气供应大量依靠俄罗斯及中东国家，诸多原材料也需依靠外部供应。例如，德国国内金属锰消费的 65.5%、金消费的 43%、铬消费的 40.7% 均来自南部非洲。非洲能源和原材料储备虽然丰富，但这属于环境密集型产业，对于重视气候和环境问题的德国而言，必须帮助非洲进行能源结构和矿业技术的升级改造。这也有利于展现德国积

① Angela Merkel, Justin Trudeau, Erna Solberg, “G7 should pay lion's share of costs to help end the pandemic”, *Financial Times*, June 11, 2021.

极承担国际责任、致力解决“影响人类生存发展等重大问题”的积极形象。

总的来看，德国开展对非洲合作还是有一些有利条件的，例如，德国殖民非洲的历史包袱较小，“和平主义”和反战主张使其在非洲的国家形象较好；默克尔时代德国经济增长稳定、财政充盈，增加对非洲投入更有底气。德国政府一些新举措受到非洲国家欢迎，尼日尔总统就公开对“非洲马歇尔计划”表示欢迎，期待德国尽早实施，“促进两国更加繁荣的双边合作”。① 默克尔时代，德国将过去以“单向扶助”为主要特色的对非洲发展援助合作升级为“新型发展援助”，其最核心的特点在于：一是注重“以他助促自助”，重点是帮助非洲国家建立自我发展的能力架构，包括提升治理能力现代化，也包括推动非洲国家民主化进程；二是关注经贸合作以外的非传统合作议题，包括安全，也包括可持续发展等重大领域；三是注重“需求导向”，不搞单纯的“金钱外交”，与非洲国家协商确定具体的合作方式和规模，鼓励私营部门发挥重要作用。德国不仅对上述理念身体力行，还注重将其拓展，提出“与非洲国家讨论，与欧盟行动对接，与国际伙伴协商”，② 力图在大变局下发挥对非洲合作的引领作用。所有这些举措，都体现出德国作为“塑造性力量”不同于西方“霸权”的一些独特思维。当然，受制于价值观因素，德国对非洲合作也不可避免地附加一些民主化改革方面的要求，而不能完全出于非洲国家利益考量，这也使得德国对非洲合作的效果可能打一些折扣。

第四节　开展“全球外交”

进入21世纪，人类日益走向全球化，越来越多的全球性议题涌现，亟待主要大国来研究解决。“全球治理”遂成为热门议题，主要大国纷纷专注于如何通过确立规范、法律和制度以帮助其从事集体行动、建立秩序，而全球治理的任何考量都必然关乎集体行动、国际合作以及背后

① Anjia Maier, “Kein Marshall - Plan für Afrika”, *Tageszeitung*, 10. Oktober 2016, http://www.taz.de/! 5343632/.

② *Afrika und Europa - Neue Partnerschaft für Entwicklung, Frieden und Zukunft - Eckpunkt für einen Marshallplan mit Afrika*, Berlin: Bundesministerium für wirtschaftliche Zusammenarbeit und Entwicklung, 2017, S. 33.

的国家权力。① 默克尔领导下的德国政府在全球治理问题上主张国际多边合作，在此进程中，越来越多贡献“德国方案”“德国主张”，加强参与度，推动德国的国际话语权构建，其影响力和国家权力不断得到强化和提升。

一、联合国外交

德国历史上曾经充当过单边主义的发起者，两次世界大战的失败也令其成为最大受害者。冷战结束后，德国一直倡导多边主义，坚定支持在联合国等多边框架下通过国际合作手段解决分歧、推动发展。默克尔领导的历届政府在多边外交上都多有作为，尝试塑造多边秩序。

德国认可以联合国为基础的多边国际秩序，承认联合国安理会为“国际安全架构的核心”和“国际社会维持和平和冲突管理的中枢机构”。② 在加入联合国的近半个世纪中，德国在其中表现突出，加入了联合国的许多机构和参与了许多维和任务，对联合国常规预算的贡献一直稳居前列，目前德国缴纳的会费占联合国总预算的6.09%，居于美国、中国、日本之后，对联合国维和行动预算贡献同样如此。此外还为联合国各领域专项行动提供大量捐款，如人道主义援助、危机预防等。默克尔时代，德国参与塑造国际秩序的意愿更为强烈，借助联合国平台开展全球外交更为积极。

一是大力支持和参与联合国维和行动。德国对境外军事行动十分谨慎，但在集体安全机制下，特别是通过联合国开展维和行动，是其认可的对外开展军事行动的途径，德国政府也视之为维护全球和平安全政策的重要组成部分。默克尔时代，德国参与了一系列联合国维和行动，主要集中在非洲。部分维和任务陆续完成，德国在其中发挥了重要作用。例如2020年12月31日，历经12年半的联合国大规模维和行动之一的“达尔富尔混合行动”正式结束，德国自2008年3月以来一直参与该任务，最初由7名维和官兵“象征性”参与，高峰时期，最多部署50名士兵。2014年后，德国是唯一仍参与该行动的西方国家。德国支持萨赫勒地区联盟、参加联

---

① ［美］迈克尔·巴奈特、凯瑟琳·辛金克：《从国际关系到全球社会》，载［澳］克里斯蒂安·罗伊－斯米特、［英］邓肯·斯尼达尔编，方芳等译，《牛津国际关系手册》，南京：译林出版社，2019年版，第68—87页。

② “Reform des Sicherheitsrats der Vereinten Nationen”，*auswärtiges Amt*，14. Januar 2022，https：//www. auswaertiges－amt. de/de/aussenpolitik/internationale－organisationen/uno/05－reform－sicherheitsrat/205630.

合国马里稳定团和欧洲联盟训练团、支持“苏丹之友小组”等行动受到联合国秘书长古特雷斯的高度评价。截至2021年下半年，德国仍参与8个维和项目，包括联合国黎巴嫩部队、马里稳定团、南苏丹特派团、索马里援助团、科索沃特派团、西撒哈拉特派团、支持荷台达协议特派团、苏丹综合过渡援助特派团。此外，德国也在北约、欧盟、欧安组织框架下开展维和军事行动，海外总兵力超过2500人。①

二是主动谋划，推动全球议程。加入联合国至今，德国五次作为联合国安理会非常任理事国行使职权，利用这一有利契机，彰显其外交积极性。默克尔时代，德国分别于2011—2012年和2019—2020年担任联合国安理会非常任理事国。相比2011年任期内遭遇利比亚问题，德国外交能力广遭质疑，第二次任期内德国的外交动作明显娴熟。在其主动策划和参与下，联合国通过了100余项决议，在妇女、气候、核裁军等方面开展了一系列外交行动。2020年7月，德国与比利时联合主笔起草提交了叙利亚跨境人道救援授权延期的决议并斡旋谈判，达成折中方案。2020年10月，德国与美国、英国、法国等39个国家联署了一份涉华问题声明，时任德国常驻联合国代表克里斯托弗·霍伊斯根在第75届联合国大会第三委员会一般性辩论中代表这些国家宣读了声明，成为“价值观外交”的领头人。可以预见，若德国在联合国安理会的地位得到进一步提升，或解决一系列国际争端的“联合国安理会常任理事国+德国”模式得以拓展，则德国在全球治理方面的话语权和积极性势必进一步提升。

三是推动联合国安理会改革，争取承担更多责任。德国追求成为联合国安理会常任理事国的努力由来已久，冷战结束后的1992年就表示有意“入常”。德国还与日本、印度、巴西组成“四国集团”，捆绑推动“入常”进程。德国的这一做法，一方面是考虑到四国都有“入常”意愿，捆绑可减少不必要的内耗；另一方面凸显其“平衡外交”的思维，既照顾到区域平衡，也增加了发展中国家席位，还可以设置“掩护”，以避免过于凸显自身外交雄心。默克尔上任后，加大了推动力度，2005年“四国集团”就起草了关于“增加6个常任理事国”（亚非各2个，拉美1个，“西方集团”1个）的改革方案并提交联合国大会讨论。但可以想象，这一方

① “UN – Friedensmission und deutsches Engagement”, *auswärtiges Amt*, 12. Juli 2021, https://www.auswaertiges – amt.de/de/aussenpolitik/internationale – organisationen/uno/04 – friedensmissionen – un/205586.

案是对联合国安理会五个常任理事国经历反法西斯艰苦斗争获得权利的否定，将对国际安全产生重大影响，很难在成员国间取得广泛共识。① 德国还提出追求“欧盟”获得联合国安理会常任理事国地位，理由是欧盟为联合国预算提供1/3以上的资金，贡献全球50%以上的发展援助，其引用《联合国宪章》第23条称，欧盟国家“对联合国工作作出重大贡献”，而且自《马斯特里赫特条约》生效以来，欧盟已经能够在国际上独立行动、表达自己的立场，欧盟“入常”可以突破其民族国家的限制，更加彰显欧洲集体塑造对外政策的意愿。② 默克尔曾多次在欧盟层面宣传这一主张，不过显然难以获得法国认可。由于“入常”前景不佳，对德国而言，这更多是展现一种姿态，但其参与甚至引领联合国行动的意愿展露无遗。

二、经济外交

默克尔时代德国对外实力的上升是以强大经济实力为后盾的，反过来为经济发展保驾护航一直也是德国外交的重要任务。德国是出口导向型经济体，其原材料与能源也高度依赖进口，因此德国经济发展很大程度上取决于对外经贸的发展。

为确保对外贸易畅通，德国一直以来都大力倡导自由贸易，反对封闭和不公平竞争，这在默克尔的对外贸易政策中更为凸显。德国支持以世界贸易组织为核心的国际多边贸易体系，积极参与了历次多边谈判。特别是在自由贸易遭遇挫折的时候，德国能够高举自贸大旗，成为全球自贸的引领者。2017年7月7—8日，二十国集团领导人第十二次峰会在汉堡举办，德国利用主办国身份将全球贸易问题定为主要议题之一，希望团结多数国家对抗美国政府的贸易保护主义。经过努力，相关表述也被写进了峰会联合公报，反映出德国坚定推动自由贸易的决心。针对特朗普政府企图废弃世界贸易组织上诉机构的做法，德国积极推动欧盟就解决上诉机构成员遴选问题提交相关提案，强调保证其正常运行，并一再尝试说服美国不要抛弃世界贸易组织体系。默克尔在2020年、2021年的达沃斯世界经济论坛上接连强调多边治理机构的重要意义，呼吁摒弃保护主义，保持开放

---

① 武正弯：《德国外交战略1989—2009》，北京：中国青年出版社，2010年版，第163页。

② Markus Kaim，Ronja Kempin，*Ein Europäischer Sicherheitsrat：Mehrwert für die Außen - und Sicherheitspolitik der EU?*，Berlin：SWP Aktuell，2018（65），S. 7.

态度。

由于德国等欧盟成员国的贸易谈判权属欧盟机构，故在维护多边贸易治理规则的同时，德国也积极支持欧盟对外开展双边或小多边贸易协定谈判，力争构建区域自贸体系。多年来，在德国的积极参与和大力推动下，欧盟已先后与韩国、越南、新加坡、加拿大、日本、非加太集团（非洲、加勒比和太平洋地区国家集团）、南方共同市场签署经济贸易协定，大大促进了欧盟与这些国家和地区的贸易往来。德国是《跨大西洋贸易与投资伙伴关系协定》的倡导者和积极推动者，虽然德国民间对此的反对声很高，但默克尔及其阁员一直没有放弃建设跨大西洋自贸区的努力。在拜登任美国总统后，默克尔仍执着地表示“美欧之间签署贸易协定意义重大”。在中欧投资协定迟迟得不到欧盟方面批准时，默克尔多次发声，以“欧方可获得更多市场准入”为由试图说服其他成员国，称这是“一项非常重要的工程”。[①] 此外，德国战略界还建议政府推动欧盟与非洲大陆、东盟等机构商签自贸协定。

当然，在推进经济外交的过程中，德国也将价值观因素纳入其中。其声称奉行“以价值为基础的贸易政策”，追求将经济增长与职业健康安全、环境保护、社会正义、人权等规范相结合，并坚持通过贸易促进法治和所谓“良治”。前文已述，默克尔在推行对非洲合作时，就常常将人权等标准列为合作前提。在中欧投资协定问题上，也坚持要求中国先批准相关国际公约，体现了德国“贸易促变革”的总体外交思路。

默克尔第四任期以来，国际环境发生更剧烈变化，德国研判认为“外贸友好型”的全球贸易氛围发生逆转。一是特朗普任美国总统后对欧盟特别是德国在贸易上发起攻势，主要是认为德国对美国贸易顺差过高，威胁对德国产品征收惩罚性关税，西方联盟内部就贸易问题产生内讧。二是中国实力快速上升，在高端制造业产品上已开始超越德国，德国在国际市场上竞争力开始下降。三是国际地缘冲突不断，俄乌、中东、印太等地区频频出现地缘之争，影响运输链安全。因此，德国也对其一贯坚持的开放自由的贸易政策进行了一些针对性的调整，在其影响下，欧盟贸易政策也有了一些保护主义的趋向。

---

① Thomas Escritt, “Merkel wants Europe, United States to aim for new trade deal”, *Reuters*, May 5, 2021, https: //www. reuters. com/world/merkel – wants – europe – united – states – aim – new – trade – deal – 2021 – 05 – 05/.

第一，对战略产业进行保护。2017 年 7 月，德国对《对外贸易与支付法》进行修订，规定非欧盟国家在德国投资重要基础设施或与国家安全相关的科技产业，持有超过 25% 的股权时，德国经济部就有权对其进行投资审查，必要时可干预相关项目。2018 年 12 月，德国再次修订该法，将 25% 的审查门槛调整至 10%。2020 年 4 月，德国经济部扩大审查范围，要求纳入人工智能、机器人、半导体、生物技术和量子技术等诸多领域，将投资者对上述相关企业 10% 或以上的股权收购进行披露，并视情况进行审查。德国政府认为不宜被外资收购的案件中，将鼓励国有的复兴信贷银行出面参与收购，以较高出资“挤走”外国竞争者。2018 年，德国就以此举阻止了中国国家电网公司收购其电网公司“50 赫兹”股权。在德国的“示范”下，英国、荷兰等不少国家都收紧了外资审查标准。2019 年 3 月，欧盟通过立法建立了针对外商直接投资的审查框架。此外，德国还修订《信息技术安全法》，规定外国电信网络供应商必须作出“不泄露数据”承诺，接受联邦信息技术安全局的安全技术审查和由总理府、内政部、经济部、外交部组成的联合调查委员会的政治审查，增加了行政成本。

第二，力争打造“闭环产业链”。德国经济部 2019 年初发布的《国家工业战略 2030》草案中，出现了“闭环产业链”的提法，希望欧盟内建立尽可能完善的工业生产链条。虽然在正式文本中删除了这一内容，但体现其对供应链可能断裂的担忧。特别是新冠疫情暴露出德国在汽车零部件、基本医疗物资等方面严重依赖外部供应，促使德国政府注重优化欧盟内部产业布局。

第三，以“公平贸易”替代“自由贸易”。德国不愿承认中国市场经济地位，支持欧盟提出一个新概念，即所谓“扭曲的贸易政策”，以此为由继续对中国市场进行打压。2021 年 5 月，欧盟出台新规，获得“不正当补贴”的企业，将不能收购欧洲企业，不能参与公开招标。实际上这些保护主义立场与德国一贯坚持的开放原则并不相容，因此可以看出，德国对外政策的“有为”及其领导作用，并非完全是积极正面的领导作用，其对外政策也有保护主义和“逆全球化”的一面。

三、气候外交

默克尔一直以来有着“气候总理”的称谓，她在科尔内阁担任的首个部长职务就是环境部长。1995 年 3 月，默克尔在柏林首次主持了联合国气候变化会议，后又参与了《京都议定书》的相关工作。正是在环境气候领域工作为她赢得了最初的外交经验。默克尔作为一名科学家，担任总理后仍重视气候问题，一直推动德国在应对气候变化方面积极行动。

一是主动加大力度减排。默克尔多次强调，应对气候变化，每个国家都应首先做好自己的功课。同样，开展气候外交的前提是自身“能力过硬”，否则在国际舞台的任何呼吁都将缺乏说服力。德国在这方面确实走在了欧盟国家前列。虽然默克尔执政前期为保护德国工业优势而对“能源转型”略有犹豫，但 2011 年福岛核泄漏促使其彻底全面推行“能源转型”，不仅要放弃核能，还将逐步淘汰传统的火电。2021 年 1 月，德国联邦统计局公布数据称，2020 年德国可再生能源发电量达 47%，其中风电比例达 26%，风能首次超过煤炭成为德国最重要的能源。[①] 2019 年 11 月，德国联邦议院通过了《德国联邦气候保护法》，确定 2050 年实现碳中和。为此，2020 年 7 月，德国联邦议院通过《废除煤电法》，决定最晚于 2038 年停用煤炭发电，同步推出数百亿欧元补助受影响地区。事实上能源转型的经济成本高昂，德国电价一直在欧盟内处于高位，是法国的 2 倍，2006—2016 年，德国电价上涨 47%。[②] 这恰恰说明德国不惜经济代价推进气候政策的决心。如果说默克尔所在的联盟党在气候问题上还略追求平衡，那么其他政治势力则更为激进，绿党要求 2030 年就实现“退煤”；2021 年 4 月，德国联邦宪法法院裁定《德国联邦气候保护法》对减排手段规定不完善，要求政府制定明确方案，尽早实现减排目标。

二是借主场外交提升气候议题权重。德国波恩是《联合国气候变化框架公约》秘书处所在地，历次联合国框架下重要的气候会议，如坎昆气候大会、巴黎气候大会等，相关国际文件的谈判工作几乎主要都在波恩展开，默克尔亦数次与会致辞。2015 年德国担任七国集团轮值主席国以及 2017 年担任二十国集团轮值主席国时，都将气候议题设定为重要的议题之一，尽力促推各国领导人就《巴黎协定》的具体实施达成共识。此外，德国还异常关注生物多样性、海洋垃圾处理等与环境气候相关的非传统议题，这在其他西方大国中并不多见。

三是协调大国气候政策。美国退出《巴黎协定》令德国等欧盟国家深

---

① “Energie Erzeugung – Zum Thema”, *Statistisches Bundesamt*, https：//www.destatis.de/DE/Themen/Branchen – Unternehmen/Energie/Erzeugung/_inhalt.html；jsessionid = 7195713EE409F5F835F84107897CA18E.live721.

② 刘长松：《德国可再生能源发展的政策进展与启示》，《世界环境》，2017 年第 3 期，第 78—81 页。

感挫败，德国一直试图发挥作用，说服美国重返《巴黎协定》，默克尔称“已准备好与特朗普艰难对话”。① 德国同样也在中美之间发挥协调作用。2021 年 4 月，拜登主持领导人气候峰会前几天，默克尔联合法国总统马克龙一道先与习近平主席召开了视频峰会，在气候问题上协调了三国立场，强调加强合作。同年 6 月，默克尔又在七国集团峰会上再次强调，在应对气候变化的问题上离不开中国参与。在欧盟内，德国大力支持“欧洲绿色协议”，制定了较为具体的减排措施路线图；积极支持和响应欧盟的碳排放交易体系建设，推动欧盟建立“气候俱乐部”，与国际伙伴一道制定碳税交易规则。

值得指出的是，气候变化问题为德国及欧盟在国际舞台上提高影响力提供了一个新的窗口。在大国博弈和地缘冲突不断的时代，气候议题因关系到全人类的生存发展而受到普遍重视，环境和气候保护方面，即使是中美等对抗中的大国也相对容易形成共识，德国也希望借此打造新的名片，展示其“有为外交”的新外交风格，也试图在非传统领域更多展现其引领、塑造的作用。

四、对外发展援助

作为发达工业国，通过对外发展援助影响被援助国，一直是德国政府对外塑造的重要途径之一。20 世纪 90 年代起，德国的发展援助政策已逐渐从援助转向扶助，更注重通过贸易自由化等措施帮助相关国家实现自主发展。施罗德领导的“红绿”政府重视同联合国等机构合作，将联合国千年发展目标等列为其对外发展援助的重点领域，取得了良好效果。②

默克尔时代，德国的对外发展援助范围更广，远远不局限于经济发展，其主要任务包括在全球维护人权，战胜饥饿和贫困，保护气候和生物多样性，促进健康和教育、性别平等，推动建立公平可靠的供应链，增强数字化技术及其应用，加强私人投资以促进全球可持续发展等，可谓包罗万象。与施罗德政府一脉相承，默克尔时代，德国以联合国制定的《2030 年可持续发展议程》为准绳，对其发展援助政策注入了新的理念和标准。特别是德国联邦经济合作与发展部于 2020 年 5 月部出台了《2030 改革战

---

① 刁海洋：《美德领导人在 G20 峰会前讨论气候变化问题》，中新网，2017 年 7 月 4 日，https://www.chinanews.com/gj/2017/07-04/8268523.shtml。

② Wolfram Hilz, *Deutsche Aussenpolitik*, Stuttgart: Verlag W. Kohlhammer, S. 136.

略》，注重提升对外援助的水平。

首先是调整对外发展合作的伙伴国，对其进行全新梳理和精简，由过去的 85 国减少到 60 国，并根据所需援助的重点进行了分类，包括传统双边伙伴 28 国，改革伙伴 7 国，转型伙伴 7 国，全球伙伴 8 国，和平伙伴 10 国以及经济合作与发展组织（以下简称经合组织）确定的发展援助群体，由此提升援助的针对性和有效性。从 2010 年起，德国停止向中国提供发展援助。其次是设定优先事项。针对全球新变局，加大在气候保护、健康和家庭政策、可持续供应链、数字化、传染病等领域的帮扶力度，同时仍将传统的消除饥饿和贫困作为永久性目标。

尤为值得一提的是，默克尔时代德国发展援助政策更为强调价值观，要求伙伴国在治理方式、遵守人权和打击腐败方面取得更大进展，要求其在促进民主化改革的问题上展现更大主动性，特别注重支持相关国家开展改革。可以说，默克尔时代发展援助政策的政治属性已经有了新的变化，即尽量将人权观念作西方化解释，把扶植私营企业、在发展中国家推行西方民主制度等作为政治标准列为发展援助政策目标。① 德国政府还接连发布多版德国发展援助政策中的人权文件，其中 2013 年版文件对发展援助政策中如何落实人权标准提出了具体举措，包括：促进部门间发展援助政策的连贯性，推动跨部门协作，尊重人权；加强民间社会参与对外发展援助；增强政策透明度，设定明确的问责机制；审查评估发展援助政策及其实践项目对人权的影响；相关参与企业必须承担保护人权的企业责任。②

从德国的投入来看，力度一直在大幅增加。2018 年，德国的官方对外发展援助已经由 21 世纪初的不到 60 亿欧元增长至 211 亿欧元，占国民总收入的 0.61%，成为仅次于美国的全球第二大发展援助捐助国。从图 4－2 可以看出，正是在默克尔执政中后期，德国对外发展援助经历高潮期，鉴于德国经济基数高，又持续稳定增长，官方发展援助占比大幅提高背后，是援助资金绝对值的高幅度增长。虽仍未达到经合组织倡导的 0.7% 标准，但这一快速提升的比例仍然显示德国在尽力扭转国际金融危机和欧债危机

---

① 孙恪勤：《德国发展援助政策研究》，北京：社会科学文献出版社，2021 年版，第 203 页。

② *Das Menschenrechtskonzept des BMZ*, Berlin: Bundesministerium für wirtschaftliche Zusammenarbeit und Entwicklung, 2013.

发生后发达国家对外发展援助下降的趋势。①

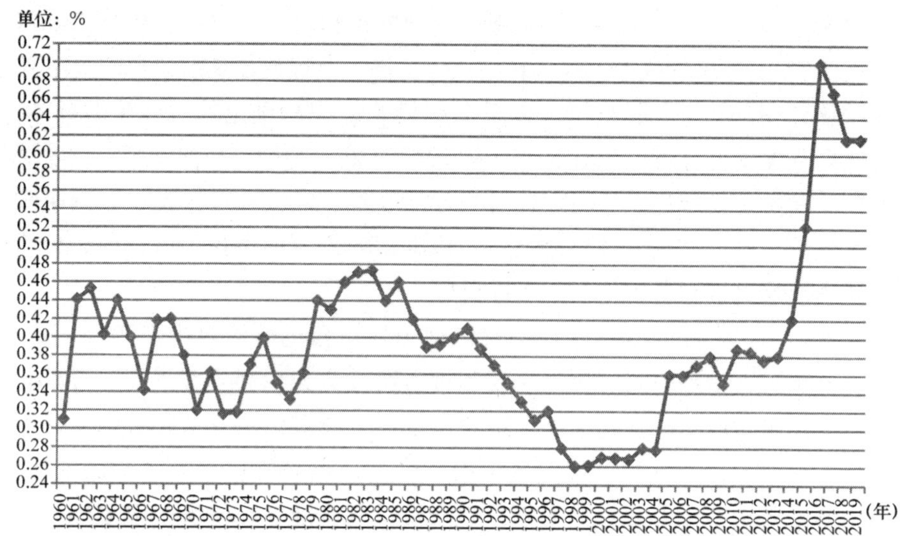

图 4－2　1960—2019 年德国发展援助资金占国民总收入比重（%）②

总体而言，默克尔时代，对外发展援助政策成为德国对外发挥塑造作用的重要手段，德国在应对难民危机、参与气候保护、援助非洲等一系列全球治理行动中，都不同程度地渗透了发展援助的思路和举措，展现了"利益输出"与"价值观输出"的平衡。同时，德国也不断适应时代发展，尝试一些新型发展援助思路，如开展三方合作，在联合国等多边机构中加大协调和规制力度，突出绿色、数字化，以及重视教育、医疗、卫生、科技等非传统发展援助领域。发展援助政策越来越成为德国外交战略总布局中的重要一环。③

五、对外安全政策

外交与安全政策向来都互相促进、互为保障。德国不是传统意义上的军

---

① Jörn Grävingholt, "Entwicklungspolitik im Gefüge einer neuen deutschen Aussenpolitik", *Aus Politik und Zeitgeschichte*, 2016（66）, S. 38－43.

② *Entwicklung der deutschen ODA－Quote 1960－2019*, Berlin：Bundesministerium für wirtschaftliche Zusammenarbeit und Entwicklung, 2020.

③ 孙恪勤：《德国发展援助政策研究》，北京：社会科学文献出版社，2021 年版，第 215—220 页。

事强国，历来在安全政策上着墨不多。但在默克尔时代，日益走向“正常化”的德国，外交利益不断拓展，面临来自全球的挑战不断增加，要求其拓展安全政策的模式和覆盖面，更有效地服务于新时代的国家战略。德国首先是要承认军事力量在维护安全方面不可替代的作用，改变“谈武力色变”的传统思维。“有为外交”出台之后，德国在军事领域的积极性明显提升。

（一）加强硬实力建设

第一，强化联邦国防军建设。德国军费不达标问题广受盟友诟病。由于德国国内生产总值较高且连年保持稳定增长，故北约规定的军费占国内生产总值2%的标准一直很难达到。但默克尔时代，德国军费开支的绝对值有所增加，默克尔上任之初的2005年，德国军费开支为244亿欧元，此后在波动中缓慢上升，但在2014年乌克兰危机后，德国军费开支持续增长，2021年为474亿欧元。

2017年4月，德国联邦国防军成立网络与信息空间司令部，与陆海空军并列；2021年7月，德国宣布成立“太空军事司令部”，成为少数几个优先将更多资源和任务放在太空的国家。这两支部队虽规模不大，但象征意义强烈。与此同时，德国联邦国防军的使命也不仅局限于保卫国土安全，而是更多地考虑维护欧盟边境及周边安全、提升参与北约行动、在全球开展更多维和行动等，故而德国统筹考虑加强以伞兵、直升机为代表的海外军行动能力以及以坦克部队为主体的传统军事力量。

第二，增加军售。据斯德哥尔摩国际和平研究所统计，2015—2020年，德国武器出口额比前五年增长21%，2021年德国的武器出口额占全球武器出口总额的5.5%。① 德国武器出口主要对象国为欧盟和北约盟国，对沙特、卡塔尔等中东国家出口力度也在加大。未来出于经济和战略考量，还可能增加对亚太国家军售。此外，为打击恐怖主义，德国还突破不向战乱地区输送武器的传统，向伊拉克北部的库尔德武装提供武器，助力打击“伊斯兰国”。其向所谓“独裁国家”增加军售，事实上也引起了一些西方国家的批评。

---

① dpa, “Deutschland liefert mehr Waffen – gegen den globalen Trend”, *die Zeit*, 15. März 2021, http://www.zeit.de/politik/ausland/2021-03/ruestungsindustrie-waffenlieferungen-sipri-deutschland.

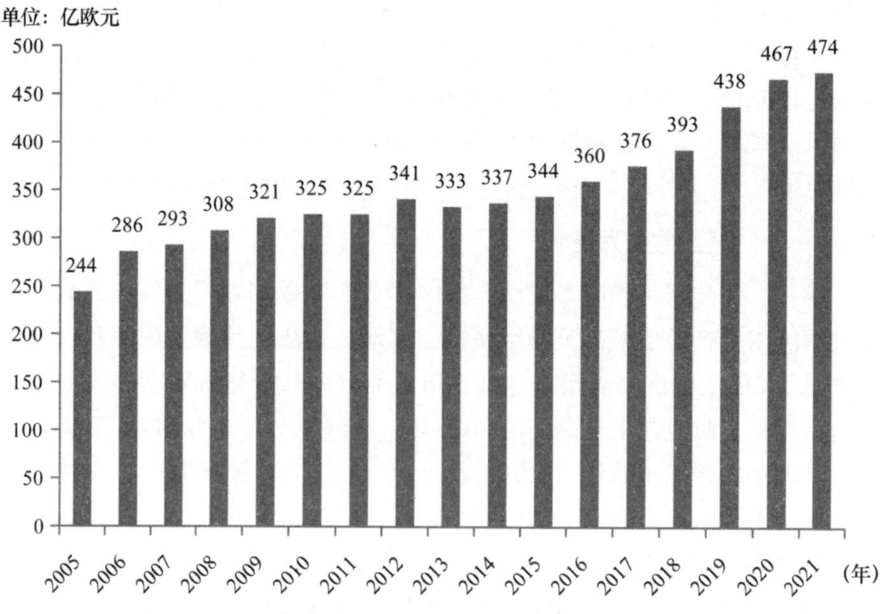

图 4-3　2005—2021 年德国军费开支情况（亿欧元）①

第三，参与更多境外军事行动。默克尔上任不久的 2007 年，德国联邦议院就以高票通过了向北约派遣 6 架侦察机和 500 名士兵的决议，改善了施罗德时期德国与北约的紧张关系。默克尔执政的中后期，德国进一步调整安全政策，不再避讳军事行动，德国联邦国防军有了不少突破性行动。2015 年 12 月，德国派出 1200 人的"最大规模海外兵力"，参与打击"伊斯兰国"；2016 年 7 月，北约决定向东北欧派遣驻军，德国领导驻立陶宛的一个营。2021 年 8 月，德国首次派遣"巴伐利亚"号护卫舰开展为期半年的印太之旅，展示军事存在。德国是除美国外在阿富汗驻军最多的国家，20 年中先后派驻 16 万士兵，其中 59 人死亡，是和平年代死亡人数最多的海外军事行动。此外，德国参与联合国维和行动在默克尔时代也达到高峰。

第四，加强与盟国的协同。在欧盟内部，德国注重与法国一道推动建设"欧洲防务共同体"，对法国提议的"欧洲司令部""欧洲军"等倡议持开放态度，在一些技术容易突破的问题上，如建立联合后勤保障系统、强化军工技术合作、拓展"欧洲干预倡议"等，德国态度积极。2019 年德

① 数据来源：斯德哥尔摩国际和平研究所，https：//milex. sipri. org/sipri。

法签订的《亚琛条约》明确了促进防务军备合作的事项，目前正在实质性推进"永久结构性合作"的47个项目。当然德国也不会任意"摊大饼"，其2020年任欧盟轮值主席国时，防务问题在德国任务清单中位居末席，① "永久结构性合作"暂停审批新项目并全面评估已有项目实施状况，意在督促各国合作取得有效进展。与此同时，德国依然重视北约，认可核威慑必要性，承诺参与北约核政策规划，协助构建导弹防御体系，同时强化《不扩散核武器条约》，力阻恐怖组织获得核原料，积极参与"核安全峰会"，确保世界核安全。

第五，尤为重视非传统安全。2016年德国发布《安全政策和联邦国防军的未来》的国防白皮书，将恐怖威胁和网络信息漏洞列为第一和第二大安全威胁，并对粮食安全、传染病、气候变化等一系列非传统安全问题给了高度关注。这些问题都不是任何一个国家可以独立解决的，必须在全球范围内合力应对。而且在这些问题上，军事手段往往难以插手，更多依靠国家软实力和灵活的外交手段相配合。例如在应对新冠疫情上，德国的拜恩泰科与美国辉瑞公司联合研发的mRNA技术路线疫苗，成为最早投入使用的新冠疫苗，增大德国在全球合作应对疫情上的主动权。在应对网络数字安全风险方面，德国注重规则制定，积极推进缔结共同行为规范，避免网络空间意外事件升级，致力于建立稳定的国际网络空间关系，其还与法国协商出台规则，对例如亚马逊、谷歌等数字巨头进行约束。2019年默克尔访华参访深圳的数字工厂后，表达了对数据安全问题的关切。

值得指出的是，德国截至目前参与海外军事行动，更多是停留在后勤和战略支援方面，例如在阿富汗的军事行动更多是维稳和军警培训等，其派遣的侦察机也不直接用于作战。尽管对法美等国的一些军事倡议持支持态度，但德国更多是姿态性质，不代表德国要参与其中，这与德国一贯的"克制文化"相吻合。但相比过去德国政府更为严格的军事限制，默克尔时代，德国在军事领域已经有了很大突破。如果将军事和民事等手段相结合来看，考虑到德国经济体量和外交影响力，其在对全球安全事务上的话语权可能将持续增加。

（二）调整安全观

冷战期间，德国虽处于东西方对抗的最前沿，但其本身并无过多维护

① 中国现代国际关系研究院：《国际战略与安全形势评估（2020—2021）》，北京：时事出版社，2021年版，第94页。

安全的自主能力，主要是依靠各自盟友及背后的超级大国。长期以来，德国在国际安全事务上几乎没有发言权，也鲜有对此进行战略思考和战略设计。相比同样作为西欧大国的英国、法国，德国政府几乎每十年才出台一份安全政策文件，这与其不断上升的国力、国际地位以及日趋复杂的国际安全形势不相符。默克尔上任后，总体对安全问题加大了关注。2006 年 10 月，就任不到一年，默克尔领导的大联合政府就发布了 12 年来首份《安全政策和联邦国防军的未来》的国防白皮书（以下简称 2006 年版白皮书），针对 21 世纪的新威胁全面界定和阐述德国的安全政策及联邦国防军的任务。但这份报告主要着眼防务和军事领域，强调联邦国防军在安全领域的主责地位，对复杂局势下安全威胁的多元化认识有限。考虑到安全形势不断发生变化，2008 年 5 月，联盟党以议会党团名义推出《德国的安全战略》文稿，试图对 2006 版白皮书进行更新和补充，提出统筹内外安全、“聚合安全”等新概念，并对能源争夺和气候变化等非传统安全问题给予了重视。2016 年，默克尔执政十年后，联邦政府再度推出新版安全政策白皮书，对新时期涌现的最新安全威胁进行了审视，提出了应对之策。

综合三份文件来看，默克尔时代德国在对外安全政策上虽依然较弱，但若纵向比较已开始有意识地进行调整，且思路已明显具有新时代特色，显示其进取性增强。

一方面，贯彻“综合国家安全”① 的理念。德国 2006 年版白皮书就已提出了“全面安全”，意识到安全问题不仅局限于欧洲这一个地区或军事这一个领域。其 2016 年版白皮书更明确指出，“混合战”可能是未来安全领域发生冲突的主要形式。除传统的军事冲突外，一系列非传统威胁日益严峻，不容忽视：气候加速变化，饮用水、粮食、耕地等短缺问题日益严峻，既引发人道主义灾难，又激化不同国家间围绕资源而爆发的冲突；全球人员、货物往来日益密切，传染病传播途径大为拓展；非洲、拉美等部分欠发展国家医疗卫生水平较低，应对新型传染病能力有限，公共卫生危机易转化为政府危机，间接影响地区稳定；海洋作为战略资源和战略通道日益引起大国关注，但也带来资源争夺、开发手段等各类争议，由此次生的航道安全、海洋污染等问题日益严峻。这些都要求德国政府综合运用各

① 德国安全政策中所使用的“综合国家安全”，德文是“Gesamtstaatliche Sicherheit”，强调“综合、统筹、协调”等理念，为区别于“总体国家安全观”，此处翻译成“综合”。

种安防手段，促进多部门通力合作，维护“综合安全”。①

另一方面，在扩大联邦国防军行动范围的同时，注重加强跨部门协调。如果说默克尔对安全事务的认知超越了此前历届政府，那么主要是两个层面：一是对传统的“克制政策”进行了一定限度的突破，联邦国防军的履职，特别是海外军事行动得以扩张；二是逐渐改变以联邦国防军为核心的应对传统军事威胁的机制，转而加强多部门协调，共同行动，增强应对危机的能力。具体方式包括：一是在传统的外交、情报和安全政策手段之外，配合社会、文化、生态和经济发展政策，综合应对；二是军事与民事行动相结合，注重对外发展援助，通过帮助发展消除外部威胁；三是发挥非政府组织、民间机构主动性，使其在危机预防方面对政府进行补充和充当政府助手；四是加强“联网式协作”，视具体威胁建立跨领域的防御体系，如针对恐袭威胁，除安全部门外，还设立并协调“外交部危机反应中心”“国家空中区域安全形势领导中心”等具体机构合力应对。

从上述举措可以看出，默克尔时代，德国整体安全观趋于积极，对安全威胁和安全危机更为敏感，也有了全方位、多手段应对的意识，可以说默克尔开启了德国对外安全政策制度性设计的新起点。不过受到传统“克制政策”的制约，德国提升应对能力是一个系统性、长期性的过程，特别是其塑造地区乃至全球安全框架的能力仍远远不足。

这里，简单总结一下德国在国际上的塑造性作用。我们可以很清晰地看出，德国很难像领导欧盟成员国那样领导国际社会应对新形势下的各类挑战，即使出于维护自身利益的考量，德国在全球的行动能力也明显弱于传统霸权或地缘政治强国。因此，德国的主要做法是扬长避短，尽力避开硬实力的对抗，更多发挥自身软实力，突出自己斡旋促谈的优势，彰显民主价值观的“优越性”，以期用此影响他国行为，规范国际秩序。德国的具体做法包括：尽量将德国、欧盟主张的规则上升为国际规则；加大参与国际事务的力度，维护多边主义；自身立场更为鲜明、强硬，包括使用军事行动等对抗性手段；更为重视安全议题，努力增强塑造地区发展以及全球安全架构的能力；等等。

---

① *Weissbuch zur Sicherheitspolitik und zur Zukunft der Bundeswehr*, Berlin: Bundesministerium der Verteidigung, 2016, S. 48.

第五章　默克尔时代的德国外交评析

当今，默克尔时代已经过去，其16年的外交实践在德国历史上留下了浓重一笔。全面评价其外交政策正当其时，既是对德国外交数十年来追求"全面正常化"的一个阶段性总结，也是在新形势下准确评估德国国际地位与作用的必要之举，还可从中发现和展望未来德国外交的走向。在默克尔16年的任期中，我们看到在一次次具体事件中，默克尔及其政府以稳健的行事风格、相对公允和务实的处事态度，稳步将德国外交推向全新阶段，既提升了德国在欧盟内的领导作用以及在国际上的话语权，也一定程度上推动国际关系向文明化方向迈进。默克尔时代，德国外交已较为出色地完成了其维护和拓展国家利益、提升国家形象的目标，未来能否在实现更加自主、更加积极的方向上继续有所突破，我们仍将拭目以待。

第一节　外交理念

冷战结束后，欧洲国际政治领域关注焦点集中于两个问题：一是两德统一将如何影响德国的外交政策；二是一体化机制曾经给西欧带来和平与繁荣，如今如何促进整合东欧，促进整个欧洲的融合。两个问题交织，德国如何面对其东部邻国，进而走向世界，成为影响欧洲局势的重要因素。当时有两大观点：一部分人担心外部限制取消，加上德国地处欧洲中心，会使德国外交政策变得更加独立、强硬，德国"强权"会卷土重来；另一部分人则认为冷战时期限制德国外交的因素依然存在，即使统一，德国也会通过多边、合作、和平的方式追求其外交目标。① 后一派观点占据主流，其中尤以特里尔大学政治学教授汉斯·毛尔提出的"文明力量"理论最具影响力，成为冷战后德国外交政策的指导理论。默克尔政府在广泛继承

① Henning Tewes, *Germany, Civilian Power and the New Europe: Enlarging NATO and the European Union*, Basingstoke: Palgrave, 2002, p. 2.

"文明力量"理论的基础上，又提出"塑造性力量"理念，希望进一步在全球发挥德国独特的软实力、秩序观，增加国际秩序中的"文明特性"，体现引领塑造的作用。总体而言，默克尔时代，德国独具特色地通过运用"文明力量""塑造性力量"，实现了与国际体系的接轨、融合，并反过来维护和加强其所"嵌入"的国际秩序，较为成功地克服了所谓的"修昔底德陷阱"，还为西方主导的国际秩序贡献了一些治理新思路。①

一、"文明力量"

（一）概念及内涵

"文明力量"一直是二战后德国历届政府外交实践的主要指导方针，默克尔时代也不例外。这一概念，源于德国社会学家诺贝特·埃利亚斯对欧洲从中世纪到现代社会初期文明化进程的研究。他认为，随着新的社会秩序下武力得到理性控制、国际冲突治理趋于机制化以及禁止武力观念的不断内化，旧时代国际关系中暴力、非文明的元素将逐渐被压缩。② 20 世纪 70 年代，在欧洲共同体成立后，在西欧大国政治合作刚刚开始的背景下，英国时任国际战略研究所所长弗朗索瓦·杜舍尼教授提出"文明力量"外交政策理念，主要指外交政策的"非军事化""非武力化"，即以和平、偏民事的手段处理国家间关系。③ 德国政治学家迪特·森格哈斯曾将埃利亚斯的"文明力量"理念进行了标准化归纳，提出了"文明性六准则"，用于衡量国际行为体的文明性。六条准则包括：（1）武力不再是属于民族国家的"私有权力"；（2）控制武力使用权并加强法治建设；（3）建立相互间的依赖并对其效果进行管理；（4）民主化的国际参与；（5）社会公正；（6）建设性的政治冲突文化。④ 这成为"文明力量"外交政策理论的基本观点。

进入 20 世纪 90 年代，德国著名政治学教授汉斯·毛尔拓展、细化了这一概念，进一步明确了评判"文明力量"的理想标准。毛尔教授提出

① 熊炜：《德国"嵌入式崛起"的路径与困境》，《世界经济与政治》，2021 年第 1 期，第 106—125 页。

② Norbert Elias, *The Civilizing Process*, Oxford: Blackwell, 1994, p. 451.

③ François Duchêne, "Europe's Role in World Peace", in: R. Mayne (ed.), *Europe Tam or Row: Sixteen European look ahead*, London: Fontana press, 1972, pp. 67 – 94.

④ Dieter Senghass (Hrsg.), *Frieden machen*, Frankfurt a. M.: Suhrkamp, 1997, S. 20ff.

“文明力量”理论的出发点是新自由制度主义所强调的“相互依赖”，即二战后国与国之间不断增强的相互依赖加剧了集体脆弱性，任何国家都无力独自或单边维护自身安全与繁荣。由此得出两条结论：一是古典现实主义所关注的国家主权、均势政治以及以军事安全为主的狭义的“国家利益”，将不再是定义国际政治的核心，也不再适合作为外交政策的制定依据。二是国家间的相互依赖将催生出新的国际治理模式，尽管民族国家仍是国际治理决策中的主要行为体，但国际治理的层级已扩充为国内、国家间以及更广泛的国际三个层面，而“文明力量”的国际治理路径，主要是集体安全、集体决策，避免一度主导国际秩序的单边主义。

“文明力量”理论很大程度上论述关于如何发挥外交政策影响力，其目标是促进国际环境的“文明化”，基础是国内政治的“文明化”。首先要确保国内建立民主制度和法治环境、保障社会福利和民权，控制使用暴力；确保经济上的繁荣，以稳定民主制度。在此基础上，外交政策应当类比国内治理的手段，弱化国际上军事手段的破坏性作用，保证国际行为符合法治化、民主化原则，通过国际合作来促进繁荣。“文明力量”的目标与手段相关联：为了弱化武力的存在，主张严控使用军事手段的范围；为了促进集体安全，主张开展集体行动，发挥国际机制的约束作用；在应对非武力的安全威胁时，主张尽可能发挥外交工具的力量。这些措施充分反映出“文明力量”理论所倡导的外交目标，其手段和目标均紧密围绕共同安全、国际合作机制以及民主价值观等核心原则展开。如同在一个国家内部，暴力只掌握在政府手中一样，在国际层面，必须形成共同安全与合作机制，共同掌握武力的使用。由此，主权、自助、不干涉等传统国际关系的核心原则中，除用于自卫外，应当剥离任何形式的有组织使用武力行为。①

当然，“文明力量”不简单等同于“和平主义”，毛尔教授也没有完全排除“文明国家”使用武力的可能。正如同国家内部存在警察等暴力机构维护社会治安，并不影响其社会“文明性”一样。在特定情况下，例如在其他手段无法发挥有效作用以及基于集体决策，严格限定在维和、促和、

① Norbert Elias, *The Civilizing Process*, Oxford: Blackwell, 1994, p. 451.

防范武力入侵等条件下，“文明国家”使用武力也不减损其“文明”属性。[①] 与此同时，所谓“集体决策”，也并不意味着必须是联合国等正式的国际机构。尽管“文明力量”更偏爱机制化的国际机构，但“在遇到特殊问题，或既有机制存在漏洞时，灵活的国际合作模式和决策方式都可用于维护安全”。[②] 明确这一点，我们就很容易理解为什么默克尔时代德国在军事行动上做出不少突破历史的举动，但依然不违背其“文明力量”的基本理念。

毛尔教授“文明力量”理论中的另一个核心原则是重视维护权利，主要是主张承认并追求“普世价值”，将民主和人权放在突出位置，强调国际关系中的文化、民族心理、价值观等因素，要依靠这些力量来创造文明化的国际交往氛围、建构国际关系。“文明力量”明确主张将价值观放在外交政策的重要位置，推动国际环境乃至其他国家走向“良治”。在这一过程中，不能明确排除干涉其他国家内政的做法，为了实现其维护权利的目的，集体制裁、施压等手段也是可能的。由此，“文明力量”理论也面临两难，避免冲突是该理论的重要关切，维护权利也是，二者有时难以兼容，这正是许多所谓“文明国家”在外交实践中面临的难题。

简单总结毛尔教授的上述理念：由于国家间相互依赖关系的增加，单个国家无法通过独立行动来积累权力和应对挑战，于是“复杂的相互依赖”鼓励这些国家之间进行某些治理方式和制度的设计，并将其转化为创建“稳定国际环境”的实践。“文明力量”正是这些设计的核心，即以国内治理中社会化的尊重民权的思维来引导国际治理，以规范代替权力，以法制化代替暴力化，赋予国际政治更多的合法性。[③] 其手段则丰富多元，例如包括合理的国际分工、完善的国际合作机制、贸易自由化措施，等等。毛尔教授于1992年发表论文《文明力量联邦德国：新德国外交政策的14条论纲》，详细阐述了“文明力量”与德国的关系，其中六大评判标准可用于评判“文明力量”：

---

① Hanns W. Maull，“Civilian Power：The concept and its relevance for security issues”，in：Lidija Babic and Bo Huldt（ed.），*Mapping the Unknown：Towards a New World Order*，Stockholm：SIPRI，1993，p. 23.

② Hanns W. Maull，Knut Kirste，“Zivilmacht und Rollentheorie”，*Zeitschrift für Internationale Beziehungen*，3/2，1996，S. 303.

③ Vgl. Sebastian Harnisch，*Deutsche Außenpolitik nach der Wende：Zivilmacht am Ende?*，Beitrag für den 21. DVPW－Kongress in Halle，1. －5. Oktober 2000，S. 4.

1. 通过建立和维护合作与集体安全体系，在解决国家内部和国家间政治冲突时减少使用武力；

2. 加强多边合作、区域一体化及部分主权让渡等措施，建立国际合作机制及相关机构，以此加强国际治理中的法治化；

3. 加强国家内部和国家之间包括对话在内的参与式决策；

4. 加强非暴力形式的冲突管控；

5. 促进社会平衡和可持续发展，增强经济繁荣；

6. 促进国际分工和相互依存。①

简言之，“文明力量”在国际层面要推动对武力的垄断式管控，促进国际治理法治化，加强民主决策，减少军事行动，推动国际公平，促进相互依存。可以看出，这六条基本标准仍较为广泛、笼统，毛尔教授及其团队进而对德国与美国外交政策中的“文明力量”元素进行了比较，从中归纳出更为核心的三条原则：

1. 严控武力，推动国际关系民主化，通过多边渠道商讨处理国际事务；

2. 推动“集体安全”的机制安排，向国际机构让渡部分主权；

3. 维护国际规则和国际法管控下的秩序，重视人道主义，不单纯以民族国家利益为行事准则。②

这三条原则是二战后德国外交理论与实践的精髓，为二战后历届政府所坚持。

（二）德国外交政策中的“文明力量”元素

“文明力量”理论自提出以来，一方面被广泛用于外交政策比较分析，可作为评判国家行为体在国际上的角色。另一方面，“文明力量”作为一个描述特殊形式的政治权力的术语，可用于专门指代那些特定政策工具，如非武力方式、建立国际合作机制、签订有约束力的国际条约等，也可指代实现国际关系文明化目标的国家，而二战后德国无疑是“最接近于此的

---

① Hanns W. Maull, “Zivilmacht Bundesrepublik Deutschland. Vierzehn Thesen für eine neue deutsche Außenpolitik”, In: *Europa Archiv*, 47/10, 1992, S. 269 – 278.

② Knut Kirste, *Rollentheorie und Außenpolitikanalyse. Die USA und Deutschland als Zivilmächte*, Frankfurt a. M.: Peter Lang Verlag, 1998, S. 460 – 462. 转引自李超、王朔：《试析德国面临的“领导力困境”》，《现代国际关系》，2016 年第 5 期，第 48—54 页。

理想角色”。① 尽管“文明力量”是在冷战后才形成体系并被广泛认可，但实际上自联邦德国成立后的外交就一直有此“基因”。默克尔时代，德国外交展现出很强的延续性，其所具备的“文明力量”元素同样是在德国数十年外交实践中积累并展现出来的。

两德统一前，为重获信任，联邦德国外交政策完全融入西欧和跨大西洋的框架之中，并在安全等领域部分让渡了主权：联邦德国的军事安全问题不是由本国负责，而是交由多国协同负责，避免德国再度出现军事武装，威胁欧洲稳定。其中的“文明力量”元素体现在：全方位“肃清”纳粹政策“遗毒”，处理好外交政策中的“历史问题”，即“德国问题”；转向并融入西方，外交政策以西方民主制度为主要导向；以西方民主体制中规制性原则作为实施外交政策的基本准则；通过欧洲一体化及相应的主权让渡，克服民族主义情绪；对伙伴国展示德国外交政策的可预期性和可信赖性；外交政策始终对军事力量和军事行动保持怀疑态度；国家发展的整体目标是致力于促进经济增长和社会繁荣，而非追求领土扩张、权力以及大国地位。②

两德统一进一步证明了德国作为“文明力量”外交上取得的成功。第一，在欧洲一体化进程中，两德统一后的历任政府都予以坚定推动，德国政府甚至希望在建设政治联盟方面有进一步突破，只是在协调货币联盟和政治联盟政策方面未能取得成功。③ 第二，在北约内部，德国一方面继续执行原先集体安全理念，另一方面也在积极参与构建后冷战时代西方的军事一体化格局。第三，推动欧盟和北约东扩，率先支持接纳波兰、匈牙利、捷克三国入盟、入约，并通过欧安组织保持与俄罗斯就安全政策开展合作，确保欧洲安全秩序以及欧洲国家间关系的规制化和法治化。第四，在国际层面展现“文明力量”，协调法美之间完成乌拉圭回合谈判，促成世界贸易组织建立，强化国际规则的约束力；支持人权领域的国际刑事裁判。第五，适应新形势下外交政策的需要，在加强联合国机制、开展发展

---

① Hans W. Maull, “Germany and Japan: the new Civilian Powers”, *Foreign Affairs*, 69/5, 1990, pp. 91 – 106.

② Hanns W. Maull, “Deutschland als Zivilmacht”, in: Siegmar Schmidt, Gunther Hellmann, Reinhard Wolf (Hrsg.), *Handbuch zur deutschen Außenpolitik*, Wiesbaden: VS Verlag für Sozialwissenschaften, 2007, S. 76.

③ Simon Bulmer, Andreas Maurer, William E. Paterson, *Germany's European Diplomacy. Shaping the Regional Milieu*, Manchester: Manchester University Press, 2000, p. 45.

援助政策方面发力。

冷战后德国外交最受质疑之处有二：参与北约针对南联盟的军事行动，被认为突破了军事克制的传统；拒绝参与对伊拉克军事行动，被认为背离了西方“集体安全机制”。事实上，这一定程度体现了德国外交的“正常化”路径，即实现了部分自主决策，但从根本上看，并未偏离“文明力量”的内核。前者德国决策的出发点仍是避免使用武力及防范大规模侵犯人权，德国最初还力求西方国家在承认克罗地亚、斯洛文尼亚独立方面保持一致立场。在对南联盟军事行动上，德国一是向盟友展现其可信度、可预期性；二是阻止南联盟出现“新的种族清洗浪潮”。① 后者质疑声更多，主要是德国政府未就伊拉克违反国际法的行为做出任何有效反应，未采取强制性措施，也未与盟友保持一致的集体行动。这似乎一定程度违背了“文明力量”理论标准，但若考虑到当时美国政府对伊政策的一系列合法性问题，根据德国“文明力量”外交政策标准，德国依然有理由选择“不参与”。②

默克尔时代，德国基本延续上述两德统一后外交的“文明力量”元素，但有步骤地扩大了作为“文明力量”的行动范围和深度，进行了一些新的探索：一是在军事行动上有所突破，但目的仍是出于维护和平与安全的考虑，因此反而受到了赞扬，证实了“必要时使用军事等对抗性手段不减损文明性”的理念。二是尽力倡导和维护多边主义，进一步扩大相互依赖，广泛运用“以贸易促变革”的理念，很大程度上验证了利益捆绑是促进价值观调整的一个可行途径。三是将规制性力量发挥到极致，通过“树规则、守规则”确定新时代全球行为规范，既弥补自身硬实力缺陷，平衡地缘大国霸权行为，实现新形势下的“新均势”；同时又坚持维护德国或者至少是西方国家主导的规则，展现了鲜明的西方民主原则和价值观色彩。

事实上，德国的外交理念很难用一种理论范式所归纳。中国学者连玉如就认为，德国外交政策至少符合三重理论模式：首先是追求现实主义的实质目标，包括追求主权独立、国家统一与安全、外交正常化等；其次是

① Charlie Jeffery, William E. Paterson, “Germany's Power in Europe”, in: Helen Wallace (ed.), *Interlocking Dimensions of European Integration*, New York: Palgrave Macmillan, 2001 p. 202.

② Peter Rudolf, “The Myth of the ‘German Way’: German Foreign Policy and Transatlantic Relations”, *Survival*, No. 1, 2005, pp. 133 – 152.

追求自由主义贸易立国，以此为出发点奉行多边主义、完善国际机制、追求增加福利等；最为重要的，德国外交具有“文明力量”的价值规范内核，包括民主、和平等重要因素。[①] 默克尔时代，德国外交实践也一直遵循上述三方面理念。

二、“塑造性力量”

进入21世纪，特别是默克尔执政后，国际环境发生深刻变化，地区性和全球性危机此起彼伏，德国国力也得到了全面发展，这都推动其外交思维的转变。于是德国外交理念在原先“文明力量”的基础上进行了一定调整和拓展。2012年，德国政府提出“塑造性力量”理念，更多描述重点国际行为体针对21世纪国际形势变化的反应的一些理念，其中诸多元素亦运用于自身外交政策当中。

在德国政府2012年发布的《塑造全球化—扩大伙伴关系—分担责任：德国方案》报告中，对属于“塑造性力量”的一类国家进行了如下定义：“这些国家属于地区和国际上相对重要的经济强国或经济正在高速发展的国家，在各个政治领域表现出参与塑造国际秩序的强烈意愿；中长期来看，凭借其影响力或内生性力量在地区进程、国际治理和全球秩序的塑造过程中具有核心意义。”[②] 这些国家展现出强烈参与塑造的意愿，它们通过说服合作伙伴、影响国际事务进程等方式，努力按照自己的理念和设想参与对机制、决策以及未来发展趋势的塑造。

德国政府提出这“塑造性力量”理念的初衷并不是解释德国的外交行为方式，该文件也并未明确将德国列为“塑造性力量”，这一理念重在描述一批在新形势下能够参与全球治理的新兴力量。德国认为，21世纪一大批新兴经济体崛起，它们是经济发展的火车头，对所在地区的合作起着举足轻重的作用，同时也影响着世界其他地区，在国际决策过程中的作用也越来越重要。它们充满自信地在国际关系中找到了自己的位置，在全球事务中承担了越来越多的责任。该文件倡议德国加强与这些国家合作，共同塑造新时代的国际秩序。这一理念的提出立即引发了政界、学界的广泛讨

① 连玉如：《“权力国家”乎？“贸易国家”乎？“文明国家”乎？——“新德国问题”理论探索》，载连玉如著《国际政治与德国》，北京：北京大学出版社，2012年版。

② *Globalisierung gestalten – Partnerschaften ausbauen – Verantwortung teilen: Konzept der Bundesregierung*, Berlin: Auswärtiges Amt, 2012, S. 5.

论，绝大多数意见认为，根据德国政府对“塑造性力量”标准的定义，德国本身也属于这一范畴。德国虽然是老派的资本主义强国，但二战后德国的标签一直是“经济强国、政治侏儒”，新形势下在应对国际问题和参与全球治理方面属于“新手”；随着时间推移，为更好地维护利益、应对挑战，德国对主导性国际秩序改造的意愿更为强烈，能力也有所提高，同时外界对德国的需求也在上升，德国也更乐于按照自己的理念改造外部世界，于是形成了德式“塑造性力量”。

中国学者熊炜对德国追求“塑造性力量”的外交政策进行了深入研究，指出“塑造性力量”的核心意涵在于，通过发挥影响力来左右他国的外交决策和行为选项，使其越来越接近塑造者的认知和立场。部分类似于“软实力”的概念，即“通过吸引，而不是惩罚或收买的方式达到所要达到目的能力”,[①] 且所谓“塑造”，除了发挥文化、价值观等吸引力外，还强调对规则、规制的强化，通过塑造规则、完善制度来框定国际行动。同时，德国发挥“塑造性力量”的基础在于其一直坚持“文明力量”理念。[②] 从这个意义上讲，“塑造性力量”理念是“文明力量”外交政策理论在新形势下的延伸和拓展。

德国外交政策协会研究所前所长埃伯哈德·桑德施耐德同样对德国外交的“塑造性力量”元素进行了研究，他首先认为“塑造性力量”是低于“霸权”的一种力量：

1. 主要从地缘经济而不是地缘政治利益的角度为解决全球问题提供方案；

2. 在区域或全球层面促进多边合作，通过集体共识来维护每个个体的政治、经济和军事利益；

3. 审慎使用权力，特别是军事力量，在对外部强烈期望或需求的情况下做出应对行为，而不是主动追求强权政治；

4. 出于各自利益的需要不放弃使用否决权等手段。[③]

桑德施耐德认为，上述四点原则正是长期以来德国对外施加影响的基

---

① ［美］小约瑟夫·奈、［加］戴维·韦尔奇著，张小明译：《理解全球冲突与合作：理论与历史（第九版）》，上海：上海人民出版社，2012 年版，第 404 页。

② 熊炜：《德国“嵌入式崛起”的路径与困境》，《世界经济与政治》，2021 年第 1 期，第 113—114 页。

③ Eberhard Sandschneider，“Deutsche Außenpolitik：eine Gestaltungsmacht in der Kontinuität”，*Aus Politik und Zeitgeschichte*，10/2012.

本原则，这与“文明力量”理论有着很多重合之处。实际上除延续一贯的“和平主义”外交行动外，默克尔时代德国发挥“塑造性力量”还包括以下两个方面。

一是加强与其他“塑造性力量”国家合作，协力构建更为合理的国际秩序。德国著名的国际问题专家卡尔·凯泽早在21世纪之初就预言，德国要成为由国际秩序的消费者转变为塑造者，但无法“独自塑造”，而必须要“协同塑造”。① 德国政府提出“塑造性力量”理念，一个重要目的是向相关新兴国家发出倡议，加强与这些国家的对话与合作，目的是共同开展伙伴式的、平等的合作，为实现公平的全球化和应对全球挑战寻找解决方案。② 过去德国参与全球事务，主要合作和依赖对象是欧盟和西方盟友，这一传统将继续得到保持；同时，德国追求有秩序的、你中有我、我中有你的利益相互交融的国际格局，支持构建有效的国际机制来推进全球治理，在这些新的机制和格局中，新兴国家所占的比例及其本身影响力越来越大，塑造性作用越来越强，无论在全球治理的哪个领域，打造与新兴国家的良好合作关系都是德国发挥自身“塑造作用”难以绕开的途径。

二是尤为重视规制、对话和发展政策等软性力量。德国对外塑造的核心力量是规范性力量而非强制性力量，因此在这方面就尤为强调民主、自由、对话、合作、机制、规范等“软权力”。德国政府设定了在六大领域发挥其塑造性作用，包括和平与安全、人权与法治、经济与金融、资源粮食能源、劳动社会和卫生事业、可持续发展。在这六大领域当中，德国都突出基于规则、价值观的多边主义框架，不断塑造新型、有效的合作网络和机制，在多极化世界中协调各个行动领域的目标并加强政策实施的一致性。

德国政府提出“塑造性力量”理念，还有一个很重要的背景，即面对全球变局，德国承担更多责任的内外部需求均有所上升，但无论出于历史传统、思维定势还是能力局限，德国对于改变自己在地区和全球的外交地位、形象都显得犹豫且笨拙，特别是对于承担“领导责任”感到无准备、有风险，也担心伙伴国的负面反馈。为此，德国提出了一套不同于传统意

---

① Karl Kaiser, “Deutschlands Außenpolitische Verantwortung in einer interdependenten Welt”, *Umbrüche und Aufbrüche. Europa vor neuen Aufgaben*, Stuttgart: Robert Bosch Stiftung, 2000, S. 28.

② *Globalisierung gestalten – Partnerschaften ausbauen – Verantwortung teilen: Konzept der Bundesregierung*, Berlin: Das auswärtige Amt, 2012, S. 6.

义的“领导”但具有一定领导属性的方案，即走一条通向“塑造性力量”的全球外交道路，通过对外施加影响来塑造、改变规则与环境，对各类行为体进行约束，进而应对风险、挑战和危机。① 从这个意义上讲，德国在全球发挥领导作用，或承担更多全球责任，其所依靠的不是传统西方大国的实力政治，而是对规范的塑造，这是新形势下德国发挥其全球作用的独特理念和方式。与此同时，“塑造性力量”的概念也引发了各界很多关注，受到了较为广泛的认可，德国这一提法也十分巧妙，是对一种新型“权力”进行的概念化：一方面，其保留了“权力”概念的核心内容，即在国际上发挥作用，影响国际秩序；另一方面，其所倡导的“权力”又与广受抵制的“大国政治”“权力政治”概念有很大不同，突出了文化、规制、影响力等区别于传统国际力量对抗的“新力量”，凸显了德国对构建新时代国际秩序的理念贡献。

桑德施耐德的继任者丹妮拉·施瓦策认为，不仅德国，整个欧盟外交都具有“塑造性力量”的元素。她对欧盟在国际上的“塑造性力量”元素进行了分析，从经济、治理体系、安全防务、区域发展及价值观五个领域研究了欧盟力量所在及其发挥塑造作用的表现。② 比照施瓦策提出的几项指标，我们实际上可以详细地归纳出默克尔时代德国如何运用其内部力量对国际秩序发挥塑造力（见表 5－1）。

表 5－1　德国“塑造性力量”外化到国际层面的表现

类别	“塑造性力量”内生来源	在国际层面的塑造力
经济	稳健发展，社会稳定 重要的贸易国家（长期是全球最大贸易顺差国），使用全球第二大支付货币 制造业技术先驱 经济抗压能力较高	致力于国际贸易协定，促进多边主义与自由贸易

① Vgl. Joseph Janning, “Suche nach Gestaltungsmacht: Deutschlands Außenpolitik in Europa”, *Aus Politik und Zeitgeschichte*, 11. Juli2016, S. 13－18.

② Vgl. Daniela Schwarzer, “Das nächste Europa. Die EU als Gestaltungsmacht”, https://deutschland－und－die－welt－2030. de/de/beitrag/das－naechste－europa－die－eu－als－gestaltungsmacht/.

续表

类别	“塑造性力量”内生来源	在国际层面的塑造力
治理体系	社会市场经济，政府适度干预 政治影响力	全方位（财经、科教、环境气候、“良治”等）参与全球治理，展现“世界内政”
安全防务	较为平衡的军事与民事力量 较高的安全政策韧性	重塑欧洲安全架构 促进北约现代化 综合手段应对安全危机
区域发展	完善欧盟东部邻国政策 适当的欧盟和北约东扩政策	优先协助东部和南部邻国发展 全球区域互联互通 加大发展援助
价值观	自由民主制度优势 坚持“普世价值”	增强民主、法治、人权在全球的吸引力和影响力 在全球推广自由民主体制 人道主义行动

第二节　外交方略

纵观默克尔执政时期，其外交政策主线非常清晰，层次亦很分明，并在稳定延续的同时有所突破，以不同于美国、英国等盟友的手段参与地区和全球事务，发挥了重要的引领和塑造作用。默克尔秉持务实的基本立场，能够根据形势变化对外交行动进行必要调整，按照德国的利益划分外交重点，总体上在利益与价值观、盟友与对手、伙伴与竞争者、规制力与强制力之间保持了恰当的平衡，实现了以“文明力量”对外发挥塑造力的效果。

一、基本原则与主要手法

（一）重点突出，层次分明

默克尔外交政策有着明确的优先顺序，针对不同地区伙伴有着不同的定位和外交手法，轻、重点，层次性均很突出。

对于全球伙伴关系的构建而言，其优先顺序基本遵循由近及远，由大到小的原则。位于第一层级的是“根植欧盟，背靠大西洋”。欧盟是德国国家利益的最主要依托，对于德国的和平、自由、福祉而言，其根基就在于一个“更为民主、更具行动力、战略上更为自主的欧盟”。① 跨大西洋关系是德国外交的第二大支柱，尽管德美关系发生过波动，但默克尔时代德国对美国的定位始终是“欧洲之外最重要的伙伴”，由此北约也是德国外交政策最主要依靠对象之一。② 位于第二层级的是俄罗斯、中国等全球大国。俄罗斯被视为“难以回避的强邻”，俄罗斯的一举一动都事关德国重大战略安全利益，德国必须分出大量精力致力于建设稳定可期的德俄关系。中国一方面与德国有着极为密切的贸易关系，对于以外贸立国的德国不可或缺；另一方面，中国在国际秩序构建中发挥越来越重要的影响力，从某种意义上讲对“以西方规则为基础的国际秩序”形成冲击，由此成为德国既要“拉拢”又要“改造”的对象。位于第三层级的是其他中小国家，包括中东、中亚、非洲、拉美、印太等广大地区国家。这些地区和国家与德国有着不同程度的联系和往来，对德国利益的影响也不尽相同，但总体而言对德国外交不构成决定性影响，属于“可团结的力量”。

对于外交行动而言，德国按照四个层次分别展开行动。

第一层是保持欧盟团结。欧盟是默克尔外交政策最重要的依托，也是其施展影响力的主要舞台和工具，涉及德国经济、外交核心利益。默克尔对于欧洲一体化有特殊的战略依托和诉求。对外需要借助欧盟“抱团力量”来发挥更强影响力，无论在对美、对华还是其他国际问题上，欧盟用“一个声音”说话都将增加德国对外博弈的砝码；对内则更为特殊，一个虚弱的欧盟将凸显出德国的实力，可能使“德国问题”再度显现，将极大改变欧洲地缘政治格局，德国自二战以来的“融入欧洲”战略也将面临严峻挑战。为此，默克尔更加注重就欧盟发展问题与法国政府的协调，虽不见得事事支持法国立场，但重在塑造“德法轴心”；同时也更注重维护欧盟整体利益，力促欧盟成员国展现一致立场，并在可承受的范围内做一些自我牺牲，或改变一些固有行为习惯。

第二层是应对周边危机。乌克兰、中东等周边问题对德国、欧盟经济、安全利益构成严峻挑战，难民问题至今仍是德国很大的安全威胁。欧盟内部就应对周边危机产生对立情绪，如各国对俄罗斯态度不一，多国反

---

① *Mehr Fortschritt wagen: Bündnis für Freiheit, Gerechtigkeit und Nachhaltigkeit*, Koalitionsvertrag zwischen SPD, Bündnis 90/die Grünen und FDP, 2021, S. 131.

② CDU, CSU, *Für ein Deutschland, in dem wir gut und gerne leben*, Regierungsprogramm 2017 – 2021, S. 64.

对接收难民，甚至迁怒德国开放的难民政策等，欧盟团结受损。德国无法置身事外，周边外交一度成为默克尔外交的主要试验场。德国一面坚持对俄罗斯制裁，一面在欧盟内协调立场，推动与俄罗斯对话；在中东，德国突破不干预传统，增加军事投入，协助打击“伊斯兰国”等恐怖组织；在与土耳其的争端中保持相对克制，尽力促推土耳其执行难民协议；加大对中东、非洲发展援助力度，减少难民流出。

第三层是维护“基于规则的国际秩序”，参与全球治理。德国既是全球化程度最深的国家之一，又是二战后国际秩序主要获益者，一直致力充当“国际秩序捍卫者”，对国际规则有“教条式认识”。无论是否为盟友，若违背德国认定的“规则”，德国就会“翻脸”。乌克兰危机发生后，德国认定俄罗斯“侵犯他国主权，严重违背国际法”，遂不惜牺牲经贸、能源利益，以强硬立场推动欧盟集体对俄罗斯制裁。特朗普上台后，德国视其为“规则破坏者”，德美分歧凸显，默克尔罕见发出了依赖美国的时代“一去不返”论。其不断在全球推广多边主义理念，维护多极化，完善全球治理，虽然是捍卫“德国式”的全球治理模式，但仍属“有章可循”，属于理性、文明、反霸的外交行为。

第四层是对非洲、印太、拉美等地区外交力度逐渐增大，目的是完善德国自身的“大国外交”构成。

德国对美和对华外交处于颇为特殊的层级。对美关系重要性不言而喻，但一般无须德国过分“操心”，德美之间有很深的历史文化渊源和内生动力，一般可以自然而然地理顺关系。例如，美国虽然制定了“重返亚洲”战略，背离了欧洲，但仍理所当然地认为德国会站在美国身后。不过，德国承认“美国正在经历深刻变革”，给德国带来了很大挑战。① 故而管控与美分歧、防止由美国引发的“黑天鹅”威胁德国，成为默克尔时代对美国外交的一个重要任务。这一任务介于上述第一层级和第二层级之间，是因为只有保持与美国相当程度的依赖关系，才有可能处理好周边问题；而欧美之间的结构性矛盾又决定了德国必须在促推欧盟战略自主方面加大力度，在欧美之间，欧盟更显示重要性。对华政策，在默克尔时代的绝大部分时期都构不成德国外交的最优先事项，因为以经贸为主的中德关

---

① *Ein neuer Aufbruch für Europa*, *Eine neue Dynamik für Deutschland*, *Ein neuer Zusammenhalt für unser Land*, Koalitionsvertrag zwischen CDU, CSU und SPD, 2018, S. 147.

系交由市场即可理顺。但随着时间的推移，德国对中国的定位也趋于多元复杂，考虑对华战略花费的心思也更多一些。对华外交处于上述第二层级和第三层级之间。

（二）精准分类，因国施策

默克尔时代，由于全球化进一步深化，新兴国家加速崛起，国际秩序变得更加复杂多元，对于德国这样一个依赖全球化的国家而言构成挑战。一方面，德国认为国际秩序必须比过去更加顾及新兴国家的崛起，必须加强与新兴国家合作，同时敦促这些新兴国家为解决全球问题承担更多责任；另一方面，德国外交政策的重要目标是让国际秩序继续立足于和平、自由、规则、合作，如果新兴国家成为国际秩序的干扰因素，就必须对其加以约束或限制，这更需要德国与“志同道合的盟友”共同来完成。为此，德国对其全球伙伴关系进行了详细分类，分类依据既包括与德国的利益相关度，也包括价值观和秩序观的亲疏远近。通过精准分析与每个国家的利益和价值观契合度，就可决定在哪些议题上与哪些国家合作，约束哪些国家。这样构成的对外关系体系和对外战略就可体现平衡性和务实性。

由德国外交部资助德国马歇尔基金会和德国国际政治与安全研究所共同完成的重磅报告《新力量、新责任：变革世界中的德国外交与安全政策元素》的划分尤为精确，至今仍具有很强的指导意义。根据这份报告，德国的全球战略伙伴关系分为“同行者（盟友）”“挑战者”“破坏者”三类（见图 5 -1），报告主张采取多元手段维护平衡关系。

德国外交发挥塑造力所能依靠的最紧密伙伴关系中，核心是欧盟成员国以及美国、加拿大、土耳其（土耳其被定义为关键伙伴）等北约盟友，同时也包括日本、韩国、澳大利亚、新西兰、墨西哥和以色列（以色列被定义为重要伙伴）等外围国家，这些伙伴关系体现了利益和价值观天然的一致性，维护相关关系无须耗费过多外交精力。

“挑战者”涵盖对象较为复杂，不同国家的政治分量和雄心抱负差异很大。其中有中国、俄罗斯这样的全球性大国，既对德国构成一定挑战，又与德国利益交融，德国一方面要应对其挑战和威胁，另一方面也要努力与其保持稳定关系，在尽可能广泛的领域加强合作；也包括印度、巴西、南非、沙特、埃及、东盟国家等新兴经济体，它们与德国的利益交融程度略低，在治理模式和对世界秩序的看法上也与西方观念有一定差异，对“自由民主价值观”可能构成冲击，德国需要与其中必要的国家加强接触，同时采取吸纳与约束相结合的手段对其加以影响。

而“破坏者”则本身就是国际秩序的“乱源”，可能输出大规模杀伤性武器、引发恐怖主义威胁或人道危机等，可能使局部危机上升为全球危机，德国必须在应对这些威胁时更为积极主动。但该报告并不主张必须使用对抗性手段应对“挑战者”和“破坏者”，如果某一国与德国某方面利益相关度高，即使其为“破坏者”，德国也要采取对话、诱拉、协调等手段，避免局势失控。例如，面对伊朗、叙利亚问题，德国并未简单一边倒支持美国的全面打击和遏制政策，甚至公开批评特朗普政府退出伊核协议的做法。德国投入大量精力，推动达成伊核协议、组织叙利亚问题国际会议等，极力促推通过对话解决危机。

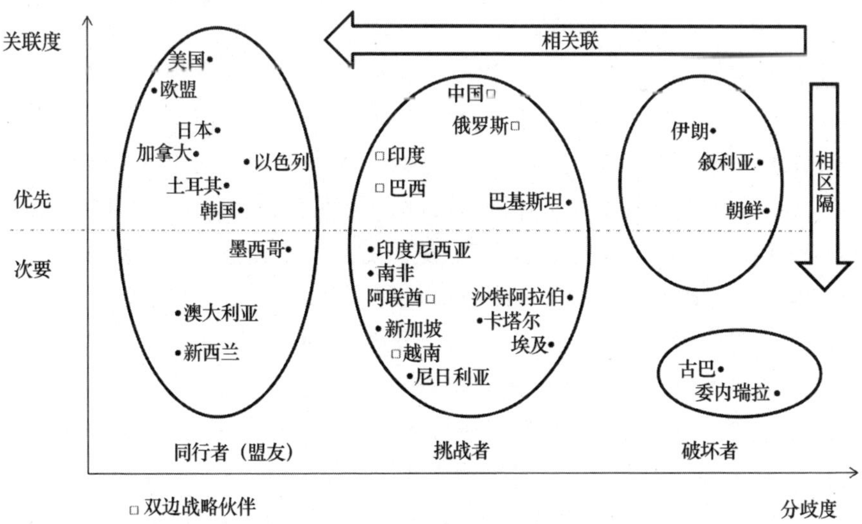

图5－1　德国双边战略伙伴体系分类①

（三）利益为重，兼顾价值

德国的外交政策，向来有“两个车轮”的说法。一个是包括经济贸易利益在内的国家各方面物质利益。对于德国而言，由于主权和领土完整、国土安全等威胁并不十分突出，故而经济利益是其重中之重。德国外交政策长期服务的核心目标是国家经济发展，这也符合“文明力量”理论中经济力量所占的分量。另一个是价值观。从内核上讲，价值观也属于广义的

① *Neue Macht, Neue Verantwortung – Elemente einer deutschen Aussen und Sicherheits-politik für eine Welt im Umbruch*, Berlin：SWP und GMF，2013，S. 31.

利益，但与物质利益相区别，是一种“无形的国家利益”。① 德国眼中的“价值观”并不完全是抽象意义的“意识形态”，德国在二战中发起过可怕的大屠杀，战后德国洗心革面，认识到人的生命、自由、尊严最为重要。所谓“价值观外交”指的是一个国家的外交政策必须首先以保护人的上述具体权利为目标。从这一认知出发，德国认为其外交政策必然是基于价值观而制定的。② 也正因历史经历的不同，德国较其他欧盟国家在价值观问题上更加“执着”。特别表现在对华政策上，德国通过各层级关系传递出的对中国人权民主、法治建设等问题的关注度超过法国及南欧诸国。根据“文明力量”理论，想要维护物质利益，也需要借力价值观来显现其一定的人文力量、道德力量，即软实力，这对于德国这样硬实力相对缺失的“中等强国”来说尤为重要。在德国人眼中，“价值观外交”与以经济利益为主的务实外交并不冲突，二者相辅相成，就像一辆自行车的两个轮子，缺一不可，只是在不同的阶段，德国政府会对二者权重进行一定微调，但总体维持平衡状态。

冷战后，德国外交在上述两原则间进行了三次微调：科尔时代的原则是“受利益指导并着眼于价值观”；施罗德时代更偏重于现实利益；③ 而默克尔时代，德国在不断的实践中更加优化了两者之间的平衡关系，使得德国外交在体现利益为重的同时又恰当地确保价值观不受忽视。如前文所述，默克尔上任之初对施罗德外交进行了一定回调，强调价值观的重要性，奉行“以价值观为导向”的外交政策；但在现实政治中撞了墙，于是进行战略反思，在第二个任期时提出了“受价值观约束、以利益为主导”的外交政策，④ 这也成为此后默克尔外交所奉行的基本原则。最初“以价值观为导向”，意味着价值观是外交政策的出发点，是“充分条件”，这无疑将导致外交政策趋于僵化，损害外交关系多元化，也限制了德国在多极化世界、全球化浪潮中的行动能力；“受价值观约束”，则意味着价值观是外交政策的“必要条件”，但并非一切都要以价值观为出发点和核心关切，利益是外交政策的主要因素，在维护利益的同时考虑并凸显其中的价值观

---

① Joseph Nye, *The Paradox of American Power: Why the World's Only Superpower Can't Go It Alone*, Oxford: Oxford University Press, 2002, p. 139.

② 此观点参考德国驻华大使馆外交官与中国现代国际关系研究院交流时的表态。

③ 武正弯：《德国外交战略 1989—2009》，北京：中国青年出版社，2010 年版。

④ *Wachstum*, *Bildung*, *Zusammenhalt*, Koalitionsvertrag zwischen CDU, CSU und FDP, 2009, S. 5.

因素。

默克尔在处理二者的关系上，手法更加灵活，更注重考虑各方诉求。首先，满足国内外不同政治需要。经济利益是德国外交服务的核心，这一原则坚定不移，在此基础上尽量提升价值观问题的高度。例如，在对华问题上，默克尔无论是公开还是私下，谈及人权问题甚至会见异见人士的情况并不少，尽力满足德国舆论和各政治力量对于价值观问题的关注。而面对中方，默克尔又在容易引发争执分歧的问题上采用闭门对话、利益置换等手段避免矛盾升级，易于被中方所接受。其次，因国施策。对于一些较为落后、对德国发展援助需求较高的亚非拉国家，默克尔的“价值观外交”就会更加突出一些，例如，在援助非洲方面，德国附加不少民主化改革要求；对于中国、土耳其、埃及等特别是对德国的安全和经济利益具有重要意义的全球或地区大国，价值观就退居其次。① 再次，特别注重通过国际机构协商、欧盟统一立场、政治对话乃至“二轨”渠道等就价值观问题开展工作，避免“单打独斗”。

（四）崇尚规则，坚守秩序

德国社会的规则观久已有之。中世纪时期，宗教改革家马丁·路德就最早使用了“必须有秩序”② 的名言，历史上不同时期被广泛引用，腓特烈大帝以此为口头禅，魏玛共和国总统兴登堡更使这一说法闻名于世。久而久之，当社会中的绝大多数都将规则视为社会运转的法则时，就形成了一种价值取向和行为习惯，使得规则代替人治，成为治理体系的关键所在。季羡林先生曾说过，德国“具备了无政府的条件却没有无政府的现象”。③ 德国所奉行的“秩序自由主义”，其要素中最重要的就是“共同认可的规则”，包括市场条件下的法律、道德，以及条约、协定乃至国际共识等，④ 其次还强调责任与义务，市场参与者和管理者都负有责任。这一思想移植到国际事务上，就形成了德国参与全球治理的规则观。

首先是制定规则。德国政府认为：国际法根植于《联合国宪章》，由

---

① Wolfgang S. Heinz, “Menschenrechtspolitik”, In: Siegmar Schmidt, Gunther Hellmann, Reinhard Wolf (Hrsg.), *Handbuch zur deutschen Außenpolitik*, Wiesbaden: VS Verlag für Sozialwissenschaften, 2007, S. 699.

② 德语为“Ordnung muss sein”。

③ 郭松民：《季羡林的顿悟》，《检察日报》，2002 年 9 月 12 日。

④ Karsten Wendorff, *Challenges for Public Finances in and after the Crisis*, Frankfurt a. M.: Deutsche Bundesbank, April 2012, S. 2.

相应的专业性国际机构负责监督执行，是维护国际秩序的根本；规则含义更广，是对国际法的补充，包括一些不具备完全约束力的规范、标准和行为规则。① 当然德国所倡导的规则必须“依据西方价值观体系”，理想情况下最好体现德国的秩序观。其次是严格执行。德国的文化传统中有崇尚理性思辨的一面，拒绝感情用事，在订立规则后，执行上要遵循普遍化原则。②

在欧盟内，德国在塑造一体化的过程中已经融入了大量本国规则，默克尔时代更是依靠经济实力固化了这些规则，并对所有国家一律适用。例如在欧洲一体化扩大方面默克尔就异常谨慎，避免出现希腊加入欧元区时的“违规作假”。当然规则的背后根本上还是权力，因为不可能每个国家都能同等参与创设规则。德国著名社会学家乌尔里希·贝克明言：“每个人都心知肚明，欧洲已经成了‘德国的欧洲’，只是还没有人打破禁忌将其说出来而已。”③ 不过这与历史上德国“统治欧洲”不一样，如今德国主要是靠创设规则框定欧盟行为。

在国际上，德国的权力还没有达到创设规则的强度，但默克尔时代德国将“依规治世”的理念运用到全球治理中，这也是新时期德国担当“塑造性力量”的重要途径。首先，其倡导基于规则的多边合作，实际上也是一种“选择性多边主义”，并非向所有国家开放，而是依据议题、理念、利益等集合不同类型的国家集团，形成集团内规则，再拉拢、吸纳其他国家进入，而后进入者就必须遵循既定规则。④ 例如德国倡导的“多边主义联盟”就不包含中国这样的“制度性竞争对手”。由于具有“选择性”，就更凸显规则的权威性，否则就“无从选择”。其次，坚持维护联合国框架下的国际行动。联合国类似于经济治理中的“政府干预”环节，是“有序竞争”的关键所在。德国认可二战后以联合国为主导的国际体系，默克尔时代更加强了德国在联合国框架下的参与度，在化解冲突、国际维和、

① Gert Ewen Ungar, “Regelbasierte Ordnung: Die Rückkehr der Kolonialherren”, *Russia Today*, 18. Juli 2021, https://de.rt.com/meinung/120832-regelbasierte-ordnung-rueckkehr-kolonialherren/.

② 李春城：《简论德国人的规则遵从及其文化成因》，《南京社会科学》，2014 年第 9 期，第 78—79 页。

③ Ulrich Beck, *Das deutsche Europa*, Berlin: Suhrkamp Verlag, 2012, S. 7.

④ Vgl. Antonia Chayes, “Selektiver Multilateralismus”, https://multilateralismus.com/de/glossar/selektiver-multilateralismus.

保护人权、促进可持续发展等诸多领域突出联合国及其职能机构的规范性作用，并继续德国的“争常之路”。再次，强调国际协定的权威性。无论是《巴黎协定》，还是伊核协议，尽管达成之路异常艰辛，也未必满足各方需求，但一旦签署，德国就主张坚持贯彻，十分反感美国“退群废约”的做法。在已达成欧土“难民协议”、俄乌争端的《明斯克协议》等之后，德国即要求相关方严格履约。土耳其不时以撕毁“难民协议”为要挟向欧盟施压，令德国十分不满。其认为谈判可继续，但在达成新共识之前，必须履行已有的约定。

（五）推动对话，制造共识

德国总统施泰因迈尔说：“从德国所经历过的黑暗历史中可以得出结论，德国在外交的塑造性作用必须通过制造共识、推动互谅来达成，而非通过权力甚至是武力。”① 对于如何有效维持广泛的秩序，梅特涅曾说过：“秩序与其说产生于对国际礼仪的追求，不如说产生于把本国利益与他国利益相结合的能力。”② 将这两句话结合起来看，默克尔深得其精髓。多年来，默克尔正是这种“共情外交”的坚定践行者，尝试理解对方，寻找共识，推动妥协，构建秩序。

德国首先是在欧盟内践行这一做法。事实上，欧盟这些年的确是一步步滑向了危机，并不都是因为欧盟做错了什么，很大程度上是因为欧盟过去太成功了，被当成是“理所当然的一项工程”，包括“四大自由流动”，福利保障，没有恐惧的生活，相对稳定的政治框架以及法治、文明、秩序，等等。③ 但随着欧盟的不断扩大，原先在十几个成员国中运行良好的机制，当扩大到28个成员国的时候几乎不可能原封不动地运行下去。更重要的是，新加入的成员国对于欧盟有着不同的期待、感受和认知。比如欧盟与波兰、匈牙利之间发生的矛盾，这是双方对于“自由民主”体制的不同理解所致，这并非一个无关紧要的分歧。对待俄罗斯的问题也是如此，如果考虑到历史因素，东欧国家中充斥的是被苏联统治并接受“苏联霸

---

① Martin Knispel, Norbert Schäfer, *Berliner Gespräche – Politiker über Glauben, Werte und Verantwortung*, Marburg an der Lahn: Verlag der Francke – Buchhandlung GmbH, 2017, S. 8.

② ［美］亨利·基辛格著，胡利平等译：《世界秩序》，北京：中信出版集团，2015年版。

③ Frank – Walter Steinmeier, *Europa ist die Lösung. Churchills Vermächtnis*, Salzburg: Ecowin Verlag, 2016, S. 26.

权”的印象，这是东欧国家在新时代所不能容忍的。于是，欧盟必须要寄希望于有着东西欧双重身份、双重感知的成员国——德国，推动欧盟走“第三条道路”，即一条相对独立、不依附于任何第三国也不与任何第三国天然为敌的道路。为什么一定是德国？因为长期分裂的历史悲剧使德国对于统一和团结有着更深刻的认识，其不仅更能理解东欧国家的感受，也使德国承担起一项独特的义务：在欧盟中发挥桥梁和斡旋作用，弥合不同成员国之间的分歧，促使欧盟国家能用“一个声音”对外说话，而这才是德国领导欧盟的根基。尽管有时也依靠一些经济强制力，但归根结底，德国在欧盟内始终是以感召、影响为主要手段，必要时一定会做出适当的妥协从而推动共识。

德国也在国际层面不断制造共识，主要是强化自身作为平衡者、斡旋者的身份定位，优先通过“文明化”的手段解决国际冲突。而所谓“文明”，最根本的是实现非军事化，突出“人文”在解决国际冲突中的作用，而不是无政府的自然状态下所体现出的“实力决定一切”。德国前总统约阿希姆·高克在对外宣介德国“有为外交”时，首先是要打消外界的疑虑情绪，他说：“德国无意向外界展示‘肌肉’，而是要更积极地推动国际合作。”① 为此，德国一是尝试理解对方。在乌克兰危机中，德国虽对俄罗斯有诸多不满，但也有不少关于“欧洲逼俄太紧”的反思，曾任德国海军司令的舍恩巴赫中将曾表示“普京值得尊重”。② 虽然其因此言论遭解职，但的确反映出部分德国人对于“长期不尊重俄”的反思。默克尔虽不认同中国的体制，但能够从中国“历史上处于世界领先”的角度理解“中国崛起”，这就有效避免了对抗。从对方认知出发考虑问题，就有利于放下对抗思维，寻求两国利益的契合点。二是极为重视各种对话渠道，乐于创设平台。德国是在欧安组织框架下设立国际联络小组解决乌克兰危机的首倡国，默克尔为此做了多方沟通，获得美俄的认可。最初八国集团决定剔除俄罗斯时，默克尔也表示反对，认为这是一个可以和普京对话的平台。所

---

① Joachim Gauck, “Deutschlands Rolle in der Welt: Anmerkung zu Verantwortung, Normen und Bündnissen”, 31. Januar 2014, http://www.bundespraesident.de/SharedDocs/Reden/DE/Joachim-Gauck/Reden/2014/01/140131-Muenchner-Sicherheitskonferenz.html.

② “Putin verdient Respekt - Deutscher Vizeadmiral räumt nach dieser Rede seinen Posten”, *Russia Today*, 23. Januar 2022, https://de.rt.com/kurzclips/video/130366-putin-verdient-respekt-deutscher-vizeadmiral/.

谓的“诺曼底模式”等都是默克尔争取的结果。三是具备妥协精神。如果在国际问题上一味坚持自我，那就很难达成共识。这方面德国也是在不断地学习和尝试中。

（六）有所作为，适度用权

默克尔时代，德国外交的主要转变是参与国际事务的深度和广度超过以往历届政府，在手段上也更为多元立体。总的概括，有几大“更新”，眼界和触手明显得到拓展。

一是理念更新。过去德国外交的总方针是保持低调、克制，讳言“领导”。默克尔时代，德国认识到国家利益拓展、国际形势变化，继续低调将损害自身和盟友利益。① 同时，一味克制也使得德国在外交关系处理上略显笨拙，很多时候既无法协助盟友对外施力（拒绝军事行动），也很难有所作为（自身外交影响过低）。于是“责任”一词成为德国政治家的常用口头语，而与“责任”相关联的正是“权力”和“作为”。德国外交的主动性明显提升，不仅参与重大国际事务，在一些看似细枝末节的小事上，德国也力争有所作为，例如德国主动利用其国内先进的设备销毁叙利亚化学武器。② 理念上的转变是推动德国外交有所作为的根本动力。

二是定位更新。德国对自身“中等强国”的基本定位虽没有变，但对自身实力增强的感知还是存在的，对于欧盟乃至西方联盟内部在面对危机时呼唤德国发挥积极作用是清楚的，因而新增了一些阐释性的定位，例如“来自中间的领导”③“塑造性力量”等，可以看出，德国已经开始尝试从由全球政策的“消费者”转变为“贡献者”。

三是视野更新。过去德国外交的视野集中在自身和周边，外交“触手”较短。长期以来，德国与亚洲地区的日本、印度等国关系相对平淡，

---

① Vgl. Angela Merkel, “Wir gestalten Deutschlands Zukunft, Regierungserklärung der Bundeskanzlerin bei der 10. Sitzung des 18. Deutschen Bundestages”, *Das Parlament*, 29. Januar 2014.

② Frank - Walter Steinmeier, “Rede von Außenminister Frank - Walter Steinmeier anlässlich der 50. Münchner Sicherheitskonferenz”, 1. Februar 2014, http://www.auswaertiges - amt.de/sid_0EEB43D1066AE45F2A36CDB5B6145357/DE/Infoservice/Presse/Reden/2014/140201 - BM_MüSiKo.html.

③ Ursula von der Leyen, “Führung aus der Mitte”, 6. Februar 2015, https://securityconference.org/assets/user_upload/Redemanuskript_BMin_von_der_Leyen_MSC_2015.pdf.

澳大利亚甚至属于德国外交的“低关联度国家”,[①] 德国对这些地区外交投入明显较少。对非洲等地区的政策集中于发展援助，未能整合能源、环境、安全等各方面政策出台全面战略。默克尔时代改变了这种较为短视的做法，其推动欧盟制定“印太战略”，力推欧版基础设施互联互通战略，强化对非洲多层次发展援助等，展现出更广阔的眼界。

四是手段更新。欲在全球层面有所作为，外交政策就不能仅限于口头，行动上必须有更多配合。德国主要坚持“文明力量”理论中预设的谈判、调停与妥协，促推机制建设、多边合作等“文明化”手段，但默克尔时代也展现了适度的强硬，在强制性、惩罚性乃至军事手段上有所突破。这有三个层次：第一层是外交立场更鲜明、强硬。针对重大外交事件及时表明立场，该谴责就谴责，该施压就施压。2014 年，美国对德国系列“监听门”事件发生后，德国首次公开驱逐了美国驻德使馆的情报机构代表。德国还不顾与以色列的特殊关系而谴责以色列向加沙地带发射火箭弹造成平民伤亡。第二层是经济制裁。欧盟对俄罗斯的制裁最初就是在德国的强力推动下实施的；在促成伊核协议的问题上，德国也认为经济制裁“功不可没”。第三层是军事手段。一方面派出更多海外参战部队，在海外反恐方面力度较大，积极参与打击“伊斯兰国”的国际行动，更多参与联合国维和行动，在北约框架下参与更多集体军事行动等；另一方面，通过军事相关行动对外示强，如大幅增加军售，甚至突破多年禁忌，向伊拉克北部战乱地区的库尔德人提供了非致命性军事设备。2021 年，德国首次派出军舰前往印太地区，并参加了联合演习，极具象征意义。

不过值得指出的是，运用军事强制力时，德国的态度十分慎重，不仅是非必要不使用，而且是严格的非绝对必要不使用，尤其当局势可能因军事对抗而进一步激化时，德国基本仍持拒绝态度。这一做法一直延续到德国新一届政府外交政策中。2022 年初，乌克兰方面屡次敦促德国向其提供武器以应对俄罗斯威胁，德国尽管承受各方压力，但坚决予以拒绝。对待军事强制力，施泰因迈尔在担任德国外交部长时提出了总原则，即“军事手段是一种极端手段，其运用需要克制，当然也要防止‘克制政策’变成

① *Neue Macht, Neue Verantwortung – Elemente einer deutschen Aussen und Sicherheitspolitik für eine Welt im Umbruch*, Berlin: SWP und GMF, 2013, S. 31.

一种‘置身事外’的文化”。[①] 德国力争与当事国和伙伴国一道，采用多元手段沟通协调，最后就是否使用武力做出理性决策。

二、以“被动有为”为主要特征

默克尔时代德国外交的最显著特征是趋于积极，但这种积极较小程度是德国主动追求的结果，而更多体现出来“被动有为”“危机驱动”的特点。“被动”与“有为”本来是一对互斥的概念，但在默克尔时代的德国外交当中却得到了辩证统一。

首先必须明确的是，德国对欧盟的领导责任并不简单出于道义而自愿承担，更多的是考虑到自身及欧洲集体的需求。德国对历史上主宰欧洲有着深刻地反省，不会再将自己看作万能、高于一切，不会再做单边主义者。即使默克尔时代，德国也一直避讳在公开场合谈“领导权”，德国更多的是尽力追求自己或多数国家都认为正确的事情，发挥影响力。德国总统施泰因迈尔形象地用德语国际化的例子来解释这一点：德国希望更多的人能说德语，但并不意味着要用尽政治资源推动德语普及，德国更愿意深入到这些语言的内涵中去，例如一些无法翻译成其他语言、其他语言无法表达的意思，如 kindergarten（幼儿园），这些德语词应当进入到别的语言中，从这个意义上凸显德国的软实力。[②] 德国外交也遵循同样的道理。只有当外界无法应对，需要德国以恰当方式介入时，德国才会发挥其主观能动性，德国很少在危机早期就主动进行战略谋划，这是默克尔时代德国外交的一个显著特点。

施泰因迈尔喜欢将德国形容为“清醒的力量”。他认为德国对于自己角色的长期特点有着清醒的认知和足够的自信。德国时刻准备越过自己的现有边界，包括思想上的边界，承担起欧洲和全球的责任，但这不是德国所主动追求的，更多是世界形势变化所致，德国被迫被推到这一位子上，由于外界的无力，德国无法拒绝，必须义无反顾承担这一责任。至于如何完成这一责任，默克尔时代，德国依然在学习和尝试之中。

---

① Frank – Walter Steinmeier, “Rede von Außenminister Frank – Walter Steinmeier anlässlich der 50. Münchner Sicherheitskonferenz”, 1. Februar 2014, http: //www. auswaertiges – amt. de/sid _ 0EEB43D1066AE45F2A36CDB5B6145357/DE/Infoservice/Presse/Reden/2014/140201 – BM_MüSiKo. html.

② Frank – Walter Steinmeier, *Europa ist die Lösung. Churchills Vermächtnis*, Ecowin Verlag, Salzburg, 2016, S. 29.

从外交实践来看，德国的被动性十分突出。其在中东变局发生初期几乎无所作为、置身事外，欧盟内法国、意大利牵头进行了干预行动，直到后期中东地区乱局长期持续，德国才出于维护自身和欧盟集体安全而加大参与力度，包括创设引领各类对话机制、支持必要的制裁措施等。在德国更关心的欧盟建设问题上也是如此，德国一直坚持己见，其对于欧洲一体化机制建设有一些设计，但如果没有危机倒逼，其付诸实践的可能性就会小很多。例如在债务危机倒逼下，德国主导建立了“欧洲稳定机制”，并进一步完善了欧元区财政规则；在难民危机倒逼下，德国开始考虑改革边境管理机制，并促成欧土协议，成为很长一个时期欧盟对土耳其关系的重要“稳定器”；在美欧关系发生质变的背景下，德国逐步考虑欧盟战略自主的问题，在防务领域开始加大投入；在新冠疫情倒逼下，德国放行了“复苏基金”，形成了某种意义的转移支付。可以说，德国外交上的积极有为，初衷是应对危机，却收获了超越应对危机的效果，既改善了德国的国际形象，提升了德国影响力，也事实上塑造了地区乃至国际规则和秩序。欧盟委员会前主席容克曾说过，“欧洲有着引发危机的天赋”，而在德国的领导下，欧盟也逐渐拥有了管控危机的天赋。①

德国至今仍在是否发挥领导作用上犹豫不决。尽管德国社会对于承担更多责任的总方向没有异议，但在面对具体问题和具体实施方略上还是有保守心态。这从外界诸多对默克尔外交的批判性评论就可以看出，认为其步子还不够大，还需要进一步“走出舒适区”。② 美国著名历史学家托尼·朱特在其著作《论欧洲》中指出，纳粹的创伤使得德国非常希望把自己的顾虑融入尽可能广泛的国际共识中，因此德国所主导的欧洲面临一种“奇特的惰性”。③ 这种“惰性”，正是德国当代外交的一个突出特点，默克尔时代也未能完全摆脱，只有在危机的刺激之下才能激发起德国的有为意识。换言之，默克尔时代的“有为外交”，其核心也是围绕危机而“有为”，其对全球秩序发挥塑造力，一定程度还出于解决危机的初衷，而不是为了避免危机进行的主动战略设计。可以说，是危机成就了默克尔治下

---

① Robert Hettlage，Karl Lenz，*Projekt Deutschland. Zwischenbilanz nach zwei Jahrzehnten*，München：Wilhelm Fink Verlag，2013，S. 296.

② Claire Demesmay，*Raus aus der Komfortzone*：*Deutschland und Frankreich müssen in Europa liefern*，DGPA Standpunkt，März 2018，S. 1.

③ ［美］托尼·朱特著，王晨译：《论欧洲》，北京：中信出版社，2014 年版，第 147—148 页。

的德国外交，而默克尔则打造了以应对危机为主要特征的21世纪德国外交。

第三节　效果评估

记者林育立在其著作《欧洲的心脏：德国如何改变自己》一书中指出，德国在历史上共经历了三次“大国崛起”历程：第一次是19世纪中叶，德国在一众西欧强国中较晚地开始了工业革命，但在俾斯麦首相治下，异乎迅速地完成了工业化进程，成为了一流工业国。第二次是“波恩共和国”（联邦德国）时期，在希特勒留下的废墟中创造了“经济奇迹”，这一过程中，联邦德国的建国先贤们（阿登纳、艾哈德等人）发挥了关键作用。第三次则是默克尔时代，因为统一后的德国一时无法展现其重要性，仍长期身处“冷战凝聚的历史气氛中”，直至默克尔带领德国走上第二次崛起的道路，目标明确、速度惊人。① 他对默克尔在德国崛起过程中发挥的作用给予了极高评价，认为其贡献已超越了勃兰特、科尔，与阿登纳比肩。这一评价多少有夸张的成分，但就外交领域而言，默克尔的确带领德国进行了不少突破性尝试，在欧盟内和全球范围极大提升了德国领导作用和塑造力，使得德国外交自冷战后第一次丰富立体起来，不再是原先一成不变、被动无为的景象。当然，鉴于一些结构性缺陷的存在，默克尔时代的外交也不是全无缺点，仍有许多局限性，而且学界较为一致的看法是，“积极有为”是默克尔外交的前进方向，并不是已经完成的成果，默克尔时代德国外交主要是对危机的被动反应，其自身在进行战略设计上作为不够，发挥全球塑造力的内生动力仍有不足。②

一、有效性

（一）全面维护德国国家利益

德国著名历史学家汉斯－彼得·施瓦茨说过，对于任何一国的外交战

① 林育立：《欧洲的心脏：德国如何改变自己》，新北：卫城出版，2017年版，第7—8页。

② Leon Mangasarian, Jan Techau, *Führungsmacht Deutschland: Strategie ohne Angst und Anmaßung*, München: dtv Verlagsgesellschaft, 2017, S. 78.

略和外交实践而言，国家利益都是最根本的指南针。① 默克尔时代的外交同样如此。值得关注的是，默克尔执政时间跨度长，国际形势风云变幻，随着时代变迁，国家利益的边界在默克尔时代不断拓展，德国政府在维护国家利益方面维度大大拓展，手段也超出以往，难度和挑战不可同日而语。默克尔通过其灵活务实平衡的外交实践，较好地维护了德国各方面利益，受到世人认可。

现实主义将国家的生存视为根本利益，其他均为次要。现实主义的代表人物摩根索就将国家利益界定为“由权力界定的利益”②；新自由制度主义在生存的基础上，给予自由、繁荣、经济财富等国家利益更多的重视；而建构主义又将包括集体自尊在内的文化因素列为国家利益。③ 事实上，这分别对应安全利益、发展利益和价值观利益。默克尔时代德国的国家利益边界极大拓展，维护各方面利益难度更大。

从维护生存利益的角度看，默克尔政府首先要应对传统安全威胁，例如地缘争斗带来的军备竞赛、军事威胁，大国竞争带来的政治外交对抗、经济封锁等，默克尔通过平衡与美国和北约的关系，既依靠西方联盟“集体的权力”弥补了自身传统安全能力不足的缺陷，又更加积极地参与到集体行动当中，形成有效威慑，二者相辅相成。同时，德国要应对越来越多的非传统威胁，主要包括极端伊斯兰势力发起的恐怖主义浪潮、以极端天气为代表的气候变化及由此衍生的能源转型和核安全问题、移民与难民涌入及与此相关的人口和族群融合难题等，不胜枚举。特别是各类安全威胁相互交织，形成“混合型威胁”，对德国的生存利益构成严重挑战。而大多数威胁是在默克尔之前的历任政府所不曾遭遇的，没有经验可供借鉴。默克尔在应对难民危机时前后政策相悖的事例就充分证明，其亦需“摸着石头过河”。总之通过一系列开拓性的尝试，默克尔很大程度改变了德国过去“无所作为”的形象，通过主动介入危机，对外展示“权力”来维护生存和安全利益。

与生存利益相关的还有主权利益。默克尔所接手的德国已非历史上的德国，需要通过放弃部分主权来换取别国的“宽恕”。21 世纪，德国获得

---

① Hans - Peter Schwarz, *Republik ohne Kompass: Anerkennungen zur deutschen Außenpolitik*, Berlin: Propyläen Verlag, 2005, S. 36.

② Hans J. Morgenthau, *The Decline of Democratic Politics*, Chicago: University of Chicago Press, 1962, p. 79.

③ 秦亚青：《国际关系理论：反思与重构》，北京：北京大学出版社，2012 年版，第 25、76 页。

了前所未有的国际空间，以及进行独立自主决策的权利。在这一背景下，一方面默克尔政府继续向外释放德国“融入西方联盟”“融入既有国际秩序”的信号，并在西方联盟内部承担必要的责任，以确保德国获得“西方认可的主权”。另一方面，德国利用这一权利更多对外展现主权意志，不会再轻易为他国出让自身主权。这在默克尔引领欧盟应对欧债危机、难民危机等过程中都有清晰的体现。德国不再无条件为其他国家的行为承担责任，在发行“欧元债券”、放松财政纪律、扩大接受难民等问题上都坚决捍卫了德国的主权利益。

从维护发展利益的角度看，最主要是确保了德国经济的稳定增长。默克尔任职期间，德国经济增长突飞猛进，从表5-2可以看出，金融危机后德国保持了十年的稳定增长，鉴于其国内总产值基数本来就较高，尽管十年的平均增速只有1.1%，但其绝对值增长已超过绝大多数西方盟国。鉴于德国的外向型经济特征以及国际环境较此前更显得复杂化，外交在维护经济利益方面的作用不可忽视。一是通过促和斡旋，减缓地区冲突，维护良好的贸易环境和顺畅的贸易通道。德国常关切台海和平问题，一是重要考虑正维护其在东亚地区的贸易环境不致因军事冲突而恶化。二是优化国际贸易规则，默克尔任内不遗余力地支持多边主义和自由贸易总框架，对主要大国力推“公平贸易”，即使面对美国也会在贸易摩擦问题上保持强硬态度。三是解决欧盟发展桎梏，力促欧盟团结，虽不致出让本国利益，但仍竭力帮助其他成员国应对危机；在英国脱欧谈判中保持拉打平衡的节奏，既保证单一市场优势不被弱化，又维护“后脱欧时代”与英国的良好贸易关系；与英法等国不同，德国印太政策的一个重要出发点是拓展与东盟的贸易伙伴关系，做大“贸易朋友圈”。四是通过新型发展援助维护和拉拢与亚非拉等欠发达国家的关系，进而扩大对外投资目的地。

表5-2　金融危机后德国年度经济增长数据①　　（单位:%）

2009年	2010年	2011年	2012年	2013年	2014年	2015年	2016年	2017年	2018年	2019年	2020年	2021年
-5.6	4.0	4.0	0.6	0.6	2.2	1.2	2.1	3.0	1.1	1.1	-4.9	2.7

（经价格与日期调整后国内生产总值同比增长:%）

① “Bruttoinlandsprodukt im Jahr 2021 um 2，7% gestiegen”，*statistisches Bundesamt*，15. Januar 2022，https://www.destatis.de/DE/Presse/Pressemitteilungen/2022/01/PD22_020_811.html；jsessionid=23C5AFCD2587997D0F1E537E9AC1518C.live722.

从维护价值观利益的角度来看，主要是维护了德国赖以生存和发展的制度性框架，使得德国能够在更为良性的国际环境中得到充分发展。德国的发展有着一套能够自洽的体制保障，包括民主政体、社会市场经济体制、普世价值、有效的国际合作机制等内容。即使是对于西方国家具有普遍性的“民主”概念，在德国也有其独特性，例如德国《德意志联邦共和国基本法》既给予“民主”法定国家体制的地位，又对所谓的“民治”进行了必要限定，即通过“多数民主”“协调民主”（共识政治）等手段解决冲突，达成共识，避免发生“民主的悲剧”。① 所谓德国“软实力”，很大程度上也体现在此。默克尔时代的外交，对内主要是确保上述制度性框架不受侵害，防范所谓“独裁政权”对德国社会的侵蚀，例如，对俄罗斯开展所谓“混合战”保持警惕。对外则力争推广上述制度，使得“德国模式”与“世界秩序”更易接轨。一是始终保持一定力度的“价值观外交”，在涉及人权等议题上积极发声，甚至实施一定力度的制裁；二是完善国际规则，推动国际间有序合作，将德国“共识政治”传统应用到国际合作当中，反对美国“霸权式合作”；三是开展必要的“制度竞争”，增强西方体制在全球的吸引力，例如炒作中国在海外制造“债务陷阱”，推广欧盟的“全球门户”战略等。

总之，默克尔改变了原先德国外交被动防御的策略，通过主动发出外交攻势全面维护了德国的生存、发展与价值观利益。

（二）提升德国在欧盟内的领导作用

“德国问题”是欧洲的一个老问题，“德国领导”在默克尔时代也始终是个热点问题。几十年来，德国欧洲政策的关键特征从来不是领导他国，而是把自己塑造成“较小成员国的朋友”。② 这不仅缘于德国自我束缚的外交政策，也因为历史上曾严重侵犯过欧洲伙伴国，故而德国尤为重视维护其他成员国利益，较少使用自己手中的权力。默克尔时代，这一状况发生了根本性改变，特别是通过应对欧债危机，“欧盟模式”已经基本成为“德国模式”的翻版，德国在政治、经济、外交诸领域均成为欧盟“事实

---

① Manfred G. Schmidt，“Deutschlands schwieriger Weg zur Demokratie”，*Bundeszentrale für politische Bildung*，https：//www. bpb. de/politik/grundfragen/deutsche – verhaeltnisse – eine – sozialkunde/138699/deutschlands – weg – zur – demokratie？ p = all.

② ［英］保罗·莱弗著，邵杜罔译：《柏林法则：欧洲与德国之道》，浙江：浙江人民出版社，2021 年版，第 129 页。

上的领导者”。

在政治领域，经过《里斯本条约》的重新定位和整合，欧盟在治理模式上已经很大程度“德国化”，默克尔的一体化治理理念落实到了现实层面。欧盟三大机构的职责划分，与德国的联邦运行模式颇为类似：欧洲理事会代表了各成员国利益，类似于德国联邦参议院代表各州利益；欧盟委员会作为名义上的“欧盟政府”，履行类似德国联邦政府的行政职责；欧洲议会则通过不断扩大自身的审批权限，发挥监督“政府”的作用。德国政治家虽然不时标榜自己为“联邦主义者”，但在欧洲一体化运作模式上一直倾向于支持政府间合作。欧盟的政府间合作模式也与德国的政治体制相类似。德国联邦政府的职权相较法国政府而言相当有限，因此在应对新冠疫情时，德国必须通过频繁的联邦—州联席会议来集体决策。2008 年全球性金融危机以及后来欧债危机爆发，欧盟委员会在应对危机中的决策作用非常有限，重大问题均在欧洲理事会层面由各国首脑或内阁部长协调解决，完全体现了政府间合作的意志。① 这一过程既体现了德国政治体制的示范作用，德国也得以在决策过程中通过国力对比而收获了欧盟主导权。

在经济领域，欧盟在政策路线的选择上，其所有的应对举措背后基本上都有德国的影子，只要是德国反对的措施，欧盟和欧元区就无法推行；相反，只要是德国坚持的措施，最后都不同程度得到实施。② 从强制紧缩，并将相关财政纪律及惩罚机制落到实处，到将重债国私营部门先行减记作为救助先决条件，再到整肃爱尔兰、马耳他、塞浦路斯等避税天堂，这些做法都曾遭到欧盟内部分成员国的强烈反对，但未能撼动德国意志。一方面，作为最主要的创始国，在长年的参与过程中，德国的经济思想已经渗透到欧盟经济决策机制中；另一方面，德国本身较为成功的经济表现增强了其影响力，这种力量在默克尔时代遭遇的危机中更加清晰地显现出来。事实上欧盟经济也从德国的主导中获益，验证了其可靠性和有效性。截至新冠疫情暴发前，欧盟国家的财政状况总体向好，法国财政赤字占比由债务危机时最严重的 7.18% 降至 2018 年的 2.29%；意大利、希腊等重债国公共债务率也一直保持稳定，较疫情前没有大幅攀升。德国联合法国推动

---

① 张健：《失序与迷茫——大变局下欧洲的未来》，北京：时事出版社，2021 年版，第 38 页。

② 张健：《失序与迷茫——大变局下欧洲的未来》，北京：时事出版社，2021 年版，第 42 页。

欧盟主导设定了全球最低企业税率，制约了避税天堂。

在外交领域，德国的领导作用在两个层面得以加强：一是欧盟内部力量格局已发生根本性变化。在相当长一段时间，欧洲其他国家再次出现对“德国中心”的恐惧，过于强势的德国将导致本来就颇受诟病的“双速欧洲”事实上演变为“一个德国”对“多个成员国”，这是包括法国、意大利在内的欧洲大国所难以接受的局面，于是德国在欧洲乃至跨大西洋范围内被紧紧束缚住。然而随着时间的推移，经济上孱弱的法国已无法同德国在欧盟内竞争话语权，英国游离于欧盟之外，意大利麻烦缠身，均不能对德国构成有效牵制，而且接受德国领导成为一个默认的政治现实，在遇到难题时，各国都自然而然地期待德国出力解决。“德国问题”由此得到“建设性地解决”，德国在维护西方体系和利益的总体框架下可以尽情施展，甚至某种程度上决定欧洲乃至西方国家的命运。① 二是欧盟“共同外交”体现出更多的德国色彩，甚至在某种程度上“欧盟外交”就是“德国外交”。例如，中欧投资协定得以完成谈判完全是德国力推的结果，因为其他国家获益远小于德国，动力不强，反而将其作为在价值观问题上向中国施压的工具。默克尔时代的中欧关系保持了稳定向好，在百年长河中处于“历史最好水平”，这也完全得益于德国的务实引领。欧盟的对美、对俄政策也明显体现出德式平衡色彩。德国的行事风格总体稳重，遇事不会“争强好胜”，能够务实地看待问题并理性地寻找解决办法，对待国际事务一般不走极端，乐于扮演沟通者和平衡者的角色，欧盟的对外影响力中也的确需要这种独特的力量。②

（三）增加国际秩序中的文明性、稳定性和可预期性

第一，国际关系文明性增加。所谓“文明”，更多与“武力”相对，默克尔时代，德国参与解决国际争端的手段主要是推动谈判、斡旋和调停，依据的准则是现行国际规则和国际法以及西方价值观。尽管德国所信奉这些法则都是二战后西方主导下制定的，但相比个别国家所崇尚的“单边主义、霸权主义”“实力政治”，不受约束地“退群废约”，以及冷战期间大国争夺所运用的军备竞赛、遏制政策等行为，具有明显的文明化、法

---

① Vgl. Werner Link, “Deutschland als europäische Macht”, in: Werner Weidenfeld (Hrsg.), *Europa Handbuch*, Bonn: Bundeszentrale für politische Bildung, 2002, S. 615.

② 李超、王朔：《试析德国面临的“领导力困境”》，《现代国际关系》，2016 年第 5 期，第 54 页。

治化特色。默克尔所倡导的多边主义、机制化的国际合作与协调、集体安全等理念，对于促进国际关系民主化，减少军事对抗起到显著的积极作用。

第二，国际秩序稳定性增强。默克尔所经历的时代是一个日趋动荡的时代，经济危机接踵而来，地缘争斗、大国争夺使得国际秩序面临崩塌风险；即使在西方国家内部，民粹主义、极右恐怖主义等新兴思潮不断涌现，对其主导国际秩序构成冲击。基辛格说过："没有抵御外部入侵的防卫实力，任何秩序都不安全。"由于德国自身的确缺乏足够的硬实力，故而在稳定国际秩序方面尤为用心。首先，大力宣传规则观，强调秩序、规则、国际法的重要性，反对"实力政治"。其次，默克尔从德国自身"中等强国"定位出发，旗帜鲜明地反对大国争夺，德国甚至愿意为中美博弈充当"协调者"角色。再次，德国主张对国际政治经济体系进行必要改革，例如世界贸易组织应更多反映发展中国家利益，当然也主张对发展中国家行为进行必要限制，避免其脱离秩序框架，必须确保有序行事。这些主张一定程度增强了国际秩序的稳定性。

第三，国际局势可预期性上升。德国外交的一个很重要特征是延续性强，特别是冷战后，历届政府在外交政策总方略上没有大的变化，只是进行战术上的小规模调整。针对全球重大外交议题，德国政府的立场基本清晰可预判，很少出现意外。即使偶尔超出外界预期，如 2011 年拒绝参与对利比亚军事行动，也是为了避免导致更大规模的"意外"，尽量促使局面向可控方向发展。默克尔时代，德国在国际上地位上升，参与的国际事务明显增多，除主动搭建对话平台，如乌克兰问题的"诺曼底模式"、利比亚问题国际会议等外，还参与诸多复杂国际冲突和国际危机的解决进程，形成了"联合国常任理事国 + 德国 + 当事国"（P5 + 1 + X）的模式。德国的参与，增强了通过对话和外交渠道解决冲突的声音，降低了大国对抗的烈度，有利于国际局势趋向缓和，减少国际争端中发生军事意外的可能。

作为"文明力量"，德国外交除维护自身利益外，很大的一个战略目标是促进国际关系的文明化。德国希望改变无政府状态下全球国际关系中"弱肉强食"的本性，促进国与国有序竞争、良性竞争，并增加民主化、普世价值、规则约束等因素，塑造基于规则的全球新秩序。在默克尔十余年的主导下，特别是德国践行"有为外交"后，国际秩序中的德国色彩有所增加。当然囿于绝对实力的差距、西方体制的局限性，德国想要从根本上重塑国际关系格局并理顺“基于规则的国际秩序”，对其而言任重道远。

二、局限性

尽管默克尔创造了德国外交史上的第四次大跨越，但从现实上看，德国扭转“政治弱国”并非一朝一夕之功。受历史包袱影响，德国长期专注发展经济，在涉外事务上刻意保持低调，“克制政策”影响深远，甚至已有固化趋势，虽然专家学者和官方人士普遍呼吁德国承担责任，但民间看法不一。位于柏林的科尔伯基金会每年就外交政策开展民意调查，关于“德国是否应继续保持克制”这一问题，1994 年有 37% 的民众回答“是”，而 2014 年这一比例反而上升至 60% ,[①] 凸显了民间的保守情绪。学界政界也普遍认为德国外交依然不够积极，未达到外界对其预期，不愿冒风险承担责任。[②] 这显示德国真正实现“领导者”角色仍有距离。有以下一些制约因素。

第一，硬实力存在缺陷。德国需要通过欧盟来实现影响力，而对于欧盟来说，其外交最大的制约因素就是难以独立维护自身安全，因而不得不依赖甚至从属于美国。防务自主是欧盟战略自主的一个最重要部分，然而德国作为“领导者”在这一方面贡献有限。德国军费开支自 20 世纪 90 年代起持续下降，到 2013 年默克尔第三任期之初，德国军费占国内生产总值比重仅为 1.4%，远低于当时英国的 2.5% 和法国的 2.3% 。[③] 尽管在美国的持续施压下，德国承诺增加军费，但其不断推迟军费占比达标的时间。德国联邦国防军规模从 1990 年的 37 万人削减至 2012 年的 23.6 万人，此后随着志愿兵役制取代义务兵役制，进一步降至 18.5 万人。2018 年，时任德国国防部长冯德莱恩主持编写了《联邦国防军军备状况报告》，显示德国武器系统作战准备程度较低：近 10000 个独立作战系统平均战备状况只有 70%，244 辆“豹 2”主战坦克只有 105 辆随时可用，128 架“欧洲战斗机”中只有 34 架随时可起降。鉴于细节惊人，国防部随后将相关内

---

① *Review 2014 – Außenpolitik weiter denken*, Berlin: Auswärtiges Amt, 2014, S. 26.

② Eric T. Hansen, *Die ängstliche Supermacht: Warum Deutschland endlich erwachsen werden muss*, Köln: Bastei Lübbe GmbH, 2013, S. 119.

③ “Trends in World Military Expenditure, 2013”, Sipri, April 2014, http://books.sipri.org/product_info?c_product_id=476.

容列为“秘密”，不再公开发布。① 缺乏足够的对外威慑能力，是限制德国真正意义上发挥独立自主领导作用的最大桎梏。

第二，经济增长的可持续性存疑。默克尔执政后期，外界对于德国经济增速放缓加大了关注度，特别是对于德国经济的结构性问题有所担忧，认为德国经济的后劲可能不足，而默克尔任内并未对这些结构性问题进行足够的改革，也面临一些难以预料的挑战。这些问题和挑战包括但不限于以下几点。

1. 投资、消费长期不足。主要经济体中，德国对贸易最为依赖，出口占国内生产总值近50%。自20世纪90年代起，私人资本的固定资产投资整体趋弱；老龄化加速、工资收入增长缓慢长期抑制私人消费。而且对外贸易在某些领域不平衡性突出，例如，能源领域对俄罗斯的高依赖度，增加了经济增长受地缘冲突冲击的风险。

2. 产业结构不平衡，制造业强大，但集中于少数优势行业。经常项目顺差中，超过90%由机械制造、汽车等行业贡献，服务贸易数十年来始终为逆差。研发投资中，1/3来自大众、奔驰、宝马三大车企。2015年起，大众等知名车企先后陷入“排放门”“垄断门”，销量下滑，加上汽车业整体面临电动化转型，德国能否长期保持优势存疑。同时，新兴经济体制造业水平提升，德国优势下降。

3. “未来产业”发展滞后。数字、信息产业已成制约竞争力提升的最大障碍，据专业机构“数字参与指数”排名，德国数字参与度位列全球第27位，落后于中国（第22位）。2015年德国通信服务出口仅占其出口的2%，全球排名第52位。德国不仅网络基础设施落后（如公共场所很少有开放的无线网络连接），电子商务、移动科技不够发达，在云计算、物联网、新一代移动通信（5G）技术上亦远落后于中国、美国。

4. 外部环境恶化。德国经济过于依赖出口，而美国特朗普政府时期与欧洲发生的贸易摩擦，中西方对抗过程中对贸易造成的抑制，新冠疫情对全球产业链、贸易链的影响，英国脱欧后欧盟整体力量的弱化及内部贸易的减少，这都极大地影响着德国经济增长。

① Florenz Hemicker, “Zustand der deutschen Panzer und Flugzeuge soll geheim bleiben,” *Frankfurter Allgemeine Zeitung*, 11. März 2019, https://www.faz.net/aktuell/politik/inland/bundeswehr-zustand-der-deutschen-panzer-soll-geheim-bleiben-16083344.html.

这些问题不是一朝一夕能够解决的，而将长期存在甚至局部恶化，经济发展放缓很可能制约德国外交力量的发挥。

第三，德国政治社会生态发生变化，不利于政府推行积极的外交政策。默克尔长时间执政下，德国保持了稳定繁荣，但与此同时，其一味居中的政策取向以及一味求稳的执政理念也令德国社会积累了不少矛盾。在全球化不断深化的背景下，有得必有失，大批弱势群体无法融入全球化，而其寄望于政府改善福利、予以照顾，又因一次次接踵而至的危机而未能得以实现。2019 年，德国著名记者丹尼尔·顾法特出版了《中产阶级的终结》一书，指出 30 年来构成德国社会稳定基石的中产阶级由占德国总人口的 60% 降至 54%，扣除通货膨胀因素，中等收入人群实际收入不增反降，长期负利率也使民众实际资产缩水。① 由于自身利益受损，德国民众的自保情绪上升，开放心态遇挫。在难民危机中，在经受“难民席卷而来”，甚至个别村镇难民数量多于本地民众，超市被抢购一空时，原本主流的“欢迎文化”风向突变，默克尔政府遭受的压力瞬间上升，关于其处置不当的批评声此起彼伏，难民危机甚至成为默克尔权力由强变弱的关键转折点。贫富分化加速催生了民粹主义，德国选择党的迅速坐大对默克尔政府起到了掣肘作用，其更突出排外和保护主义色彩，力量不容忽视。因此，在遭遇危机的时刻，德国很多情况下不得不更多从本国利益出发考虑对策，而不能“全心全意为欧盟服务”。这不仅体现在反对“欧元债券”方面，新冠疫情暴发初期，德国还迅速限制了防护物资出口，还一度扣留了过境运输的意大利购买的口罩。

此外，德国政坛的“共识政治”传统一向为外界称道，是保证德国长期稳定的重要因素之一。然而随着全球事务的复杂化和外部利益多元化，德国政治格局也变得越来越碎片化，各党合作的一面遭到削弱，竞争成为常态。进入联邦议院的政党数量由最初的 3 个增加到“6 + 1”（2021 年大选后包含 6 个政党和 1 个少数民族直选议员），政党数量增加必然增大协调和决策难度，即使绿党、自民党这样的“主流政党”，面对许多国际议题也是针锋相对，例如，自民党反对绿党过于激进的气候和能源政策，达成妥协愈加困难。2017 年大选后，德国花费近半年时间组成新政府，这期

---

① Daniel Goffart, “Das Ende der Mittelschicht, wie wir sie kennen”, *Focus*, 19. März 2019, https: //www. focus. de/magazin/archiv/titelthema - das - ende - der - mittelschicht - wie - wir - sie - kennen_id_10459230. html.

间默克尔作为看守总理很难有所作为。2018 年，新的“大联合政府”刚刚组成就发生内讧，主政内政部的基督教社会联盟（基社盟）与默克尔所在的基民盟就难民上限等问题发生激烈争执，险令政府倒台。这种内耗限制了德国作为“负责任大国”的外部行动能力。与此同时，我们也不能过于放大默克尔本人的作用。她一贯谨慎、求稳，这种性格总体有利于政策的有效性和连贯性，但不可否认，也一定程度上抑制了德国积极有为的冲动。虽然是她主导推动了德国的“有为外交”，但在实践中又往往过于瞻前顾后，有时确实不利于探索改革。也正因此，德国伊弗经济研究所前所长汉斯 - 韦尔纳·辛恩就批评她称：“默克尔以改革开始了总理生涯，随后却不断阻碍改革。”① 这凸显出默克尔个人对于德国外交路径选择的两面性作用。

第四，德式“软实力”转化为全球影响力存在障碍。其一，德国依靠经济实力支撑大国地位将愈加困难。随着新兴经济体不断崛起，德国等传统大国占全球经济份额呈现下降趋势。1990 年两德统一后，德国占世界经济的比重为 6.8%，2019 年德国的份额已降至 4.5%。据经合组织报告称，到 2060 年，德国所占的比重可能进一步下降至 2.0%，由目前世界第四大经济体跌至第 10 位。② 经济基础决定上层建筑，若经济份额下降，则难保其外交话语权仍能维持高位。此外，德国是出口大国，受国际市场波动以及地缘政治形势影响很大，其外交行动受经济因素的牵制可能更大，若对外采取包括制裁等在内的强硬外交行动，一旦引发反制，其所遭受的损失也相应更大。其二，德国“文明力量”理念不一定能移植他国。德国主要依靠良好的国际形象、强大的创新力、成功的经济治理理念、推崇和平稳定的外交理念等发挥对外影响作用，并乐于承担环境气候、能源、发展援助、金融体系监管改革等领域的“全球责任”，以及通过外交手段解决冲突。但其颇具“后现代”色彩的理念难以在全球全面推行。德国主导下的欧盟大力推行气候治理，但美国坚持单边主义，将动用一切手段维持霸权，并不会简单配合欧盟，美欧在碳边境协调机制等问题上分歧不小；德国希望通过外交手段稳定周边，但美国不时通过各种“小动作”搅乱欧盟

① Martin Kaelble, “Hans - Werner Sinn: Merkel war die Kanzlerin des Hier und Jetzt”, 8. November 2018, https://www.capital.de/wirtschaft - politik/hans - werner - sinn - merkel - war - die - kanzlerin - des - hier - und - jetzt.

② dpa, “German economy to be overtaken by 2060”, November 10, 2012, https://www.thelocal.de/20121110/46091/.

周边，俄罗斯也不时“以武力威胁欧洲安全”；德国欲推行“价值观外交”，改善所谓的全球民主状况，但效果不彰，欧盟与白俄罗斯的难民问题争端，起因也是欧盟因民主问题制裁白俄罗斯。即使在欧盟内部，德国稳健从紧和推崇制造业的经济模式也难被南欧各国采用。

第五，全球地缘博弈新态势挤压德国发挥领导作用的空间。一个基本事实：德国至今不是、未来也几乎不可能成为像美国那样的地缘政治的核心角色，其自我定位也不在此，至多是发挥平衡、协调作用的“中等大国”。因此，即使默克尔时代德国外交的意愿和能力有了很大改善，甚至已经一定程度积极介入全球博弈当中，但其所能发挥的仍然是边缘性作用，并不能从根本上决定事态发展走向。在默克尔时代长期未解的乌克兰危机、叙利亚危机、伊朗核问题等事件中，德国的表现虽受到了外界认可，但危机背后根本上是美俄等大国的较量，美国的任何一个举动，如将驻以色列使馆迁至耶路撒冷，退出伊核协议，暗杀伊朗军方领导人苏莱曼尼等，都能给动荡不安的中东局势火上浇油，令德国的促和努力付之东流。① 俄罗斯虽欢迎德国居中调停，但对其效果并不抱很大希望，俄罗斯甚至要撇开欧盟直接与美国讨论欧洲安全架构，凸显其对德国等欧洲国家的轻视。针对中美博弈加剧的状况，德国提出自身可能成为“大国竞争牺牲品”，其外交部长马斯于是声称德国乐于为中美间“调停”。② 马斯的这一说法无疑高估了德国的外交实力，从中美博弈的实质以及德国所处的政治阵营来看，其很难有效缓解中美之间的竞争，甚至其本身就是这场竞争中的一个元素。

第六，欧洲在全球事务上天然的被动性具有掣肘作用。欧盟最初成立的目的，主要是解决内部分歧，是在两次灾难性的世界大战后，维护欧洲国家间的和平与力量平衡，其政策天生就是内倾的。如果说欧盟在外交上应当发挥一些作用，那也往往是英法两国的责任。德国外交政策此前只有两个关注点：一是搞好东方政策；二是解决好所谓的“德国问题”。德国一直将自己的外交战略置于跨大西洋关系总体框架之中，即使介入南斯拉夫、阿富汗冲突中，也是在跨大西洋联盟总体外交的一部分。只有施罗德

---

① 李超：《德国在欧盟中的领导作用新变化》，《现代国际关系》，2020 年第 4 期，第 24 页。

② dpa, “Germany wants to mediate between US and China during EU presidency”, *deutsche Welle*, January 6, 2020, https: //www. dw. com/en/germany – wants – to – mediate – between – us – and – china – during – eu – presidency/a – 53647376.

2003年拒绝参与伊拉克战争是个例外。德国自由派知识精英、社会学家达伦多夫曾评价欧盟称："欧洲不具备塑造世界的能力，也缺乏兴趣构建这一塑造力。"① 言外之意，不要期待欧盟在外交上有太多作为。即使德国的能力和意愿有所调整，鉴于欧盟对外发挥塑造力的工具性功能，这种外交意识上天然的缺陷也将极大限制德国的作用。

综上，受各种客观限制因素制约，默克尔时代德国外交可谓负重前行，有突破历史、积极进取的一面，也仍有不尽如人意、有待完善的一面。

三、德国的"领导力陷阱"

德国在欧盟内实力显著上升，但能力越大的同时意味着责任越大，欧盟内外面临的一系列难题，都有待德国发挥主导作用来解决。默克尔时代，德国已很大程度改变了自己被动消极的对外政策，领导者角色已得到一定巩固。但与此同时，其在领导他国方面还算不上很擅长，尤其面对欧盟内部千差万别的利益诉求和外部盘根错节的国际关系，德国犹如处在"十字路口"中央，深感彷徨，甚至不知所措。可以说，其陷入了"领导力陷阱"。我们可以再度截取几个标志性案例，来分析德国为何未能发挥如外界所希望的领导作用。

其一，德国所坚守的价值理念与现实之间存在错位，其集中表现在难民政策上。众所周知，默克尔领导下的德国政府对难民态度较为开放，最初曾敞开国门，允许难民不经登记而直接进入德国境内。默克尔的"开放政策"并非心血来潮，在难民危机大规模爆发之初，绝大多数德国民众支持接收难民，这主要是因为德国民众对难民存在"历史情结"：纳粹德国的侵略行径曾经在欧洲制造过大量难民，使德国人对难民普遍负有"人道主义亏欠感"，总想着能一定程度弥补曾经的过错；同时，20世纪80年代末，大批民主德国人涉险前往联邦德国避难，包括民主德国出身的总理默克尔在内的德国人更能理解难民的处境。接收战乱地区和受政治迫害的难民，对于德国来说几乎意味着"政治正确"，即使代表民粹势力的政党，也不会轻易挑战"接收政治难民"的"底线"。

---

① Sigmar Gabriel, "Europa in einer unbequemeren Welt", *auswärtiges Amt*, 5. Dezember 2017, https://www.auswaertiges-amt.de/de/newsroom/berliner-forum-aussenpolitik/746464.

德国接收难民的口子一放开，难民就以潮水之势大规模涌来。2015 年仅从“巴尔干路线”进入欧洲的难民就超过 100 万人，而德国是主要目的地，其中不仅有政治难民，也包括来自巴尔干国家打算改善生活的“经济难民”，仅第四季度日均进入就达 6000—8000 人，使德国不堪重负。于是德国主张在欧盟内实行“配额制”，各成员国共同承担安置任务，但由于许多欧洲国家并不像德国一样背负历史负担，东、南欧国家又是难民进入欧洲的主要通道，南欧国家则经历债务危机打击尚未恢复元气，这些国家缺乏主动接纳难民的意愿，因而越来越多地抱怨德国的做法。原本支持德国政策的奥地利和北欧国家也纷纷与德国“划清界限”，丹麦在丹德边境处设置边检，奥地利引入了“难民上限”。“盟友”的态度转变对德国形成很大压力，毕竟人道主义是德国软实力和价值观的一部分，若急速收紧政策，不但损害德国国际形象，也损害政府信誉。因此，到底是要坚守价值理念，还是顾及民众和成员国的现实利益，令默克尔头疼不已，媒体也多以“默克尔失意”“默克尔对欧盟影响力不再”等描述德国领导力的下降。默克尔自己也坦言，“难民危机的复杂程度超过乌克兰危机与欧俄关系”。①

其二，德国没能在“坚持自我”与“寻求妥协”之间找好平衡，尤其体现在经济治理上。德国在经济发展道路上有其独特的一面，即习惯过“紧日子”，严格遵守各项财政纪律。在解决欧债危机的手段上，德国同样秉持该理念，“按规矩办事”，拒绝给予重债国特殊待遇，不提供无条件的援助和债务减记，而是将紧缩性财政政策推广全欧，敦促重债国搞结构性改革。然而问题在于，不是每个国家都持相同的理念，国与国之间的差距更客观存在，简单将“德国标准”强加给其他国家，不仅效果大打折扣，甚至还会引发极大的抵触情绪。以希腊为代表的重债国就一再高呼“不堪压榨”，并常向媒体展示德国的“铁面”态度与希腊的“弱者”形象，博取同情。2015 年初，希腊激进左翼联盟上台执政后，出台反紧缩和反改革举措，与德国矛盾进一步激化，希腊“退出欧元区”的风险陡增，市场极为紧张。而德国却依然我行我素，德国财政部长沃尔夫冈·朔伊布勒甚至以“希腊退出（欧元区）风险可控”来“震慑”希腊，默克尔也默许其

---

① Robin Alexander, “Merkel steht vor einer historisch paradoxen Situation”, *Welt*, 25. Dezember 2015, http://www.welt.de/politik/deutschland/article150321992/Merkel-steht-vor-einer-historisch-paradoxen-Situation.html.

相关表态，被希腊舆论怒称为“纳粹分子”。① 最终虽然德国的强硬态度占了上风，希腊政府几乎全盘接受了改革要求，但并不等于从根本上解决问题，结果反而更糟：希腊经济因“退欧”风险受到极大冲击，经济增长率从年初预计的3%直降为-1.4%；一年内不得不两次进行议会选举，政治稳定性大打折扣；更严重的是希腊等“边缘国”与德国等“核心国”的互信进一步受损，双方都将彼此视为破坏欧盟稳定团结的过错方，严重影响欧盟团结。

此外，围绕应对债务危机，德法两国矛盾也在加大，“德法轴心”的推动力有所减弱。法国传统上就主张采取扩张性财政政策刺激经济发展，对德国“紧缩模式”不以为然，尤其法国经济不佳，财政赤字、公共债务水平难达欧盟规定的标准。法国就反对德国“恐吓”希腊，强调坚持推动谈判与妥协。而从德国的角度来看，法国不仅在财政问题上“站错队”，其自身也是问题多多。默克尔就曾暗示，意大利、西班牙等国改革“取得了成效”，而法国是个“短板”。然而法国毕竟是大国，德国无法像指挥希腊一样指挥法国，如何推动新形势下的德法合作，同样令德国感到为难。

其三，德国在推动欧洲一体化进程中遇到的阻力不断增加。关于欧洲一体化的前景，德国一直都是坚定的“联邦主义者”，认为理想的状态是建立“欧罗巴合众国”，统一政治、经济、安全政策，各国紧密合作，共同发展壮大。然而德国版的“欧洲梦”在现实中却屡遭挫折，其中尤以英国脱欧对德国震动最大。英国从历史上就对参与欧盟事务三心二意，重视维护自己“金融中心”“全球大国”的利益。因此，与德国支持“联邦”不同，英国的理念是“邦联”，更多的是将欧盟看作一个“松散的联盟”，要求欧盟维护英国的独特性。一石激起千层浪，英国脱欧公投，刺激不少国家以同样方式发泄对欧盟的不满，当时的荷兰、捷克等多国，都曾威胁脱欧，此起彼伏的脱欧声浪严重打击了德国的领导力，更多国家为本国利益而与欧盟、德国讨价还价。

与此同时，欧洲社会极端思潮显著上升，给德国推动欧洲一体化带来了更多的阻碍。随着欧盟安全形势不佳，经济下行压力增大，而成员国政

① Joachim Huber, “Karikatur: Bundesregierung will Vernichtung der Griechen”, *Tagesspiegel*, 25. Juni 2015, http: //www. tagesspiegel. de/medien/nazi - vergleich - in - griechenland - karikatur - bundesregierung - will - vernichtung - der - griechen/11968326. html.

府普遍应对乏力，民众排外、反欧情绪明显上升，极端、民粹势力趁机坐大。纵观欧洲各国，法国国民阵线、英国独立党、德国选择党以及瑞典民主党、芬兰人党等极端政党不断瓜分主流政党选票，抛出废除欧元、赶走移民等极端主张，要求维护“民族国家利益”。这不仅有悖于德国一贯倡导的民主、包容的价值观，也背离了其致力推动的欧洲一体化发展方向，而要扭转欧洲这股急剧右转的势头，德国明显感到势单力薄。

其四，德国在践行“大国责任”方面与外界期待还存在较大差距。对于外界对德国承担更多国际责任的殷切期盼，德国感到压力巨大，力不从心。毕竟德国在国际舞台上还是“新手”，尚不具备在国际舞台上“纵横捭阖”的能力，面对一个个冲突和危机，就如一个新入职场的年轻人，突然被委以重任，虽希望有所作为，但能力明显不足，其典型例证是在乌克兰危机中的表现。德国虽积极介入其中，但既无力统一欧盟内各成员国立场，又受美国施压，既要顾及东欧国家的反俄情绪，也要考虑到欧盟对俄罗斯的经贸、能源需求，掣肘颇多，难以抉择。乌克兰危机本就由美国、俄罗斯主导，德国发挥实际作用的空间实在有限，更多还是“搭平台”和“传话”。虽然默克尔被认为是“西方为数不多能与俄坦诚对话的领导人”，但其与普京存在理念上的根本分歧，严重缺乏互信，极难达成一致。

综上，默克尔时代德国的领导与塑造作用的确有所突破，但又赶不上外界预期，还有这诸多桎梏有待突破。德国面临的“领导力陷阱”，根源在于其自身理念没有跟上快速变化的环境，以致对于能力和地位的提升深感“不适应”，处理外部事务的手法尚显稚嫩，领导力运用不够纯熟。那么我们应当如何评判未来德国的领导和塑造作用？基于以上分析，可对德国在欧盟内作用的发展趋势做如下三点判断。

其一，在当前以及可预见的未来一段时间，德国仍将面临一系列发展困境和难题，包括国内民粹势力进一步上升、中东局势不稳带来的难民和恐袭风险、新兴经济体发展带来的竞争力相对下降、新冠疫情给经济带来的巨大冲击、可能的领导层更替带来的不确定性，等等。虽然德国已开始采取措施，但并非一朝一夕能够扭转局势，例如经济下行很可能要持续一定时间，适应国际格局新变化、重塑大国关系也需要战略耐心。这决定了德国的对外政策在相当一段时间都将受到制约。在欧盟问题上，必须照顾自身利益，难以顾全大局，与其他成员国的龃龉不仅难以消除，甚至在个别领域有加深的可能。其虽会继续支持欧盟改革和一体化建设，但这种支持更多将停留在口头上，或者集中于非敏感领域，以谨慎求稳为原则。因此，德国对欧盟的正向推动作用，以及团结带领成员国一致行动的能力短期仍将有限。

其二，若从宏观层面来看，德国仍是有实力、有潜力的地区大国，考虑到欧盟发展态势总体不佳，法国、意大利积弊严重，德国作为欧盟最大经济体、主要增长引擎的地位尚难被其他成员国所替代。虽然也面临发展困境，但与其他成员国相比，德国无论是经济基础还是政治社会稳定性都相对更好。国力是领导力的根本保证，德国在欧盟内将长期享有一定话语权，欧盟遇到实质性难题或需实质性推动改革时，也还要经过德国首肯并由德国出力。可以想象，德国支持的未必能办到，但德国反对的一般办不到。总体看，进入21世纪以来，德国一直致力于转变外交政策，凸显自身存在感，默克尔第三任期确立的“更及时、更坚决、更实质性参与外部事务”的外交政策原则不会轻易动摇。因此，长远来看，德国在欧盟的领导作用不容忽视，这种作用具有较强的韧性。

其三，未来德国能多大程度发挥领导作用，主要取决于两大因素：一是能否顺利化解影响自身稳定发展的桎梏；二是能否快速适应国际格局新变化和世界大势的新发展。两者相互联系，相互作用。诸多迹象表明，制约德国发挥领导作用的，根本上还是自身发展瓶颈侵蚀了其处理复杂国际关系的能力；反过来，民粹主义上升、欧美价值观联系趋弱、新兴大国崛起等全球新变局，又加剧了德国内部的矛盾，加大了政府应对和调整的难度。目前德国正处在领导人更替的关键期，未来德国若希望恢复在欧盟的领导地位，新领导层必须对内用好民众求新求变的心理，合理改革，注重推动社会对话，化解对抗情绪，同时稳住经济；对外更多跳出“民族国家”的圈子，从欧盟宏观视角出发，对欧洲一体化长远发展进行战略规划，并更为积极地参与全球治理。但坦率地讲，由于德国及欧盟本身内忧外患多，在全球权力格局中又在相对下降，加之新生代领导人建立威望和适应大变局仍需时日，充分发挥“德国领导”必将是一个艰辛的过程。

第四节　“后默克尔时代”外交延续与调整趋向

2021年9月26日，德国联邦议院举行选举。新一届联邦议院总计735个议席，包含六大政党。社民党获206席，以微弱优势成为第一大党，默克尔所在的联盟党获196席，遭遇历史最差选绩；绿党获118席，虽为其最佳选绩，但不及此前预期；自民党获92席，较上届小幅上升；德国选择党、左翼党分获83席、39席。此外，丹麦族一名代表获得一个直选议席。经过紧张而高效的谈判，11月24日，社民党与绿党、自民党签署联合组阁协议，并经党内审批程序后，于12月8日正式成立新的“交通灯”联合政府，执政长达16年的默克尔正式卸任，默克尔时代的诸多“身边人”，包括经济部长阿尔特迈尔、国防部长克兰普－卡伦鲍尔等，均已让贤，不再竞选议员，执掌德国央行十余年、为默克尔把紧“钱袋子”的行长魏德曼亦提前卸任，退出政坛，德国全面步入“后默克尔时代”，不仅主要执政党16年来首次发生更替，内阁要员也已基本大换血，新生代政治家全面接管政府。默克尔时代，德国外交在实践上实现了不少跨越，积极性明显提升。展望未来，人们对德国外交的期望值更高，也不禁对其可持续性产生疑问，德国对西方联盟的“领导作用”和对全球秩序的“塑造作用”多大程度上能够得以延续和拓展，默克尔留下的平衡与务实的外交风格是否依然存在。2022年2月俄乌爆发新一轮冲突，德国新政府在外交上面临21世纪以来前所未有的挑战，新政府的应对能力首次接受外界检验。未来，德国外交必须在延续性的基础上进行局部调整，力争维护和拓展默克尔时代所争取的国际行动空间。

一、新政府外交展望

在讨论未来德国外交走向的问题时，人们脑海中最先闪现的概念往往是“延续性”。原因在于经过二战后70余年的发展塑造，德国留给人们太多关于稳健、平衡的印象，德国政治经济发展的一切，似乎都与稳定挂钩，一成不变，以至于在外交政策上人们也看不到德国有太多的改变，哪怕是“有为外交”提出多年后的今天，依然有不少学者仍在呼吁德国践行之。因为在不少学者看来，德国外交远远没有达到积极有为的状态，调整还远没有到位。如果我们从默克尔时代留下的“领导”“务实”“平衡”三重遗产来展望未来的德国外交政策，相信仍可在新政府外交中看到相当多的延续性痕迹。当然在这种延续背后，也蕴含着一定的变化，总体而言德国外交将是稳中有变。

第一，从“领导”的维度来看。一个总的判断是，“后默克尔时代”德国对外塑造力受新型安全威胁、跨国风险扩散、内外发展桎梏等因素影响将有所削弱，其对外承担责任的意愿升高，但能力下降。① 正因此，德国外交如若继续发挥领导作用，必须更多的依靠西方联盟，通过做大西方联盟来实现对全球政策的塑造力。中国学者连玉如认为，只有当德国能够彻底摆脱美国控制，真正实现独立自主外交决策时，其外交政策转型才能达到与20世纪70年代"新东方政策"相当的历史地位，而在当前及未来的很长一个阶段，这对于德国外交而言显然是难以逾越的门槛。目前德国外交政策的调整，只是手段和策略上的调整，还远没有脱离出冷战后德国外交背靠西方的总框架。② 中国学者熊炜亦指出，默克尔担任总理期间，领导德国扛起捍卫西方价值观的"大旗"，以西方价值代言人的身份发挥影响力，德国的这种"西方身份"是其在二战后刻意选择和保持的结果。③ 从这一点来看，未来德国外交的"西方属性"将不仅是延续，而将更为强化、更注重内部协调。德国政府深刻认识到德国发挥全球塑造力的根本在于西方联盟的强大，以"文明力量"为基础的德国外交，其塑造力的根本也在于向全球推广西方的规则、规范和价值观，也就是以"西方模式"解决全球问题。而在百年变局下，无论德国自身还是西方国家整体实力都呈现相对下降趋势，若要维持"西方模式"的全球影响力，根本上就要加强西方"集体的力量"。

具体而言，未来德国将推动大西洋两岸在以下几方面掌握全球主动权：一是"捍卫西方体制"。未来德国外交所面临的全球问题，首要是东西方政治争夺的问题，即谁能在全球占据主要话语权，并向第三世界地区拓展"领地"。在这方面，德国无疑要花费更大的精力维护西方体制的全球影响力。二是推动欧美一道掌握全球规则和标准制定权。"规制性力量"是"德国领导"的核心要义所在，默克尔时代，即使在很多问题上持现实主义态度，接受和承认新兴国家的崛起，但在全球规则和标准制定权上，则是力主由西方主导。未来，大国博弈可能更多集中在规则标准制定权上的争夺，因为掌握了规则就掌握了斗争的主动，而德国历来对于制定规则、维护规则乐此不疲。三是推动西方式的全球化路线。全球化发展至今，需要更多的具体执行措施加以深化，近来美欧分别推出"重建美好世

---

① Christian Mölling, Daniela Schwarzer, et al., *Smarte Souveränität: 10 Aktionspläne für die neue Bundesregierung*, DGAP Bericht, September 2021, S. 5.

② 此处来源于作者对连玉如教授的访谈。

③ 熊炜：《德国对华政策转变与默克尔的外交"遗产"》，《欧洲研究》，2020年第6期，第9—11页。

界”和“全球门户”战略，双方也都推出“印太战略”、对非战略等区域合作新规划，德国是这些倡议的重要倡导者和推动者，将在其中发挥“联合领导者”的重要作用。

不过从西方联盟内部视角观察，“后默克尔时代”，德国本身所能发挥的作用可能受到一些限制。首先，在欧盟内，默克尔执政后期，德国的话语权就显现出不太牢固稳定的状态。例如与法国在欧洲一体化和战略自主等问题上的不同观点，在欧盟机构领导人的任命上失去主导权；与波兰、匈牙利等国就法治问题、“北溪-2”天然气管道等争端激化；在处理大国关系问题上力有不逮，其他成员国不服、不满德国的情绪已经上升。德国想要领导欧盟，首先要团结成员国，在欧盟各国民粹主义情绪高涨、政治碎片化蔓延各国的大背景下，团结的难度是很大的。新冠疫情虽然给了德国改善形象的机会，放行“复苏基金”等做法也一定程度赢得了支持，但这是在特殊危机情形下的特殊举措，德国必须要更多出让既得利益，推动“集体恢复与增长”，才能换取更多的认可和领导力。而从德国自身经济遭遇的障碍来看，显然指望德国进一步加大“付出”也是不现实的。其次，德国国内的民粹主义和疑欧情绪也不容忽视。人们不应忘记，德国曾是欧盟成员国中最晚批准《里斯本条约》的少数几个国家之一，德国联邦宪法法院还对批约附加了前提条件，在涉及刑事法、警务、军队、税收等诸多“关键领域”的权力让渡时，必须经由德国议会两院批准。由此，德国政府推动一体化的权力很大程度上受到议会以及宪法法院制约。① 2020 年 5 月，联邦宪法法院就判决欧洲央行的量宽政策超出其权限，要求其予以解释。

默克尔是在长期的执政过程和应对危机实践中自我证明，以此赢得外界认可。未来，在一个利益和价值观日益多元化的时代，加上国际秩序加剧变革和动荡，新生代德国政治家，即使是新总理奥拉夫·朔尔茨这样执政经验较为丰富的政坛老手，未来建立威信都将面临挑战。其他国家如法国，想要取代德国的领导地位也并不容易，法国自身面临的内部问题可能比德国还多，其历来善于规划战略，却在付诸实施上有所保留。因此，总的认为，未来欧盟内部的力量格局可能趋于均衡化、分散化，德国仍是最主要的引领性力量，但引领作用弱于默克尔时代，在许多议题上必须更多

---

① 张健：《失序与迷茫——大变局下欧洲的未来》，北京：时事出版社，2021 年版，第 326 页。

与其他成员国协调，更要发挥平衡的作用。而在部分利益冲突的领域，则可能要相互制衡、相互妥协，一味突出自身利益可能导致适得其反的效果。从德国自身来看，外交毕竟不是其长项，部分情况下令西方盟友“失望”的情况仍会出现。在新一轮俄乌冲突中，朔尔茨就没有展现出足够的积极性，《明镜周刊》刊文评价其“利用为数不多的几次讲话表明观点，之后就仿佛隐身”，对他能否在失序的大变局中发挥足够领导作用提出质疑。①

在跨大西洋关系层面，德国谈不上“领导”，更多是如何处理与美国的关系。特朗普时期，欧美矛盾较深，德国是美国在欧洲主要攻击的“靶子”，因此默克尔表现也较为强硬，一定程度代表了西方体制内不同于美国的“另一种声音”。未来，如果美国“特朗普主义”再度回归，则德国依然可能呈现默克尔时代的对美态度，高举传统“西方民主”大旗，继续推动欧盟战略自主建设，但其效果好坏取决于未来德国整体国力的强弱。若拜登所代表的建制派始终能掌握大局，“美国回归”以及重视跨大西洋联盟的一面依然为主流，则德国国内的大西洋主义者将成为政坛主要力量，德国支持美国、配合美国的一面将十分突出，在这个总框架下提出一些“德国主张”，发挥自身和平主义、规制性力量、“塑造性力量”等角色，为美式霸权的主导模式增添一些“文明色彩”，或者说“巧实力”。

第二，从“平衡”的维度来看。德国历史上本来就有着讲求平衡的传统。“铁血宰相”俾斯麦的均势外交就让德国受益匪浅，他认识到德国身居欧洲中央，面对四面八方的争夺，必须保持适当的平衡，否则极易成为大国争夺的角斗场，最终损害德国自身利益。而在威廉二世掌权后，改变了俾斯麦的平衡外交，试图追求霸权，最终在一战中惨败。默克尔时代，外交实践上的“平衡”被运用到了极致，使得整体实力不算顶尖的德国在全球舞台成为了各方均欲依靠的重要力量。鉴于历史经验和教训深刻，相信未来德国外交仍将以平衡为重要特征，只是会根据形势最新变化在天平的左右两端略微调整砝码，使某一方面略微偏重，但不会打破整体的平衡。

其一，在利益与价值观的平衡上，将向价值观一端稍加倾斜。在意识形态上，德国年轻一代政治家政治上成熟于冷战后，从小就深受新自由主

① Melanie Amann, Martin Knobbe, “Kanzler der Reserve”, *Der Spiegel*, Nr. 13, 26. März, 2022, S. 8 – 13.

义理论的洗礼，民主、自由的观念根深蒂固，相较于默克尔那一辈人，在对外捍卫西方价值观方面已没有了历史和道德包袱，甚至将此视为己任，可能比老一辈政治家更偏执和理想化。选民中的“后现代主义”价值观倾向也不断上升，渐渐取代了传统大党以宗教信仰、经济地位等确定外交政策的传统。① 虽然朔尔茨仍主张奉行务实外交，但以新任外交部长安娜莱娜·贝尔伯克为代表的年轻政治家对于“价值观外交”的呼声很高，加之全球大国博弈加剧，东西方政治对抗上升，都将刺激德国抬升价值观在外交政策中的比重。即使在对外经济政策上，也常常将经贸问题政治化，在推动全球经济一体化、促进增长和就业的同时，维护其所谓“普世价值”、保护人权，要确保欧洲的经济和社会市场模式不受侵蚀。②

其二，在东西方阵营的平衡上，德国将向西方稍加移动。默克尔时代，德国在涉俄、涉华等很多场合中都成为东西方沟通、妥协的桥梁，但未来德国在东西方之间“非等距”的观念将更为深入，德国国际政治与安全研究所 2021 年发布的重磅研究报告《转型中的德国外交政策》明确指出，欧洲政治协调与合作的关键伙伴是美国、英国、加拿大以及与印太地区有着共同价值观的国家。③ 因预设了西方立场，或受阵营限制，德国未来对东方阵营的立场将更为强硬，所能发挥的软性平衡作用有所削弱。特别是俄乌冲突的爆发进一步强化了德国的“西方立场”，更为靠近美国和北约，做出了不少突破历史的举动。不过鉴于“文明力量”理念深入德国外交骨髓，其仍会力争避免东西方发生硬性冲突，较美国、英国、法国等军事强国而言，仍能发挥一定阻遏硬冲撞的软性平衡作用。

其三，在规制力与强制力的平衡上，德国将适度加强后者。“有为外交”的核心意涵，在于很好地平衡对外塑造的规制力与强制力，在理想情况下，通过创制规则、外交斡旋等手段发挥软实力作用，在难以形成有效威慑的情况下不避讳使用强制力，包括言语谴责、制裁乃至军事手段。默克尔时代正是德国外交由偏重规制走向二者平衡的阶段，由于军事强制力较弱，不得不依赖于外力（特别是美国），因而在很多问题上尚出现进退

---

① 熊炜、姜昊：《“价值观外交”——德国新政府的外交基轴?》，《国际问题研究》，2022 年第 1 期，第 115 页。

② Christian Mölling，Daniela Schwarzer et. al. ，*Smarte Souveränität*：10 *Aktionspläne für die neue Bundesregierung*，DGAP Bericht，September 2021，S. 40.

③ Günther Maihold，Stefan Mair，et al. ，*Deutsche Außenpolitik im Wandel*，SWP – Studie，September 2021，S. 51.

失据的情况。未来，德国外交转向积极的大方向不会变，必然将更为主动地适应复杂的国际事务，其将尝试更为平衡地运用多元外交手段。在俄乌冲突背景下德国迅速决策增加军费就是一个例证，其将加强军事强制力储备，不断增加外交工具箱中的可选项，使得规制力与强制力的平衡更加优化和完善。当然这还需要一个相当长的过程。

第三，从“务实”的维度来看。应该说，“务实”仍是默克尔政府留给后任最主要的经验。默克尔在告别仪式讲话中，特别“鼓励”新政府，“未来要经常以别国的眼光来观察世界，要理解有时不那么令人舒服甚至是完全相悖的观点，然后努力维护利益的平衡”。① 这正是呼吁新政府要做到“从实际出发”“审慎行事”，勿要“想当然”，搞“理想主义外交”。从德国政府的组成来看，在可预期的未来，仍将由几大主流政党组合执政，它们分别都有过执政经验，在反对党位置上可能有一些激进观点，但身份转变后，将普遍展现“学习”能力，言行趋于谨慎。例如在上任前言辞尚较强硬的德国外交部长贝尔伯克，就任后就有所顾忌，在首访波兰时避免直接就法治问题批评波兰，在涉华、涉俄问题上避免使用刺激性词汇；自民党籍的财政部长克里斯蒂安·林德纳本来主张严格执行紧缩，但为应对经济增长压力，一上任就批准了600亿欧元的补充预算，还对法国希望放宽财政纪律表示了“理解”；德国副总理兼经济与气候部长罗伯特·哈贝克则认识到应对气候变化与能源转型“难度很大”，② 在俄乌冲突之后，他已下令暂停关闭部分燃煤电厂，以应对能源短缺。这些事例都充分证明，理想主义的外交政策很可能遇到实践上的门槛而难以落实到位，最终仍需回归现实主义路线。总的来看，德国外交可能会有各种新的调试与震荡，但不会过多偏离“务实”这个总原则。新政府势必要继承默克尔时代已启动的“有为外交”工程，在未来的大国外交、地缘博弈中发挥应有的作用，但这一角色将始终置于“务实”原则之下，不会为名义上的有为而强行作为。

---

① Angela Merkel, “Rede von Bundeskanzlerin Merkel anlässlich des Großen Zapfenstreichs am 2. Dezember 2021 in Berlin”, 2. Dezember 2021, https://www.bundesregierung.de/breg-de/suche/rede-von-bundeskanzlerin-merkel-anlaesslich-des-grossen-zapfenstreichs-am-2-dezember-2021-in-berlin-1987276.

② Melanie Amann, Markus Becker, et al, “Krisenstart”, *Der Spiegel*, Nr. 51, 18. Dezember 2021, S. 14-18.

二、俄乌冲突中的德国外交

默克尔执政的最后一年，俄罗斯与北约以及乌克兰的矛盾不断激化。双方先是就俄罗斯在乌克兰东部边境增兵问题而彼此抨击，逐渐升级为相互驱逐外交官和暂停外交机构；俄罗斯要求北约以书面形式向俄罗斯提供“不会东扩”的保证，未得到北约的同意，双方数轮对话未能取得实质性进展。2022 年 2 月 22 日，俄罗斯总统普京宣布承认乌克兰东部的顿涅茨克和卢甘斯克为“独立国家”，并于 2 月 24 日在乌克兰东部发起特别军事行动。俄乌冲突令举世哗然，特别是作为近邻的德国，受此影响尤为直接。新政府上任不足百天就面临如此重大的外交挑战，相关应对举措既是评估其外交走向的重要依据，也为我们回顾分析默克尔的外交遗产提供了新的视角。

我们先来看新政府的做法。在冲突发生前，德国仍保持一贯的谨慎克制，特别是审慎使用对抗性手段。2022 年初开始，俄乌军事对峙局势就已紧张升级，西方国家纷纷介入，乌方不断要求向其提供武器。但德国从总理到各部长均严词拒绝，只提供了 5000 顶军用头盔，乌克兰基辅市长讽刺其为“笑话”。在对俄方面，朔尔茨政府也是在犹豫很久后才暗示必要时可能停用“北溪 -2”天然气管道，但他并未公开指出“北溪 -2”天然气管道的名字。也因此，德国驻美大使哈珀向国内报告称，美国已将德国视为“不可靠的伙伴”。①

冲突随即爆发，德国政府一改克制态度，开始迅速决策。2 月 27 日，冲突爆发三天后，朔尔茨发表了著名的“时代转折”演讲，指出此轮俄乌冲突标志着“二战后欧洲和平秩序发生根本性改变，欧洲大陆再度面临军事冲突的威胁”。② 德国做出了以下几方面应对：

一是推动“再军事化”。一方面大幅增加军费。德国提出从 2022 年度起，军费开支将达到国内生产总值 2% 的标准，这意味着德国军费开支将超过 750 亿欧元，比之前的军费预算高出约 250 亿欧元，由此将成为欧洲第一大、全球第三大军费开支国。另一方面，大力提升联邦国防军军备。

---

① Matthias Gebauer, et al., “Im Bett mit Putin”, *Der Spiegel*, Nr. 5, 29 Januar 2022, S. 30.

② Olaf Scholz, “Regierungserklärung von Bundeskanzler Olaf Scholz am 27. Februar 2022”, 27. Februar 2022, https://www.bundesregierung.de/breg-de/suche/regierungserklaerung-von-bundeskanzler-olaf-scholz-am-27-februar-2022-2008356.

为此，德国政府在常规军费预算之外，另设立总额超过1000亿欧元的“特别基金”，专用于投资军备，以从根本上对联邦国防军进行现代化改造。这笔基金将投向三个方向，首先是国内军工工业，购置火炮、弹药，推动联邦国防军数字化建设，对“爱国者”防空系统进行现代化改造等；其次是投资欧盟国防工业，与法国、西班牙续推“欧洲未来空中战斗系统”、远程长航时无人机研发，与英国开发新一代火炮及弹药系统，与荷兰共同开发新型护卫舰和新型空中登陆平台，与挪威共同开发新型潜艇等；再次是加强跨大西洋军备合作，购买35架美国“F－35”隐形战斗机，以及美制新型重型运输直升机，购买由以色列和美国联合研制的“箭－3”导弹防御系统，这一军购项目已获得美国、以色列方面的批准。

二是加强对外军事干预。2022年2月27日，德国改变了坚持数十年“不向战乱地区输送致命性武器”的传统，决定向乌克兰提供1000枚反坦克火箭发射器、500枚“毒刺”地对空导弹以及多门榴弹炮，实现了对外安全政策的重大突破。随着战事升级，德国援乌力度也在增大。3月底，德国又准备了一批包括火箭筒、迫击炮和无人机在内的价值3亿欧元的装备，计划提供给乌克兰。4月26日，美国召集40余国国防部长在位于德国法兰克福的拉姆施泰因空军基地开会，协调共同向乌克兰提供武器，这对德国形成了一定捆绑、刺激作用。4月28日，德国联邦议院以586票赞成、100票反对和7票弃权的压倒性多数正式批准政府向乌克兰提供重型武器。英国《金融时报》评价称，这标志着德国数十年来谨慎的对外军事干预政策的大逆转。① 除武器援助外，联邦国防军的海外军事行动也更为积极。2月22日，时任德国国防部长克里斯蒂娜·兰布雷希特在访问立陶宛时宣布，德国将向北约东翼国家派遣更多士兵。第一步是向德国领导的北约驻立陶宛多国部队增兵350人，向罗马尼亚增派三架“欧洲战斗机”，支持北约的空中巡逻任务。3月21日，欧盟出台《安全与防务战略指南》，提出建立5000人规模的灵活、独立的快速反应部队，德国将向这支快速反应部队提供主要兵力。5月26日，德国派出护卫舰参与北约北翼防御任务。与此同时，德国也积极军事介入印太地区，继2021年首次向印太地区派遣军舰后，德国已决定至少隔年派舰赴印太巡航，参与兵种将逐渐拓展至空军。2022年9月，德国派遣包括战斗机、加油机、运输机在内的十余

① Guy Chazan, et al.,“Germany makes U－turn on sending heavy weaponry to Ukraine,” *Financial Times*, April 26, 2022.

架飞机前往澳大利亚，参与多国联合演习。德国空军参谋长英戈·格哈茨称："这是德国空军向印太地区首次也是最大规模的部署航空资产。"①

三是加大经济外交力度。德国在经济领域也采取了不同往常的严厉手段来对抗俄罗斯，其很快改变了最初拒绝对俄罗斯实施金融制裁的立场，同意将俄罗斯排除出环球银行金融电信协会，并支持美国和欧盟对俄罗斯实施多轮制裁，包括对俄罗斯煤炭、石油实施禁运，对俄罗斯出口石油限价，驱逐俄罗斯外交官，制裁俄罗斯高级政府官员及寡头等，力度空前。德国深刻反思数十年来对俄罗斯能源依赖的弊病，下决心不惜牺牲经济增长推动"能源脱俄"。俄乌冲突爆发后，德国第一时间停止"北溪-2"天然气管道认证进程，破例支持欧盟对俄罗斯煤炭、部分石油实施禁运。为此，主要领导人开展一系列外交行动，紧急出访美国以及卡塔尔、沙特、阿联酋等中东国家和塞内加尔、南非等非洲国家，加紧寻找新的油气来源；与日本、印度等印太地区国家就太阳能、氢能等新能源开发加强合作。在国内加速建造液化天然气存储终端，推迟停用部分燃煤电厂以便应急，制定天然气短缺应急机制，力争年内停止从俄罗斯进口煤炭、石油，到 2024 年下半年将对俄罗斯天然气依赖由 2021 年的 55% 降至 10%。德国以对俄罗斯能源依赖为教训，反思制造业对外依赖的风险。4 月 28 日，朔尔茨在首访日本期间，多次强调要注重"经济安全"，称要确保具有"战略重要性"的技术或原材料供应"不依赖于单一国家"。② 基于此，德日将重点在芯片、电子工业等高新技术领域加强合作。5 月 2 日，德国与印度召开新一轮政府磋商，同样商定绿色产业等领域的合作。德国财长克里斯蒂安·林德纳呼吁"与具有共同价值观的伙伴签署自贸协定"，③ 以确保供应安全。

根据新政府在俄乌冲突中的表现，我们可以再次检视前述关于新政府

---

① 陈山：《美媒：德国空军明年要派"台风"战机到印太参加演习》，《环球时报》，2021 年 11 月 10 日。

② "Pressekonferenz von Bundeskanzler Scholz und Ministerpräsident Kishida zum Besuch von Bundeskanzler Scholz in Japan am 28. April 2022", 28. April 2022, https://www.bundeskanzler.de/bk-de/aktuelles/pressekonferenz-von-bundeskanzler-scholz-und-ministerpraesident-kishida-zum-besuch-von-bundeskanzler-scholz-in-japan-am-28-april-2022-2028824.

③ AFP, Reuters, "Christian Lindner will Freihandelsabkommen mit den USA," *Die Zeit*, 20. März 2022.

外交延续与调整的相关判断。综合而言，我们可以确认以下几个结论：

第一，德国的领导作用将弱于默克尔时代，朔尔茨政府将更多凸显“西方”属性，更多依靠西方联盟发挥“集体的力量”，在联盟内部尽可能发挥自身引领性作用。新政府阁员基本属于政坛新人，朔尔茨此前鲜少聚焦国际政治与安全议题。在此次斡旋俄乌冲突过程中，德国明显让位于法国，法国总统马克龙充当了欧盟代言人，其与俄乌领导人的沟通频次高于朔尔茨，乌克兰总统泽连斯基请求马克龙致电普京传递谈判意图。在整个冲突进程中，德国的领导作用并不突出，朔尔茨政府甚至有些进退失据。朔尔茨既想与美国以及西方盟友保持一致，又不愿激怒俄罗斯，引火烧身。他的主导原则是缓和冲突、对俄罗斯留有余地，相比美国、英国以及一些中东欧对俄“鹰派”国家，在挺乌制俄方面一直“慢半拍”。例如，朔尔茨并不情愿向乌克兰提供步兵战车、主战坦克等重型军事装备，一再拖延，但受形势所迫最终又不得不跟上盟友的援乌步伐。朔尔茨保守暧昧甚至举棋不定的态度引发国内外的广泛批评，绿党不断对其施压，波兰则强烈抨击德国在对俄罗斯制裁问题上存有“私心”，是欧盟对俄罗斯施加更严厉制裁的“主要绊脚石”。① 这实际上是德国数十年来外交政策不够果决，存在矛盾心态的一个新的缩影，这一特点也将长时间伴随德国政府。

德国更多是置身于西方联盟当中，与盟友共同发声并采取一致行动，在西方联盟内发挥作用。德国作为西方集团的一员，无论是出于“政治正确”还是维护自身安全利益考虑，都将坚定站在西方阵营内，彰显其“西方属性”，承担起与其经济实力相一致的责任。德国参与北约相关军事行动、与盟国协力行动的意愿已显著上升，其购买美制装备也是为了加强与美国的捆绑。与此同时，德国将继续发挥在欧盟内的积极作用，改变以往对欧盟“军事战略自主”的迟疑态度，更多与法国协作，推动欧盟《安全与防务战略指南》的落地实施。总体而言，德国的对外安全政策将更倾向于以意识形态划线，加强对东方阵营的防范，在政治、经济、军事等各领域均注重通过“西方团结”来应对所谓“威权体制”的挑战。德国自身的安全政策触角也将向东扩展，正如前国防部长克兰普－卡伦鲍尔曾公开宣称的，巡航印太目的在于“促进航行自由，维护法律和规则”，德国就是

① “Poland blasts Germany over Russia”, *Russia Today*, April 4, 2022, https://www.rt.com/news/553277-poland-blames-germany-russia/.

要“参与塑造印太秩序”。① 未来德国将与盟友一道在更广泛的领域展现领导力。

第二，面对危机，新政府展现出更多转变的意愿，也更愿意采取相对强硬的态度，其外交政策工具箱中的工具更加丰富多元。正如朔尔茨所承诺的，德国要建设“北约框架下欧洲最大规模的常规部队”，在规制性力量和强制性力量中，新政府较过去更多地选用后者，这体现了在新的危机背景下的新选择，也是德国外交转型的进一步延续。特别是朔尔茨政府短期内在军事问题上做出的决策突破了历史，是德国全面践行其作为“正常国家”开展独立自主外交的重要体现。这一转变显然依旧是危机倒逼的结果，但一旦德国迈出了第一步，未来就有可能在军事现代化的进程中逐渐加快步伐，已有声音形象地将德国的这次转变描述为“唤醒沉睡的雄狮”。② 目前，德国朝野上下以及民间舆论对转变安全政策高度支持，对以军事硬实力应对传统安全问题前所未有的重视。俄乌冲突爆发后，65%的德国民众支持大幅增加军费，数月间，支持向乌克兰提供军事支援的民众比例已由20%上升至55%。③ 德国民众反核情绪较高，2021年年中的一项民意调查显示，只有14%的德国民众支持美国在德国境内部署核武器，57%的民众要求美国撤走核武器。但一年后民意发生了逆转，52%的民众转而支持美国部署核武器，主张撤走的只有39%。④ 德国联邦议院关于向乌克兰提供重型武器以及设置1000亿欧元“特别基金”的投票，均是以6∶1左右的压倒性多数得以通过，显示德国安全政策的调整是顺应民意变化之举。当然，德国不会走军事霸权的老路，而且德国的所谓“重新武装”并非一日之功，总体而言德国仍将在通过依靠美国和北约、在盟友体

① Annegret Kramp – Karrenbauer, “Rede der Ministerin anlässlich des Auslaufen der Fregatte Bayern”, 2. August 2021, https://www.bmvg.de/de/aktuelles/rede – akk – auslaufen – bayern – indo – pazifik – 5204436.

② Sophia Besch, Sarah Brockmeier, “Waking a sleeping giant: what's next for German security policy?”, *Centre for European Reform*, March 9, 2022, https://www.cer.eu/in – the – press/waking – sleeping – giant – whats – next – german – security – policy.

③ Claudia Müller, “Mehrheit unterstützt deutschen Ukraine – Kurs”, *Tagesschau*, 2. Juni 2022, https://www.tagesschau.de/inland/deutschlandtrend/deutschlandtrend – 2925.html.

④ Robert Bongen, “Erstmals Mehrheit für Atomwaffen – Verbleib”, *Tagesschau*, 2. Juni 2022, https://www.tagesschau.de/investigativ/panorama/umfrage – atomwaffen – deutschland – 101.html.

系内部以更多出力的方式维护安全利益，在这一过程中尽力提升自身及欧盟的战略自主能力。

与此同时，德国还要统筹使用各领域保护性政策，维护综合国家安全。以经济问题为例，除通过“减少对单一国家的依赖”来降低供应链断裂风险外，德国还将进一步加大对“具有战略重要性产业”的保护力度，对外资收购等加大审查力度，防止关键技术流失；在芯片等高新技术领域与美欧盟友紧密协作，在全球标准制定上牢牢掌握话语权；加强对外部高科技公司的监管，执行严格的数据保护标准，在关键网络基础设施的选择上注重安全性等。同时，德国也会从机制上加大整合协调力度。德国在对外事务上常缺乏一个有效的统筹机制。在 2021 年的阿富汗撤军行动中，由于缺乏内部及与美国的协调，德军首架运输机在喀布尔上空盘旋多时无法降落，最终仅接回 7 人，沦为舆论笑柄。俄乌冲突再次凸显机制改革的迫切性，德国外交部长贝尔伯克也承认必须“促进各部门相向而行，而非彼此踩脚”。①

第三，务实与平衡仍是新政府对外政策的根本出发点。无论从价值观还是从现实安全角度考虑，德国都无法容忍俄罗斯此次的军事行动。在此次事件中，安全以及地缘政治议题的分量重于经济利益，因此新政府做出了比以前历次都更为严厉的制裁和相关军事行动。但是对抗本身并非新政府本意，对话与外交手段仍是其主要的主张，朔尔茨在危机之初即提出欧盟当务之急的五项任务，就包括确保对话大门始终敞开。② 后期也一直强调要在抗俄与防止紧张局势升级之间保持必要平衡。在使用军事手段上，德国政府一直保持谨慎态度。2022 年 4 月中旬，在舆论不断施压政府向乌克兰提供重型武器时，朔尔茨就以“不可强行出头”“要与盟友协调”为由紧急叫停，反对德国在这一问题上“冒进、单独行动”。③ 德国联邦议院

---

① Annalena Baerbock, “Außenministerin Annalena Baerbock bei der Auftaktveranstaltung zur Entwicklung einer Nationalen Sicherheitsstrategie”, *auswärtiges Amt*, 18. März 2022, https://www.auswaertiges-amt.de/de/newsroom/baerbock-nationale-sicherheitsstrategie/2517738.

② “Regierungserklärung von Bundeskanzler Olaf Scholz am 27. Februar 2022”, 27. Februar 2022, https://www.bundeskanzler.de/bk-de/aktuelles/regierungserklaerung-von-bundeskanzler-olaf-scholz-am-27-februar-2022-2008356.

③ Angelika Hellemann, “Deutsche Alleingänge sind mir suspekt”, *Bild*, 5. Januar 2022, https://www.bild.de/politik/ausland/politik-inland/kanzler-olaf-scholz-in-japan-deutsche-alleingaenge-sind-mir-suspekt-79934148.bild.html.

4月28日就此投票时，朔尔茨“恰巧”在访日途中，反对党还质疑他“故意不参加投票”。政府虽得到向乌克兰提供重型武器的授权，但直到6月初尚未付诸行动，舆论普遍认为总理府的消极态度起到了“刹车”作用。德国还与捷克、斯洛文尼亚、希腊等国协商通过“环形交换”的方式向乌克兰提供武器，即由这些国家向乌克兰交付武器，作为补偿，德国向这些国家提供一些武器。在多国施压德国向乌克兰提供豹式坦克时，朔尔茨坚持要求美国先行提供美式坦克，不愿独自出头。可以看出，德国并不愿直接卷入冲突，甚至助推局势升级。另外，关于德国大幅提升军费的政策调整，在经济下行压力下，德国政府已承认军费开支达到国内生产总值2%的目标难以达到，不仅2022年达不到，很可能未来两三年都达不到。① 因此这一政策宣誓，的确象征意义更强一些。总的来看，未来德国不会脱离务实、平衡的基本原则，未来将加大与外交、经济等各领域政策的融合力度，兼顾安全、利益与价值观，共同服务于国家安全发展。

三、默克尔的反思

2021年12月8日，默克尔参加了德国新政府就职仪式后，就从公众舆论中消失了半年多。她履行了卸任前的承诺，几乎“完全退出了政治舞台”，甚至破除旧例，谢绝担任基民盟名誉主席，也拒绝了联合国秘书长古特雷斯关于请她出任联合国全球公共产品高级咨询委员会主席的邀约。卸任后，她本意是想“远离政治纷扰，享受宁静安逸”，她在波罗的海岸放空大脑，在《麦克白》的话剧中神交莎士比亚，甚至在奥地利品尝美食时不慎扭伤了膝盖。但政治毕竟是她生活的一部分，难以摆脱。卸任后，她也按照计划书写自己的政治传记，而且在2022年的下半年，多次出面接受媒体采访，就俄乌冲突等重大事件阐述立场，回应外界关切。从默克尔的一系列表态中，我们能够对她那个时代的外交决策有更立体的认知。

默克尔回应最多的莫过于外界在对俄政策上的指责。实际上随着俄乌冲突爆发，舆论就将不满之气撒在默克尔身上。有人认为正是默克尔时期对俄绥靖的政策，让德国这个欧洲最大经济体过于依赖俄罗斯的能源，从而造成了被动局面；也有人认为默克尔在任时没有在约束俄罗斯方面发挥

① Andrea Thomas，“Hebestreit：Deutschland verfehlt Nato – Ziel bei Verteidigungsausgaben”，5. Dezember 2022，https：//www. finanzen. net/nachricht/aktien/hebestreit – deutschland – verfehlt – nato – ziel – bei – verteidigungsausgaben – 11964667.

足够影响力，催生了冲突的爆发。而关于对俄政策，德国诸多重量级政治家均出面“承认错误”，例如，总统施泰因迈尔长期持“友俄”政策，担任外交部长时参与了对俄决策，他公开承认其过去对俄政局发展作出“误判”，认为“将俄罗斯纳入欧洲共同安全架构的做法是失败的”。[①] 对俄政策严重损害了默克尔的声望，根据德国《每日镜报》的民调，2021 年 12 月刚刚卸任时，曾有 47% 的德国人说会想念她；但一年后，有 71% 的受访者不希望她再回来当总理。对此，默克尔有不同看法，她的主要观点包括以下几条：

首先是关于对俄能源依赖的问题。默克尔丝毫不后悔自己的决定，她明确表示，决策要与当时所处的大环境相符，德国当时正面临能源转型，为实现自身能源供应多样化，就必须依赖俄罗斯廉价的天然气，“从俄罗斯获取的管道天然气，要远比其他地方的液化天然气更为便宜”。她进一步解释称，“即使在冷战时期，俄罗斯也是一个可靠的能源供应商”。[②] 因此，在默克尔时代，尚未出现俄乌冲突这样的严重冲突时，她不可能未雨绸缪，先行自断臂膀。关于这一问题，德国前外交部长西格玛·加布里尔也很客观地讲道：“默克尔完全没有理由为之道歉，2002 年，欧盟决定推进欧洲能源市场自由化，‘北溪－2’因此应运而生，如今人们不应忽视这一背景。”[③] 其实默克尔并不像她的前任施罗德那样对俄罗斯高度信赖，她并不认为通过一条管道就能约束俄罗斯，因此她与普京展开了复杂的谈判，并实际上确定了管道开通运营的一系列条件，以及包括在类似俄乌冲突的情况下停用管道的情况。我们可以大胆假设，默克尔在任时如果俄乌冲突一再升级，她的对俄政策很可能也会有相应调整，只不过她在任时形势没有恶化到后来的局面。

其次是关于阻止冲突发生的问题。默克尔坦承，2021 年 6 月，她曾计划与马克龙一道推动建立一个欧洲范围内的欧俄对话机制，但遭到一些成员国反对而未能成功。当默克尔私下询问一些领导人为何不支持她时，得

---

① Veit Medick, Melanie Amann, “Das tut weh”, *Der Spiegel*, Nr. 15, 9. April 2022, S. 22.

② “Merkel: no regrets on energy policy with Russia”, *Reuters*, October 14, 2022, https://www.reuters.com/world/europe/merkel-no-regrets-energy-policy-with-russia-2022-10-13/.

③ Alexander Osang, “Königin im Exil”, *Der Spiegel*, Nr. 48, 26. November 2022, S. 46-55.

到的回应是“超出能力范围”“这是大国的职责”。这令默克尔意识到，她不再有能力推动自己的想法，“因为每个人都知道我到秋天就会卸任”。如果她还连任，局面可能就不是这样。而在8月任内最后一次访俄之后，她更感受到对普京施加影响的能力已微乎其微，因为“普京只相信权力”。①关于冲突的爆发，她也猜测，或许她的卸任的确从某种意义上“加速了普京的行动”。由此可见，外界所期待的，由默克尔出面“塑造”俄罗斯的行为，这只限于特定条件下。事实上默克尔在任时很大程度的确牵制着俄罗斯，但这一作用不可能无限持续。

再次是关于如何与俄罗斯打交道。默克尔认为，外界关于她没有对乌克兰给予足够关注的说法是不公平的。一方面，即使在2014年，除了俄乌冲突外，希腊也还没有走出债务泥潭，德国新政府刚刚成立需要磨合，她不可能把所有精力都放在俄乌身上。另一方面，她已经在力所能及地尝试解决危机，主要成果就是促成了《明斯克协议》，尽管未能得以完全贯彻，但不可否认其实现了一段时间的停火，赢得了一些和平，至少“为乌克兰赢得了一些时间，以准备与俄对抗”。事实上，对话和寻求妥协一直是默克尔解决危机的主要方式，她用两个案例解释了妥协的必要性。一个例子是20世纪30年代，英国首相张伯伦允许希特勒的纳粹德国在欧洲扩张，对其采取了绥靖政策，默克尔认为张伯伦并非恐惧希特勒，而是作为一个战略家，利用他的国家创造一个缓冲区，更好地为应对德国进攻做准备。另一个例子是德国前总理科尔，他在任何时候决策都会着眼于“第二天”，对“当前不可想象的事情”保持开放心态。因此，对待俄罗斯，默克尔也主张“留有余地、创造回旋空间”。她认为作为政治家要冷静，要认真看待俄罗斯的一些威胁性言论，不要视之为虚张声势，妥协并不是软弱，反而是政治智慧的体现。②

默克尔通过上述对外界批评的回应，一定程度描绘出了她决策的心路历程以及时代背景，也让我们对个人与历史的关系有了更深刻认识。不可否认，默克尔的上述表态，多少包含一些为自己辩护的成分，并不一定绝对客观，但我们仍然可以通过这一案例，更好理解处于决策核心的默克尔

---

① Alexander Osang, “Königin im Exil”, *Der Spiegel*, Nr. 48, 26. November 2022, S. 46 – 55.

② Maria Fiedler, “Angela Merkel rät, Putin ernst zu nehmen”, *Tagesspiegel*, 28. September 2022, https://www.tagesspiegel.de/politik/was-wurde-helmut-kohl-heute-tun-angela-merkel-rat-putin-ernst-zu-nehmen-8694367.html.

如何适应时代特征、顺应时代发展、实现自身目标，我们可以更好地观察默克尔治下德国外交的时代特性。

首先可以肯定的是，默克尔时代的德国外交符合当时的时代发展大势，因此总体是成功有效的。默克尔的一系列外交决策，无一不得到了国内民意的广泛支持。即使是备受争议的难民政策，最初的“欢迎政策”也是在外界呼吁中实施的，当民意改变后，默克尔的调整也基本算得上及时，甚至于她自己并不将这段经历视为“执政低潮”，她的决策“遵守了基民盟的基本理念，遵守了宪法，也遵从了内心”。① 与此同时，她利用了“全球化最后的辉煌”，积极维护多边主义和自由贸易，推行积极开放的对外经济政策，实现了经济增长，并在经济实力增长基础上拓展了外交力量。当然在这一过程中，由于国际与国内形势的风云变幻，也存在着不少的隐患。正如对俄能源依赖，在默克尔那个岁月静好的年代就是成功的战略，但它也隐藏着对俄关系破裂后的巨大风险。因此，默克尔时代的德国外交有着不可复制的时代特性，当时可谓“风调雨顺”，但随着默克尔时代的落幕，德国外交的辉煌或许会暂时中止。

然而，默克尔仍难以通过外交政策改变时代发展的轨迹。我们从默克尔对其对俄政策的辩护就可以看出，她的决策均是从当时德国面临的现实处境出发所做出的。如果我们打破事后的“上帝视角”，以决策当时的认知来看，她并没有出现明显的方向性错误。例如，她事后也曾明确表示，自己并不是绝对相信“贸易促变革”，而是认为贸易可以促融合，利益交融可以为国家间关系添加润滑。从这个意义上讲，无论对俄还是对华默克尔都优先推动贸易。但这并不能改变地缘政治发展变化的形势，欧俄之间的固有矛盾只能推迟爆发而不会被消弭；同时，德国也没能有效解决欧洲地区安全秩序本身存在的问题，这都是后来发生冲突的根源性因素，并非默克尔之力所能改变。因此，我们所说杰出人物对历史进程的影响实际上是有特定历史背景的，历史将沿着其原有轨迹发展。

此外，默克尔的外交逻辑并不适用于其卸任后。默克尔在处理大国关系上有其独到之处，重要的是与时代背景相符。在她的时代的绝大多数时

---

① “Ex – Kanzlerin Merkel über ihre Ex – Kanzlerschaft：Jetzt bin ich frei”，*Der Spiegel*，18. Juni 2022，https：//www. spiegel. de/politik/deutschland/angela – merkel – ueber – kanzlerschaft – und – ruhestand – jetzt – bin – ich – frei – a – 913bd7c5 – 9155 – 472d – a9bb – 34d809858767.

间里，和平与发展是主题，因此推动合作共赢是德国外交的主旋律。德国妥善搁置了与美国因“棱镜门”、贸易摩擦等产生的分歧，德美盟友关系得以巩固，为西方共同主导国际秩序创造了良好氛围；与俄罗斯加强了合作，实现了对俄关系的相对稳定，从而获得了廉价充足的能源供应，助力自身经济繁荣；在对华政策上坚持务实，在西方大国中发挥着重要引领作用，也因此收获了中国开放的红利。如今看，默克尔处理对俄、对华关系可能受到不少批评，但当时的时代背景均支持默克尔的决策，正如我们在第二章第三节中分析过的，即使不是默克尔当政，德国也同样会采取类似的政策。但也需指出，当她卸任后，大国关系加剧变化，美国不断将单边主义推向极端，俄乌冲突摧毁了西方国家与俄罗斯原本薄弱的信任，西方国家与中国的关系也来到新的十字路口，朔尔茨发出“时代转折”的感叹，原先默克尔的决策逻辑在她卸任后已经完全不再适用。人们以新的历史条件为基准，对默克尔时代的外交提出了一些批评，这实际上是忽略了历史固有的局限性。从默克尔的辩护来看，我们有一种“英雄迟暮”之感，然而这既是时代发展的必然，也是时代留给杰出人物的遗憾。

总而言之，德国外交转向积极有为始于默克尔时代，但完成于何时尚难断言，甚至这是一个相当长的过程，很可能在未来几届政府执政中都难以发生质的变化，不过追求主动作为、追求全球话语权的总目标不会改变。默克尔在坚持“文明力量”理论基础之上，力争发挥新时代德国外交的领导与塑造作用，为后任留下了务实、平衡的外交理念遗产，在争取领导权方面打下了较为牢固的基础。“后默克尔时代”，德国将有望在坚持默克尔外交遗产的同时，力争在领导西方联盟执掌全球话语权方面进一步有所作为，但其作为的程度将取决于德国如何解决自身发展所受的限制，以及全球地缘政治局势最新发展变化。在这一过程中，德国仍需不断“学习”，提升战略思维，努力适应其新时期的全球地位和作用，为构建更加和平稳定的国际秩序而贡献力量。

结　论

“文明力量”理论的提出者汉斯·毛尔教授曾评论称：“德国外交政策所缺乏的不是激进的革新，而是缺乏对外塑造的意愿以及坚定的信念、坚持不懈的态度、清晰的立场。”① 默克尔时代德国外交进行了二战后第四次大调整，这些调整的步伐缓慢、渐进，一方面展现出相当的延续性，另一方面着眼于汉斯·毛尔教授所提到的上述欠缺，裨补阙漏，致力于提升外交参与度，在国际上发挥领导力、塑造力，成效有目共睹。本书对默克尔时代的德国外交进行了全面观察分析，总结如下。

第一，默克尔时代，德国外交主要开展了五方面尝试，收获了四方面成果。

其主要做法归纳为：

（1）担当西方联盟主心骨。包括加大对欧盟投入，更新《爱丽舍宫条约》增强“德法轴心”，协力推动欧盟战略自主；谨慎处理对美关系，既强调“价值观同盟”，又坦承“与美利益不完全一致”，追求相对平等的欧美关系。

（2）争作国际安全的贡献者。积极参与管控全球安全危机，在乌克兰危机中首次扮演地缘政治“关键”角色，在伊核、利比亚、叙利亚、阿富汗等问题上投入大量资源协调斡旋，并适度动用军事手段，在理念、制度、资金支持等方面联手法国提升欧盟防务能力。

（3）在价值观问题上发挥平衡作用。坚持“文明力量”理念，不放松对价值观的追求，在外交行动中广泛渗透西方价值观，关注人权、难民、人道主义等议题，但在方式方法上注重平衡，不走极端。

（4）在全球治理中成为“先锋”。主张自由贸易、开放市场、多边主义、规则引领，在经贸领域与西方盟友抱团，力求引领改革方向，捍卫西

① “Die Außenpolitik weiter denken”, *Review* 2014 – *Außenpolitik weiter denken*, Berlin: Auswärtiges Amt, 2014, S. 7.

方主导的全球治理规则与体系，维护稳定可靠的海外供应链和贸易链。在气候、环境、数字、卫生、难民等新兴领域，借助联合国、七国集团、二十国集团等多边平台设置议题、输出理念、创制规则、抢抓主导权。

（5）在发展援助领域有所作为。官方发展援助支出在欧洲大国中首屈一指，成为全球仅次于美国的第二大发展援助提供国。先后推出“非洲契约”“非洲马歇尔计划”“支持非洲倡议”等多个对非洲合作计划，以“新型发展援助”经略非洲，在战略竞逐中追求主动。

收获的成果主要有：

（1）优化了大国关系与周边环境。德国始终将自身明确而牢固地嵌入美国所主导的价值体系与国际秩序当中，在西方联盟内部寻求成长，首先在欧盟内部承担更多责任，然后逐渐由内向外发挥更多作用；避免与美国发生根本冲突，同时注重与俄罗斯、中国、印度等大国保持良性互动；对邻国适当给予帮助和安抚，对周边的安全危机加大介入，维护了周边环境的和平稳定。

（2）拓展了外交战略空间。在推动欧洲一体化和欧盟制度建设方面多作贡献，以欧盟为依托拓展自身外交战略纵深，将欧盟打造为全球范围的“规制性力量”，通过欧盟争夺全球规则的制定权，在贸易、气候、数字等领域的全球治理中打下德国烙印。践行“有为外交”，广泛参与国际重大事件，形成了“联合国安理会常任理事国 + 德国 + 当事国”的磋商模式，一定程度发挥了“第六常”的作用。坚持多边主义理念，通过对国际组织和机构的支持，提升了自身塑造力，丰富拓展了影响力渠道。

（3）树立了国际道义形象。坚持反思历史，加大对外援助力度，关注国际人道主义状况，大量接受难民，限制武力，发挥软实力影响，以此在国际上树立良好的道义形象，反过来减少外交障碍，助力发挥大国影响力。

（4）改善了“能力与责任不匹配”的状况。一方面，依靠经济上的强大实力，顺应外界要求其承担更多国际责任的呼声，有所作为，改变了外交长期被动的局面；另一方面，在具体行动上仍注重平衡，一度讳谈“领导作用”，以“少说多做”为原则，在许多问题上仍保持克制，防止战略透支。

第二，默克尔时代，内外环境变化推动德国向“领导者”迈进，加上默克尔抓住了历史机遇，实施了“有为外交”，增强了德国在国际政治领域的领导力。这体现在西方联盟内的领导作用及对全球秩序的塑造作用两方面。

默克尔时代，德国基于过去数十年的实力积累，加上正值“百年未有之大变局”，外界对其承担更多责任的呼声越来越高，德国外交再度来到战略调整的窗口期。默克尔抓住这一历史机遇，主导推行了“有为外交”，德国的领导作用得以大幅提升。“有为外交”虽在2014年慕尼黑安全会议期间才以“慕尼黑共识”的方式正式公之于众，但默克尔政府的“有为”并非仅始于2014年。默克尔就任总理后，德国一直继续探索“正常国家”外交道路，并有意尝试承担更多责任，特别是在应对欧债危机过程中，无论是出于维护自身利益考虑，还是为从根本上解决抑制欧盟发展的结构性障碍，抑或是为外界所需而有必要做出回应和改变，总之德国都较为强势地引领欧盟及其成员国开展了一系列行动，也将许多德国规则上升为欧盟规则。对外层面，欧盟应对乌克兰危机、中东乱局以及在中美斗争、俄罗斯威胁等大国博弈中开展“共同外交”，同样体现出鲜明的德国色彩。在欧盟外交事务上，德国所坚持的或许尚不能绝对落实到位，但德国所反对的一般很难执行。一定意义上，“欧盟外交”就是“德国外交”的翻版。

在国际事务上，德国的“领导作用”并非体现在其主导某个进程，而是体现在以德国思维塑造国际秩序上，发挥与其国力相适应的影响力。默克尔时代，德国经济实力雄厚，政局稳健，继承传统“和平主义”“规则为先”的外交原则，对国际重大问题态度相对公允，解决争端的手段一向是对话与谈判，反对霸权，主张多边主义，其借助欧盟向外输出自身观念，同时以此为指导参与各类国际事务，积极发声，有所作为，发挥“塑造作用”。默克尔的这一做法给国际关系带来了积极影响：其一，在欧盟内发挥黏合剂和领导作用，促进了欧盟机制建设和欧盟发展，使欧盟成为国际格局中一支较为强大的不可忽视的力量，维护了多极化的国际秩序。其二，默克尔坚持“和平主义”、多边主义，对外推行德式规则观，能够从较全面的角度看待各方立场，优先发挥协调、斡旋作用，推动利益平衡，这些做法很大程度上塑造了相对民主化的国际关系，有利于国际争端相对和平地解决，而非诉诸武力。其三，在开展对美、对俄、对华等大国外交时，默克尔坚持务实原则，奉行价值观约束下的利益优先政策，不拘泥于价值观的分合，以利益与合作为主要方面定义对外关系。在其主导下，德美既保持了价值观上“紧密的盟友关系”，又明确了双边关系发生“质变”，开启了“菜单式合作”的新模式；德俄实现了“斗而不破”，基本做到了管控危机；中德抓住了战略机遇期开展了全方位务实合作，针对科技、制度冲突点实现了“有序竞争”。德国与印度、日本、非洲等地国家的关系也在逐渐密切。

第三，默克尔时代德国的“领导与塑造作用”有其独特性，也存在波动性。

默克尔时代德国的“有为外交”也好，“领导作用”也罢，并不意味着德国“事事出头”；相反，不少人评价默克尔在很多事件上是“不作为”“不积极”的。即使采取行动或立场，也不意味着德国一定激进强硬，德国似乎没有表现出盟友希望其扮演的战略角色。① 事实上，默克尔的外交虽有其强硬的一面，但这不是其发挥领导作用的唯一表现，达成妥协、平衡各方利益关系同样体现德国作为“领导者”的智慧，甚至某些情况下，“不作为”也体现了默克尔政府的战略判断，是另一种形式的“有为”。总的来看，默克尔时代外交虽仍不乏谨慎，许多外交决策并非在第一时间就积极主动地做出，但其决策思路和行事风格已有明显转变，在国际事务上的参与度也更为广泛。同时，默克尔的这种“积极有为”又有其鲜明特色，缘于德国“中等国家”的定位和“文明力量”的外交传统思维，其并无意追求自身权力的无限扩大，而是以“务实”为原则，以“协调”和“平衡”为手段，以“规则”为引领，以“被动有为”和“危机驱动”为特征，最终效果是强化了德国在欧盟内的领导作用并增强了在国际上的话语权。

默克尔时代德国的领导作用呈现阶段性波动。综观二战后德国外交，经历了一系列变迁。在两德统一前的数十年，联邦德国一直“低调做人”，先是寻求融入西方，后又奉行“新东方政策”，在两大阵营之间维持平衡。这一时期其外交主要目的是“走出夹缝”，拓展国际空间，为内部发展创造有利的国际氛围，实现两德统一，外交配合内政的意味明显。② 两德统一后，在加紧国内建设的同时，德国开始全面规划自身外交定位，全力实现外交“正常化”，在科索沃战争等一些重大问题上崭露头角，重视推动完善欧洲一体化建设，对欧盟的影响力逐渐增大。默克尔就任总理后，先是继承前总理施罗德的劳动力和福利制度改革红利，夯实经济实力，在此

---

① ［英］斯蒂芬·葛霖著，刘小群译：《不情愿的大师：德国与新欧洲》，南京：江苏凤凰文艺出版社，2017 年版，第 294 页。

② 潘琪昌：《走出夹缝：联邦德国外交风云》，北京：中国社会科学出版社，1990 年版。

基础上调整外交政策，转向积极，借欧债危机之契机，在他国普遍遭遇重挫之时扛起“欧盟引擎”的职责，在英国脱欧、跨大西洋关系发生根本变化，世界面临“西方缺失”的大背景下，默克尔领导下的德国成为西方联盟的“拯救者”和“稳定之锚”，捍卫西方主导的国际秩序。当然受实力所限，默克尔的外交也有疲弱的一面，特别是随着难民危机、德国内政龃龉等问题引发默克尔地位相对下降，以及全球大国博弈加剧，保守、民粹思潮回归，德国承担国际责任的能力遇到不少新挑战。总之，德国的领导力在进与退、主动与被动之间形成矛盾统一，这也是默克尔时代德国外交的一大特点。未来，新政府将在继承与创新之间寻找新平衡，德国外交将在延续性与突破性上保持动态平衡，德国的领导作用也将继续在波动中发展、前行。

后　记

十多年前，我从上海外国语大学毕业后，即进入中国现代国际关系研究院，开始从事国际问题研究。鉴于我德语专业出身，德国问题自然而然成为我的主要研究对象，是每日与我相伴的必不可少的话题。巧合的是，从我开始接触学习德语，到撰写此书的这十几年，正是默克尔担任总理的十多年，因此虽远在中国，我也像德国人一样细致地观察着默克尔时代，某种程度上“亲历着”默克尔的“高光”与“黯淡”时刻。几年前，我再度重拾学业，通过攻读国际关系专业博士裨补阙漏，“默克尔时代的德国外交”再次自然而然地成为了我的论文选题，希望能将十余年的感性观察转化成理性的文字，本书也脱胎自这篇博士论文。当然这一过程并不容易，在职读博的这段时间里，既要平衡工作与学业，也要平衡政策与学术；既要平衡“听新闻”与“看论文”，也要平衡“短平快”与“大深远”。庆幸自己得以坚持，通过这段经历增长了学识，丰富了人生，也让我充满感激。

首先衷心感谢我的导师张健研究员，从我十多年前进入中国现代国际关系研究院欧洲所起，张健老师就是我业务上的导师，是我从“文学青年”转变为政策研究者的领路人。张健老师治学严谨，对欧洲问题有着深邃的见解。这些年来无论撰写政策报告还是学术论文，常感叹于他积淀之深厚，观点之犀利，笔锋之老到，成文之迅速；写作中，从观点把握、结构脉络到谋篇布局，无不凝结张健老师的大量心血，让我收获至深。

我所在的中国现代国际关系研究院，是国内首批“高端智库”以及规模最大的国际关系、国际安全问题专业智库，能就职、就读于此，实乃“国关人”之幸。中国现代国际关系研究院传承红色基因，立足百年变局，提供了极高的学术平台和极为丰富的研究资源。这里大师云集、专家辈出，工作以来，深受众多学术大咖的关怀，耳濡目染，从他们身上汲取了丰富的营养；平日得以在办公室畅谈欧洲，从同事们的言谈话语中，我能以更全面的视角观察欧洲。倘若没有中国现代国际关系研究院的氛围以及领导、同事毫无保留的传授与帮助，我的研究也必将是一叶障目。

欧洲研究界的前辈、专家们，学高名重，对后辈关怀备至，对求教从不吝惜指点。感谢袁鹏、冯仲平、崔洪建、熊炜、王展鹏教授百忙之中阅看初稿，帮我把脉，提出了细致中肯的修改意见；感谢孙恪勤研究员多年来的指导，常常邀我在院中散步，将他长年对欧洲的感悟娓娓道来；感谢连玉如教授的亲切鼓励，以及在研讨会后专门通过电话解答我提出的疑问；感谢刘立群、郑春荣、王建斌、吴江、李文红、杨解朴等教授邀我参与各种学术活动，让我有幸体味学界的思想盛宴；感谢梅兆荣大使、殷桐生教授、顾俊礼研究员等资深专家，他们耄耋之年仍心系德国研究，给我以专业的启迪和精神的激励……这里，我还要感谢本科与硕士阶段的导师孙晓峰、卫茂平教授，是他们将我引入德语的世界，从此开启了与德国结缘的生涯。

在长期跟踪德国形势的过程中，借助中国现代国际关系研究院对外交流渠道，我也与不少德方专家有过学术往来。感谢德国外交政策协会研究所前所长桑德施耐德教授、德国国际政治与安全研究所华玉洁教授和高亭亭博士、德国联邦国防军大学国际政治研究所所长施塔克教授、弗里德里希·艾伯特基金会驻北京办公室两任首席代表仁恺先生与康怀德博士，他们的见解、观点给我诸多启发，对于丰富完善本书有着重要帮助。

本书得以出版，得到时事出版社王基建社长及编辑老师的大力支持，他们不辞辛苦，提出了许多专业性建议，并对书稿进行了编辑审校，付出大量心血。在成稿过程中支持、鼓励我的亲人、友人众多，至为感念，一并致谢。囿于知识所限，书中不免谬误，恳请读者谅解并批评指正。

李　超

2023 年 2 月于中国现代国际关系研究院